ちくま新書

平成デモクラシー史

清水真人
Shimizu Masato

1299

平成デモクラシー史【目次】

序 「平成デモクラシー」とは 009
小選挙区制と政権選択／首相への権力集中／ポスト平成の論点

第一章 「強すぎる首相」の岐路 019

1 二大政党化振り出しに 021
政権選択なき安倍信任／最大野党の四分五裂／首相候補示さず「絶望」／都議選惨敗から早期解散へ／「首相の専権事項」論争

2 「安倍一強」の過剰適応 033
変質し始めた？「宝刀」／薄れる「反転可能性」意識／「つぎつぎになりゆくいきほひ」／消費税三たび信問う／「小泉世代」の下剋上／首相主導の必然と限界／与野党の「共通の基盤」

第二章 政治改革と小沢一郎 055

1 「派閥と族」秩序の黄昏 057

解散封じられた宰相／領袖の矜持と苦悶／最高人事権者カゲ薄く／派閥育んだ中選挙区制／自民の全会一致主義／族議員と与党事前審査／縦割り・積み上げでパイ分配／竹下・大蔵省の調整機能／権力中枢から政権交代論／小選挙区制と地方分権／「横からの入力」とバブル崩壊

2 選挙制度と情念の闘争 084

「親小沢 vs 反小沢」のマグマ／『日本改造計画』の流布／多数決型デモクラシー論／「参院否決」後に改革実現／霞が関改革の導火線に／制度改革が政界再編促す／社民勢力結集機運なし／「ボトムアップ」は反小沢／大物の改革「矮小化」批判

第三章 橋本行革の光と影 109

1 予算と人事で官邸強化 111

二大政党の顔に「一龍」／「国対政治」の機能不全／議会は討論か合意形成か／首相主導で「普天間返還」／官邸経験者が改革献策／手探りの政権選択選挙／有力政党が「改革競争」／自民勝たせた野党分立／六大改革へ橋本加速／与謝野の秘策・財革会議／予算編成に三つの逆転／「首相が

議長」の功と罪

2　きしむ「双頭の鷲」体制　139

梶山退場で官邸暗雲／「党高政低」へ先祖返り／「この国のかたち」与党不在／内閣官房と内閣府の整備／小沢「純化」と民主党誕生／凡人・小渕も「総裁枠」人事／英国型の国会活性化法／競争力会議と通産省／幕間の「財政首脳会議」／内閣一元化論の萌芽

第四章　小泉純一郎の革命　163

1　「自民党をぶっ壊す」宰相　165

世論背に「経世会」倒す／派閥衰微見抜き独断／構造改革の司令塔・竹中／「お白洲」経財諮問会議／与党・財務省の右往左往／影の司令塔と「特命チーム」／「族の御三家」切り込む／膝打った内閣一元化

2　解散権と人事権の両輪　185

郵政民営化の突破口／電撃訪朝で政権再浮上／閣僚に渡した「指示書」／「陰謀は通用しない」／新兵器・マニフェスト／胸に秘めた政界再編／派閥制圧の勝利宣言／福田・飯島暗闘の結末

3　「首相の権力」と劇場政治　205

幹事長に「イエスマン」／「不成立なら解散」宣言／総務会を強引に突破／『ラ・マンチャの男』問答

／参院否決で一気に解散／「刺客」戦術は政党統治／与党三分の二・参院沈黙／最後の人事「安倍後継」／「どす黒い孤独」力と限界

第五章　ポスト小泉三代の迷走　229

1　首相主導の継承と断絶　231

「お友達補佐官」の誤算／政・官の調整弁失う／確信犯の造反組復党／閣僚失態ドミノで暗転／退陣表明と権力の空白

2　高まる政権交代の足音　243

福田の使命「大連立」挫折／ねじれで日銀総裁空席／タカ・ハトまさかの相似／「共通の基盤」民主が布石／二人の宰相の「使命感」／「解散より景気」迷った麻生／郵政民営化論議の再燃／「追い込まれ解散」の末路

第六章　民主党政権の実験と挫折　263

1　小沢・松井流「政治主導」　265

「国家戦略局」構想の深層／「小泉個人商店」超え狙う／画竜点睛欠く内閣一元化／政権交代の

目的と手段／「ダブル司令塔」も火種に／官僚排除で調整寸断／「熟議国会」機運しぼむ／仕分けイズムと小沢二元化／普天間迷走で連立崩壊／参院選勝利へ鳩山退陣／「二人の首相」統治の空白

2　真正ねじれと与党分裂　292

消費税蛮勇で参院選惨敗／開店休業の国家戦略室／菅続投もじわり自民党化／まさかの与謝野入閣／三・一一で政治主導崩壊／中空に浮く孤独な宰相／不信任案へ小沢策動／「一定のメド」粘った菅／野田流の与党事前審査制／小沢が造反煽る皮肉／幻の統治機構改革法案／三党合意、「壊し屋」再演／赤字国債法案がとどめ／自民利した第三極乱立

第七章　再登板・安倍晋三の執念　323

1　安保も税制も首相主導　325

経験者集め背水の陣／隙間埋める「官邸官僚」／非対称的な政権交代／TPP交渉で「甘利全権」／内閣・与党「穏健な二元化」？／金融政策を人事で転換／内閣法制局の自律破る／「聖域」自民税調も脇役に／日本版NSCは英国型

2　権力維持のリアリズム　346

集団的自衛権の「限定容認」／官邸と自公の「五人組」／政権交代超えた人事局／支持率低下で

次々に新手／首相主導か内閣主導か／増税延期で抜き打ち解散／政権選択なき衆院選の罪／定説に挑戦「小刻み解散」／安保法「違憲」で民共共闘／戦後七十年の「中道」演出
3　改憲胎動と「一強」変調　371
「安保から経済へ」転換／財務省外し増税再延期／「三対二」の衆院定数削減／平成デモクラシーの継続／ピタリやんだ解散風／象徴天皇とアベ政治／「九条加憲」の現実路線／権力のおごりとゆるみ／小池旋風と政権受け皿／麻生流の二大派閥論
あとがき　397
引用・参考文献　vii
人名索引　i

序　「平成デモクラシー」とは

本書は「平成の政治史」の一般的な概説書ではない。ジャーナリズムの作法でこの三十年に目撃した事実の記述を積み重ねていくが、その際に「平成デモクラシー」という枠組みに立脚する点を明確にしておきたい。志はこの時代を俯瞰し、意味を与えることにある。

「平成デモクラシー」とは、政治学者の佐々木毅・東大名誉教授が提起した概念だ。同教授が、共同代表の一人を務めた民間組織「新しい日本をつくる国民会議（21世紀臨調）」とともに編纂した共編著『平成デモクラシー　統治改革25年の歴史』のタイトルでもある。

一月七日に平成に改元された一九八九年は、冷戦が終結した世界史的な節目の年だった。経済のグローバリゼーションの大波がうねり始める。バブル経済の絶頂から崩壊への転換点ともなる。七月の参院選で自民党は過半数を失い、長期政権の行き詰まりが意識された。半永久与党とも見えた自民党中枢から衆院への小選挙区制導入を柱とする政治改革が急浮上し、少子高齢化や人口減少社会を遠くに見据えて消費税が三％でスタートしたのもこの年だ。

「平成デモクラシー」を形作ってきたのは、政治改革が先陣を切り、二〇〇〇年代初頭にかけて連動して進められた統治構造の諸改革だ。首相官邸の権能を強化し、中央省庁再編に取り組んだ橋本行革が政治改革に続く。さらに国と地方の関係を対等に組み直そうとした地方分権改革や、裁判員裁判などで国民的基盤を広げることを目指した司法制度改革にも弾みがついた。

諸改革は統治権力を巡るゲームのルールをがらりと変えた。今世紀に入ると、「小泉劇場」から民主党政権を経て「安倍一強」へ。その果てに——。激動を振り返れば、ジグザグでも「平成デモクラシー」として見て取れる一筋の航跡がくっきりと刻み込まれている。

政治家たちの熾烈な権力闘争の深奥で響き続ける通奏低音とも言うべき、統治構造改革のロジック。それこそが、本書が描き出そうと試みる「平成デモクラシー史」の隠れた主役だ。この時代を画するキーワードは「政権交代」と「首相主導」である。

†小選挙区制と政権選択

重ねて議論の本位を定めておきたい。本書は統治構造改革とその帰結としての「平成デモクラシー」が「良かったか、悪かったか」を規範的に論じるものではない。権力を巡るゲームのルールがどう変わり、プレーヤーたちはそれをどう理解して行動してきたのか。どんな力学が働き、統治システムがどう変容してきたのか。醒めた目線で検証に徹したい。

日本国憲法に書かれた国家統治の原理、いわば「顕教」は議院内閣制と呼ばれる。国会の信任によって内閣が成り立つことが基本だ。有権者が選挙で選んだ衆院の多数派から、首相が指名される。首相は閣僚を任命して内閣を組織し、行政各部を指揮監督する。だが、五五年体制と言われた自民党長期政権の現実、戦後昭和の「密教」はかなり様相を異にしていた。

衆院選は一つの選挙区の定数が三〜五の中選挙区制。自民党は各選挙区で有力派閥が競って複数の候補を立て、同士打ちも厭わずに過半数確保を目指した。野党への政権交代の選択肢は事実上なく、首相は憲法に現れない「政権与党」の派閥力学から選ばれた。与党の族議員、縦割りの各省官僚、業界という政官業の「鉄の三角同盟」が密室で経済社会の利害調整を担った。各省を束ねるべき内閣は求心力に乏しく、この与党主導システムの陰で国会は空洞化した。

建前は議院内閣制だと言いながら、主役のはずの内閣と国会を脇役に追いやった「与党・官僚内閣制」だったと言える。この顕教と密教の二重構造を「顕教優位の方向で一元化する」（佐々木教授）とも言うべき権力の再編成の試みが「平成デモクラシー」だった。

風穴を開ける起爆剤となったのが、政治改革による衆院への小選挙区制の導入だ。選挙制度にはそれぞれ優劣と言うより長所と短所がある。統治システムの土台に何をどう据えるかは重大な選択だ。小選挙区制は各選挙区で一人しか当選できず、死票が多い。半面、民意を集約して多数派を創出しやすい。政権交代の可能性という緊張感をもたらす大変革だった。

これで自民党政治の主役だった派閥が急速に衰え始める。定数一なので、党内同士打ちはもうありえない。候補者にとり、派閥の支援より政党の公認が死活問題となる。バブル崩壊と政治資金の規正強化で派閥へのカネの流れも干上がった。公認権と、税金を原資とする政党助成金の配分権を握った党首や幹事長ら党執行部に求心力が移る。政策も候補者個人の利益誘導の約束より、政党が掲げる政策プログラム「マニフェスト（政権公約）」が重みを増していく。

小選挙区で強大な自民党に対抗するため、非自民勢力では政権交代を目指す一大新党への再編が繰り返し起きる。政党本位の衆院選は二大勢力が競い合う政権選択選挙の体裁を整えていく。有権者は政権の枠組みを選ぶのだが、それは政党マニフェストという政策パッケージを見比べて選ぶことでもあり、政党の「顔」となる党首から首相候補を選ぶことに直結した。

†首相への権力集中

党首（=首相）が高い支持率を保持して「選挙に勝てる顔」であるかどうかが政権選択を左右する。こうなると、日常の政権運営や政策決定も、首相主導に傾かざるをえない。

九〇年代後半の橋本行革で、経済財政諮問会議の創設など首相のリーダーシップ発揮を支える官邸機能の強化も進められた。政党の集権化と並行して、首相が閣僚や官僚機構に指導力を発揮しやすい権限の集中が進む。組閣人事で派閥の領袖を無視し、重要政策で族議員が陣取る自民党政調会を飛ばして「首相の権力」を見せつけた嚆矢は「変人宰相」と呼ばれた小泉純一郎首相だ。「首相の権力」行使の極致となったのが、二〇〇五年の郵政解散だった。

ポスト小泉期の自民党政権と、初めて政権交代を実現した民主党政権では、六人の首相が相次いで一年で倒れた。解散権を含めた首相主導を円滑にこなせず、衆参両院で多数派が異なるねじれ国会にも対処しきれなかったためだ。だが、再び政権交代を果たし、再登板した安倍晋三首相はねじれ国会を解消すると、小泉内閣をしのぐほどの首相主導を加速させてきた。

与野党の権力を巡る競争から、有権者の選択を経て、選ばれた首相に一定期間、権力を集中させる。政権選択と首相主導の組み合わせ。これが「平成デモクラシー」のガバナンスの両輪だ。「政治主導」は派閥領袖や、共犯関係の族議員・官僚が不透明な形で権力を行使する「政治家主導」「与党主導」をもはや意味しない。政権選択を正統性の起点とし、与党を内閣に引き寄せる一元的な「内閣主導」であり、内閣・与党を統制する「首相主導」でもある。

自民党長期政権の政官業一体の分配システムに、国対政治で野党までも取り込んだ「コンセンサス型デモクラシー」から、政権選択選挙をテコに、期間限定で多数派による統治の権限と責任を明確にする「多数決型デモクラシー」へ移行しつつある、との捉え方もできるだろう。

知事・市長らの権限を強めた分権改革や、政治とも向き合う「積極司法」を含みとする司法制度改革も並行して進んできた。「平成デモクラシー」は統治システムの多元的な主体が密室を出て、表舞台でぶつかり合うよう権力分立を組み直した一面もある。憲法の条文は変わっていないが、事は「実質的な意味の憲法改正」の重みを持つ、との評価もある。

†ポスト平成の論点

政権選択と首相主導という「平成デモクラシー」の両輪のバランスを揺るがすのが「安倍一強」だ。衆院任期を半分以上残した一四年の「小刻み解散」。憲法に基づく臨時国会の召集要求を逆手にとった一七年の「冒頭解散」。どちらも自公連立政権の継続以外の政権の選択肢は示されなかった。野党陣営に「政権の受け皿」を提示する責任があるのは当然だが、そもそも、衆院選を有権者による政権選択の機会にさせない思惑が先に立った解散権の行使が続く。

首相主導の統治への権力集中はあくまで「期間限定」であり、合理的な時間軸で政権選択という権力競争が機能することが大前提だ。首相主導が強まった結果、政権選択を実質的に封じ込める狙いで解散権を行使するなら「平成デモクラシー」への過剰適応とも言える。

「平成デモクラシー」は、同時代の日本の経済や社会の大きな変動のうねりとも響き合ってきた。大掛かりな制度変革が人々の意識や行動、慣行をすっかり変え、新たな安定や均衡が見えてくるまでには、「移り行く四十年」とも言うべき過渡期がさらに続く可能性もある。

平成の統治構造改革にはかねて「改革の失敗」論も根強い。戦後雇用システムの変化や中間層のやせ細りなど経済社会の変容。インターネット・SNSの影響もあって移ろいやすい世論。これらに政党は基盤を掘り崩され、目前の選挙での勝利至上主義に流れがちだ。政権選択選挙が機能不全となれば、「改革の失敗」論は勢いを増す。小選挙区制を駆動力とする「多数決型デモクラシー」より、多元的な民意を国会の議席に忠実に反映する選挙制度や、熟議による合意形成を求める新たな「コンセンサス型デモクラシー」論もくすぶり続ける。

考えどころなのは、現状が「改革の失敗」なのか、「改革の不足」なのかだ。平成の諸改革はあらかじめ包括的なコンセプトを持って描かれたとは限らない。「秘密司令部」などなかったからだ。政局の荒波にもまれて常に妥協の産物となり、整合性を欠くパーツも併存する。

例えば、衆院選は小選挙区中心にしたが、参院や地方議会の選挙制度を一体と捉えて改革する動きは見られぬままで「政党本位」は貫徹しきっていない。衆院選を政権選択選挙と位置づけても、対等に近い二院制のあり方はそのままで、衆参ねじれ国会は混乱しがちだ。

最高裁は一一年に衆院の一票の格差を違憲状態と断じた。与野党の思惑は交錯し、選挙制度の修正を探る道もほの見えたが、実らなかった。国会が行き着いたのは、小選挙区中心の現行制度維持を前提にした、定数是正の中長期的な枠組みの法制化だ。「改革の不足」にテコ入れし、政権選択選挙を基軸とする「平成デモクラシー」の継続を選んだと言える。ならば、政権選択と首相主導のバランスを測り直すことも含め「改革の不足」の論点はそれだけではない。

衆院選を軸とする与野党の権力競争は「フェアなゲーム」でなければならない。野党再建は急務として、「首相の権力」が多角的に強化された今日もなお、制約なき解散権を「専権事項」扱いすべきか。これは憲法改正の論点にもなる。二院制のあり方の見直しも同じだ。選挙制度を俎上に載せるなら、参院や地方も併せた重層的アプローチが必須だ。首相主導と地盤沈下する官僚制の適切な間合いをどう取るか。国会少数派の国政調査・行政監視権限の拡充は必要ないか。平成の締めくくりに浮上した国民主権と象徴天皇制の調和という難問をどう考えるか。これらの包括的な「統治構造改革2.0」の視点を欠く改憲論議は空疎にならざるをえない。

権力の行使や政治決断は、最後は論理を超越した領域でなされる現実もある。制度を使いこなせるか否かも生身の政治家の力量にかかるけれども、指導者論だけでは「小泉劇場」も「安倍一強」も読み解けない。一七年十月の衆院選の与党大勝にも小選挙区制のゲームのルールが冷厳に働いていた。統治構造改革の重みを抜きに「平成デモクラシー史」は語れない。

本文中の肩書や役職は記述当時のものとし、見出しも含めて敬称は略させていただいた。

「平成デモクラシー」の流れ

55年体制の自民党政権
（第2章）
◆派閥と「族議員」の全会一致主義
◆内閣・与党二元化の「双頭の鷲」

1989年（平成元）	自民党政治改革大綱で小選挙区制提唱／消費税導入（3%）

政治改革
（第2章）

冷戦終結とグローバル化／バブル崩壊と財政赤字／少子高齢化と人口減

1993年（平成5）	細川非自民連立政権が誕生、55年体制終焉
1996年（平成8）	小選挙区比例代表並立制で初の衆院選
1997年（平成9）	行政改革会議が省庁再編で最終報告
2001年（平成13）	省庁再編で経済財政諮問会議など誕生
2003年（平成15）	衆院選で「マニフェスト選挙」
2005年（平成17）	「郵政解散」後の衆院選で自民大勝
2009年（平成21）	衆院選で民主党が圧勝し、政権交代
2012年（平成24）	消費税増税（10%まで）法案が民自公3党合意で成立 衆院選で再び政権交代、第2次安倍晋三内閣が発足
2014年（平成26）	増税延期が争点の衆院選で自民党圧勝
2017年（平成29）	衆院選で自民党3連勝、民進党分裂

橋本行革
（第3章）

小泉流
「自民党をぶっ壊す」
（第4章）
◆派閥無視の首相主導人事
◆官邸トップダウンの政策決定

民主党の
「政治主導」
（第6章）
◆内閣・与党一元化の試み

「安倍一強」の
過剰適応?
（第1、7章）
◆「小刻み解散」イノベーション
◆「つぎつぎになりゆくいきほひ」の政権運営

第一章

「強すぎる首相」の岐路

第48回衆議院選挙の開票速報場で、当選確実となった候補者名に赤い花を付ける安倍晋三首相(中央左)ら党幹部(2017年10月22日撮影　写真©時事)

第一章関連年表

2017年（平成29）	6月18日　通常国会が閉幕 6月22日　民進党、共産党、自由党の野党3党が、憲法53条に基づき臨時国会の召集を要求 7月2日　東京都議会選挙。小池百合子都知事が代表の地域政党「都民ファーストの会」が第一党に躍進 7月27日　民進党の蓮舫代表が辞意を表明 8月3日　第3次安倍第3回改造内閣が発足 9月1日　民進党代表選で前原誠司氏が枝野幸男氏を破り、代表に就任 9月25日　安倍晋三首相が北朝鮮危機への対応と消費税増税の使途見直しに信を問うとして「国難危機突破解散」を表明。小池都知事が国政新党「希望の党」設立と代表就任を宣言 9月28日　臨時国会の召集冒頭で衆院解散。民進党が両院議員総会で、希望の党への事実上の合流に向けて前原代表に対応を一任。 9月29日　小池希望の党代表が民進党からの合流予定者を選別・排除する考えを表明 10月2日　民進党の枝野幸男代表代行が「立憲民主党」を旗揚げし、代表に 10月22日　第48回衆院選が投開票。自民党と公明党の連立与党が3分の2を超す議席を維持し、大勝 10月31日　民進党代表に大塚耕平氏が就任 11月1日　特別国会が召集され、全閣僚を再任して第4次安倍内閣が発足 11月5～7日　ドナルド・トランプ米大統領が初めて訪日 11月9日　日経平均株価が25年10カ月ぶりに23000円台に 11月14日　小池希望の党代表が辞任し、後任に玉木雄一郎氏

1　二大政党化振り出しに

✝政権選択なき安倍信任

「衆院選で自民党が三回連続で過半数の議席をいただいたのは、ほぼ半世紀ぶり。同じ総裁の下で三回続けて勝利を得たのは、立党以来六十年余りの歴史の中で初めてのことだ」

二〇一七年十月二十三日、自民党本部。首相の安倍晋三は党総裁としての記者会見に臨み、前日に投開票された衆院選での三連勝、それも公明党を併せた連立与党では三たび三分の二を超す大勝にこう胸を張った。これで一八年九月の党総裁選での三選にも視界が開けてきた。

党則で三期九年までの任期を全うすれば、第一次内閣も含めた通算の首相在任期間は明治・大正期の桂太郎の二千八百八十六日を超え、憲政史上で前人未到の十年に迫る。後述するが、自民党の「安定政権」を再興したい、という首相再登板の原動力となった執念の現実化だ。

安倍は十一月一日、全閣僚を再任して第四次内閣を発足させ、記者会見で「今後も経済最優先、アベノミクス三本の矢を放ち続ける。国民の強い信任を得て、一層強力な経済政策を展開していく。国民の信任は強い外交の源泉でもある。継続こそ力だ」と訴えた。五日から米大統領ドナルド・トランプを東京に迎えて日米蜜月を演出。十一日にベトナム・ダナンで中国国家主席の習近平に会い、日中平和友好条約四十周年の一八年に両首脳の相互訪問を提案した。

【衆院選での各党の獲得議席（カッコ内は公示前）】

自民党＝二百八十四（二百九十）▼立憲民主党＝五十五（十五）▼希望の党＝五十（五十七）▼公明党＝二十九（三十四）▼共産党＝十二（二十一）▼日本維新の会＝十（十四）▼社民党＝二（二）▼無所属＝二十二（三十九）

衆院の総定数は前回より十減の四百六十五。自公両党で三分の二の三百十を三議席上回る巨大与党を維持し、政権獲得へ過半数を争う「政権選択選挙」としては圧勝だ。十月二十三日の日経平均株価は安定政権の継続を好感し、史上最長の十五営業日連続で上昇して二万二千円台に迫った。ただ、安倍は会見では硬い表情で「謙虚に政策を進めていかなければならない。本当に身の引き締まる思いだ。責任の重さを深く噛みしめている」と「謙虚」を連発した。

理由の一つは、友党の公明党が比例代表の得票数で初めて七百万票を割り、議席減で敗北感が否めなかったこと。もう一つは、選挙中に内閣支持率が想定を超えて大きく下がっていたことだ。日本経済新聞社の十、十一日の世論調査では支持率は三七％。不支持率が四八％と上回った。衆院選は自民党が大勝したが、安倍への信任は盤石とは言いづらかった。当選四回となった党筆頭副幹事長の小泉進次郎は二十二日夜、テレビ各局に出演してこう警鐘を鳴らした。

「自民党への国民の飽きは間違いなく来ている。野党がボタンを掛け違えずに一つにまとまっていたら、政権交代の可能性もあった。次の衆院選でも政権交代は十分にありうる」

抜群の集客力と発信力で党の遊説戦略の大黒柱となった小泉の現場感覚。裏付けがある。二百八十九の小選挙区のうち、日本経済新聞社の調べでは、七割超で「自民・公明」「希望・維新」「立民・共産・社民」の三極が争うか、野党系候補がさらに乱立した。与党は二百二十六の小選挙区を制したが、仮に野党が一本化したとして得票数を単純に合算すると、六十二で勝敗が逆転した可能性があった。比例代表の得票率でも、自民三三・三%に対し、立民一九・九%、希望一七・四%で、併せれば第一党。与党は野党分立で漁夫の利を得た面が大きい。

自公両党が選挙協力を組むなら、非自民勢力もまとまって一対一の対決に持ち込まないと勝負にならない。これが定数一で勝者総取りの小選挙区選挙のゲームの現実だ。死票が多い代わりに、人為的に多数派を創り出す。有権者が直接、政権や首相候補を選べる仕組みだ。だが、一二年、一四年に続き三回連続で、与党大勝の裏側には野党分立の戦略的失敗があった。

同時にこの衆院選は「政権選択選挙」の大前提も満たしていなかった。安倍は自公連立で過半数を確保すれば、首相続投を目指すと表明した。だが、公示時点で最大野党となった希望は過半数の候補者を擁立したものの、代表の小池百合子は東京都知事の職務を全うするとして、出馬しなかった。政権を目指すうえで必須要件の首相候補を最後まで明示しなかった。

結局、政権の選択肢は安倍・自公政権以外には示されず、事実上、安倍の信任投票と化した。投票率は戦後最低だった前回（一四年）をわずかに上回る五三・八六％にとどまった。自民党は保守層の基盤を手堅く固める戦術で三連勝し、またも無党派層の動きは鈍かった。政権選択にならない衆院選は政治不信を増幅したかも知れない。野党陣営では何が起きていたのか。

†最大野党の四分五裂

場面は九月二十五日に遡る。夕刻に安倍が解散を表明する記者会見が設定されていた。その数時間前の都庁。小池が数枚のフリップを手に、国政に関する緊急記者会見を開いた。

「このたび、希望の党を立ち上げたい。これまで（衆院議員の）若狭勝氏、細野豪志氏らで議論してきたが、リセットいたしまして、私自身が立ち上げる。直接絡んでいきたい」

電撃的な国政新党の結党と代表就任の宣言。掲げるフリップには「しがらみのない政治」「徹底した情報公開」など理念やスローガンも並んだ。小池は「これ、政権選択選挙になるわけなので、候補者は吟味しながら多数、立てていきたい」と独演会を締めくくった。

この日、元首相の小泉純一郎ら民間有志から自然エネルギー推進の提言を受け取る場面も設定し、小泉と「原発ゼロ」での連携まで演出した小池。「政権選択選挙」と言い切っての周到な仕掛けは、自らも出馬して一発勝負で首相の座を狙う気か、と与党を震撼させた。

小池との連携に素早く身を投じたのが、最大野党・民進党代表の前原誠司だ。共産党との共闘を拒んだ細野や長島昭久ら保守系議員がさみだれ式に離党し、希望にはせ参じる動きが加速していた。崖っぷちに立たされ、民進党を希望に合流させる窮余の一策を決断したのだ。

「どんな手段を使っても安倍政権を止めなければいけない。もう一度政権交代を実現して、安倍政権を退場に追い込みたい。名を捨てて実を取る決断をご理解いただきたい」

衆院が解散された九月二十八日、前原は民進党両院議員総会でこう声をからした。同党の公認内定は全て取り消し、立候補予定者は希望に公認を申請する。小池の人気と、民進党やその支持団体である連合の組織力を合体させて「何としても小選挙区で一対一の対決構図に持ち込む」ためだ、と与党に対抗する野党の大同団結を説いた前原。政権選択選挙のゲームのルールに適応すべく、選挙後は解党の腹もくくった捨て身の「一夜城」作戦だった。

立候補予定者全員を小池・希望が受け入れるのか――この疑念も、前原は「皆さんと一緒に進む。誰かを排除するということではない」と打ち消し、一任を取り付けた。だが、すり合わせたはずの小池は党と党の合流ではない、と食い違いを見せる。二十九日の前原との会談後、記者団に「全員受け入れる考えはさらさらない」と突き放し、記者会見でもダメを押した。

「排除されないということはございませんで、排除いたします。取捨というか絞らせていただく。安全保障や憲法観の根幹で一致することが、政党の構成員として最低限必要だ」

結党の理念「改革保守」で候補者を選別し、「希望は第二民進党だ」との批判を打ち消そうとする小池。小池人気が見込める首都圏を中心に、既に独自候補の発掘も進めてきた。大阪府を牙城とする日本維新の会とも候補者調整に動き、民進党の「全員合流」はありえなかった。だが、「排除」の一言は、小池への世論の追い風が逆風へ変わる転換点となる。

「生活の安心、立憲主義、民主主義、自由な社会をしっかり守っていくため立憲民主党の結成を決意した。希望の党の理念や政策は私たちの目指す方向性とは異なる」

十月二日夕、たった一人で記者会見に臨んだのは民進党代表代行の枝野幸男だ。「排除」された議員の受け皿「立憲民主党」を旗揚げした。最大野党は保守を名乗る希望、リベラル系の立民、元首相の野田佳彦、元副総理の岡田克也ら無所属で戦う議員、取り残された参院民進党の四つに分裂した。一九九七年の新進党解党と重なる二大政党の一角の解体劇。旧民主党政権の崩壊後、党勢が低迷したまま憲法・安保観や共産党と共闘するか否かの距離感などで党内の対立が深まってきた民進党。前原の蛮勇と小池の「排除」が空中分解の引き金を引いた。

†首相候補示さず「絶望」

小池・希望の失速を招いたのは「排除」発言だけではない。自ら「政権選択選挙」と規定した通りに、自民党と対峙する二大政党の一翼として政権を目指すのか。それとも、自民党の補完勢力となってでも政権参画を狙うのか。国政進出の戦略目標がはっきりしなかった。

小池は自らの衆院選出馬は「一〇〇%ない」などと否定し続けた。半面、首相指名選挙で誰に投票するかは「選挙結果を見てから考えたい」と言を左右にして一向に明かさない。

十月八日、日本記者クラブでの党首討論会。小池は「(今の政界には) 右と左があって真ん中が抜けている。フェアウェーど真ん中として有権者の選択肢に立ちたい」と希望の立ち位置を強調した。同時に「安倍一強政治を変えていくことが大きな旗印だ」と反安倍の姿勢は鮮明にする。ただ、選挙後の自民党との連携の可能性を聞かれると「どうなるかは、しっかり戦い抜くことがまずあって、その結果としての判断になろう」と含みを残した。

希望は同じ野党なのに、立民党の枝野らの選挙区には公認候補を立てた。一方、自民党とは大半の選挙区で対決しながらも、小池が親交の深い元幹事長の石破茂やその側近、総務相の野田聖子らの地元にはあえて「刺客」を送らなかった。公明党との対決も回避した。この動きを見て、もし与党を過半数割れに追い込み、安倍さえ退陣させれば、小池はポスト安倍の自民党とは手を組む余地をしっかり残している、との受け止め方が広がった。

小池が最終的に出馬を見送り、自公政権の継続以外の政権の選択肢が示されないまま迎えた十月十日の公示直後。報道各社の序盤の情勢調査で、与党の圧倒的優位と希望の失速、枝野率いる立民党の判官びいき的な勢い、という傾向が明確になった。この流れはさらに加速し、最終的に立民党が希望を逆転して野党第一党に躍り出る。希望の候補者からは小池の「排除」発言への恨み節が噴出する始末。「希望」はあっという間に「絶望」へと暗転していった。

立民党が躍進したと言っても、衆院選前の民進党にも及ばない戦後最少議席の野党第一党に過ぎない。無所属で戦った岡田は十一月十五日付のブログで「次の参院選に向けて一・二人区では候補者を一本化し、比例代表では各党バラバラではなく、統一名簿でひと塊で戦う状況を創り出す。保守からリベラルまで包含した大きな固まりを創り上げていく」と「平成デモクラシー」のゲームのルールに立ち返り、自民党に対峙して政権交代を目指す野党再編を説いた。

衆院の過半数を狙う政権担当政党なら、党内で政策に一定の幅があり、論争がある方がむしろ自然だ。理念や政策の純化より、対立をまとめ上げていく意思決定手続きと政党ガバナンス（統治）を築けなかったことが、旧民主党以来の最大野党の「死に至る病」だった。

枝野は衆院選直後の十月二十四日の党議員総会で「永田町の数合わせ、権力ゲームにコミットしていると誤解されれば、期待はあっという間にどこかへ行ってしまう」と野党再編に言葉を濁した。希望は小池が辞任し、代表に玉木雄一郎を選ぶがガタつく。民進党は参院議員の大塚耕平が代表に就いたが、路線は混迷。二大政党化の流れは振り出しに戻った。衆院選で過半数の勢力を獲得し、政権という「権力」を握らない限り、政党が掲げる政策は実行に移せない。

野党がまとまって「政権の受け皿」の選択肢を示さなければ、小選挙区中心の衆院選は政権選択のゲームになりえない。野党共闘に踏み込んできた共産党とどう向き合うかも難問だ。

✝都議選惨敗から早期解散へ

そもそも小池の国政新党の旗揚げも、前原の捨て身作戦も、ここで衆院解散・総選挙に打って出た安倍が誘発したものだ。なぜ、解散はこのタイミングでなければならなかったのか。

「少子高齢化や緊迫する北朝鮮情勢。この国難を強い指導力を発揮して乗り越えるには、苦しい選挙戦になっても国民の声を聞かねばならないと判断した。これは国難突破解散だ」

安倍は九月二十五日の記者会見で、衆院解散の決断をこう明らかにし、「国難突破解散」だと名づけた。後述する消費税増税の教育無償化への使途拡大と、北朝鮮情勢の緊迫に備えて信を問うことを「大義」に掲げた。野党はこれに一斉に反発した。小池はこう切って捨てた。

「今回は大義なき解散だ。多くの世論調査で国民が疑問を持っている。北朝鮮情勢が緊迫する中での衆院選がふさわしいのか。危機管理はどうなのか。疑問だ」

もともと、安倍は一八年十二月の任期満了近くまで衆院選を急がないつもりだった。それは高支持率による「安倍一強」継続を前提に、この任期中に憲法改正の実現を目指すシナリオと一体だった。「改憲原案を一七年中に国会提出➡一八年の通常国会で発議➡一八年中に国民投票」と描いた改憲カレンダー。国民投票だけを実施すると否決のリスクが高まると危ぶみ、衆院選を同日投票でぶつけ、改憲の是非と政権の信任をセットで問おうと考えていた。

支持率急落と小池旋風による七月二日の東京都議会選挙の惨敗で、この筋書きが崩れた。改憲と解散は二律背反の様相を見せた。安倍が一八年中の改憲実現に固執し、発議に必要な衆参両院で三分の二超の「改憲勢力」を守るために解散を封印すれば、政権がジリ貧のままで「追い込まれ選挙」になりかねない。といって、政権維持を最優先し、臨機応変で解散・総選挙を敢行する路線に切り替えれば、与党過半数は確保できたとしても、虎の子の「改憲勢力」は失うかも知れない。改憲に進むも地獄、退くも地獄となったわけだ。

いち早く「改憲より解散」へのギアチェンジを求めたのは、公明党代表の山口那津男だ。七月五日の会見で「政権の優先課題は経済再生の推進だ。憲法は政権が取り組む課題ではない」と断じた。その後も、解散風を煽るように「衆院選は安倍総裁三選後の来秋ぐらいとの相場観があったが、それにはこだわらない。いつあってもおかしくない」と発言した。

公明党が急いだのは、小池が国政進出の態勢を整える前の衆院選が望ましいとの判断からだ。都政で知事与党に回り、都議選でも自民党と袂を分かって小池と組んだ。連立を組む国政選挙は別次元だと線を引きながらも、自民党と小池の板挟みになるのは避けたかった。

八月三日の内閣改造後、報道各社の世論調査で内閣支持率は底を打ち、九月に入ると支持率が不支持率を再び上回り始めた。民進党では、新代表の前原誠司が幹事長を打診した女性ホープの山尾志桜里がまさかの週刊誌報道で離党に追い込まれ、茫然自失に陥った。

自公両党で一定の議席減は避けられないとしても、衆院の総定数四百六十五に対し、全ての常任委員長ポストを占めたうえ、委員の過半数も制する絶対安定多数の二百六十一は十分に確保できる、との自民党の調査結果も安倍に届いた。北朝鮮はミサイル発射や核実験の挑発を続け、安倍は国連安全保障理事会の追加制裁へ米国、韓国、ロシアなどと首脳レベルで折衝を重ねる。熾烈の度を増す外交戦も、民意の基盤を固め直す必要性を痛感させた。

安倍は改憲をいったん脇に置き、解散前倒しを決断する。九月十日夜、東京・富ヶ谷の私邸で副総理・財務相の麻生太郎と懇談したのを皮切りに、同月二十八日召集の臨時国会冒頭での解散に向け、幹事長の二階俊博や山口ら政権中枢への根回しを一気呵成に進めていった。

†「首相の専権事項」論争

衆院選で与党を勝たせるには、一八年まで待つより、早い方がベターだ、と安倍が決断した。解散の本質はここに行き着くが、「解散は首相の専権事項」の常套句に「大義はあるのか」「なぜ今なのか」を問い返す論争がこれまでになく広がった。一九九〇年代から小選挙区主体になり、有権者が政権を選択する選挙だと再定義された衆院選。安倍流の制約なき解散権の行使には、この「平成デモクラシー」の土俵そのものを揺るがしかねない側面があった。

「そもそも憲法五十三条に基づき、開くべきものである臨時国会を開いてこなかったこと自体、憲法違反の疑いが強い。冒頭解散は、解散権の乱用だとの見方もある」

前原は九月二十一日の記者会見で、安倍をこう批判した。憲法五十三条は、衆参どちらかの院の四分の一以上の要求があれば、内閣は臨時国会の召集を「決定しなければならない」と義務づける。国会召集に関し、少数派の権限を定めたものだが、召集期限の規定はない。民進、共産、自由、社民の野党四党は六月二十二日、内閣にこの召集要求をした。安倍は三カ月余りたって形の上では召集に応じたが、その冒頭で審議ゼロで解散したわけだ。

官房長官の菅義偉は九月二十二日の記者会見で、国会召集は延ばしてきたとはいえ「野党の要求に応じ、閉会中審査を開くなど、丁寧に説明してきた」と適切に対応してきたと反論。「解散は憲法で保障されている首相の権限だ」と冒頭解散でも問題はない、と突っぱねた。

憲法は六十九条で、衆院が内閣不信任決議案を可決するか、信任案を否決した場合の解散を定める。七条では、内閣の助言と承認に基づく天皇の国事行為の一つに解散を挙げる。戦後の解散の大半は六十九条によらず、憲法学でも「七条によって内閣に実質的な解散決定権が存するという慣行が成立している」(芦部信喜『憲法　第六版』)が通説的見解だ。

ただ、芦部も「内閣に自由な解散権が認められるとしても、解散は国民に対して内閣が信を問う制度であるから、それにふさわしい理由が存在しなければならない」とする。衆院で内閣の重要法案が否決された場合や、内閣の性格が根本的に変わった場合、内閣の基本政策を変更する場合、衆院の任期満了が近づいた場合などに限る政治慣行の確立を主張する。

日本が議院内閣制のモデルとする英国。自由な解散権の「本家」でもあるが、戦後は任期五年が四年程度過ぎての解散が大半だ。総選挙期日は大抵五、六月で、予測可能性がある。野党も選挙前はマニフェスト（政権公約）準備のため、政府の情報にアクセスできる。有権者に現政権の実績を評価し、次の政権を選ぶ時間と材料をできる限り提供するための諸慣行だ。保守党と自由党の連立を契機に一一年、議会任期固定法を成立させ、下院の内閣不信任決議か、三分の二以上の賛成を解散の要件とした。首相を出す第一党による自由な解散に縛りをかけた。

保守党の英首相テリーザ・メイは一七年四月、下院任期を三年残して電撃的に解散の意向を表明した。メイは一六年の首相就任後、総選挙で信任を受けておらず、最大野党の労働党は早期解散を要求してきた。だから、労働党も受けて立ち、下院の表決では圧倒的多数で解散が決まった。メイには欧州連合（EU）離脱交渉に臨む立場を強化したい思惑があり、世論調査を見て今なら確実に勝てる、と計算した。だが、結果は保守党の議席を減らし、単独過半数割れ。北アイルランドの地域政党である民主統一党の協力を得て辛うじて続投した。任期固定法は議会多数派の意思で再びルール変更もありうる。

同じく議院内閣制のドイツでは、連邦議会の解散権は、原則として首相の信任決議案が否決された場合に限り、政治的には中立とされる国家元首の大統領によって行使される。戦前のワイマール憲法下で小党乱立と議会解散の連発が政治を不安定にし、ナチス台頭を招いた経験から、解散を厳しく制約する。多党化しやすい比例代表を基本とする選挙制度なので、単独で過半数を制する政党は現れず、総選挙後は比較第一党を中軸に、連立政権協議に時間をかけて重要政策を詳細にすり合わせるのが常だ。一七年九月の総選挙では、首相のアンゲラ・メルケルが率いる中道右派のキリスト教民主・社会同盟（CDU・CSU）が比較第一党を維持したものの、十二月に入っても連立工作がなかなか実らず、異例の解散・再選挙すら取り沙汰された。

いずれにせよ、解散権を日本のように「首相の専権事項」扱いし、「常在戦場」でいつでも解散があり得る、という運用は主要国の常識ではない。

「戦後昭和の首相は閣議の主導権、幹部官僚の人事権、省庁再編成権など多くの国の首相が持つ権限を制約されてきた。解散権まで縛られたら、円滑に政権を運営できないリスクもあった。だが、今は首相への権限の集中が相当に進み、もう自由な解散権は必要ない」

こう「首相の権力」の再考を説くのは、政治学者で学習院大教授の野中尚人だ。大勝大敗が起きやすい小選挙区中心で政権交代可能になった衆院選。橋本行革も相まって首相主導の政権運営が強化され、安倍も国家安全保障会議（日本版NSC）や内閣人事局の創設などでそれを加速する。野中は政権選択と首相主導を車の両輪とする統治構造改革後の「平成デモクラシー」の核心として「衆院選で勝ち、政権をとった首相は強い指導力を振るう。ただ、権力は期間限定で、次の衆院選でまた政権選択の審判を仰ぐ。この組み合わせこそ肝要だ」と訴える。

2 「安倍一強」の過剰適応

†変質し始めた？「宝刀」

衆院選が小選挙区中心になってから、一二年の安倍再登板まで六回の選挙のうち、五回は任期四年のうち三年以上過ぎてからの解散だった。〇五年の「小泉郵政解散」だけは二年未満。この時は内閣の命運を懸けた郵政民営化法案が衆院で可決されながら、参院で否決された、という内閣・国会関係の行き詰まり打破が大義名分とされた。結果が大きくスイングしやすい小選挙区制になり、政権交代が起きうる緊張感が増してきて、時の首相も「伝家の宝刀」解散権を熟慮する傾向が強まった——これが永田町の相場観になりつつあった。

安倍流はこんな内外の潮流と真逆だ。一四年十一月の前回の解散は、野党がその前の敗北から立ち直れないうちに、と任期四年を半分の二年以上残した「小刻み解散」だった。

この舞台裏は第七章で詳述するが、結果のスイングを防ぐためにこそ、野党が前の敗北から立ち直る前に次の解散に打って出る、という発想の転換だ。小選挙区制の定説に挑戦する政局イノベーションとも言えた。半面、勝てると見ればためらいなく解散権を行使する勝利至上主義のリアリズムを極限まで貫徹する形だ。安倍側近からはこんな声が漏れてくる。

「米下院の任期は二年。日本の衆院も二年くらいでどんどん民意を更新していけばいい」

「自民党の党内力学の操縦に頼らず、民意を基盤にした政権運営が安倍政治の真髄だ」

一七年九月の解散も、前回の衆院選から二年九カ月。野党の臨時国会の召集要求を逆手に取った冒頭解散だった。安倍は一六年七月の参院選の際も衆参同日選を狙ったと明かすなど、解散風は一年中吹く。解散から投票日まで「四十日以内」が憲法の定めだが、一四年は二十三日で、戦後二番目の短期決戦だった。一七年も二十四日しかなかった。民意を問うと言いながら、論戦は短く切り上げがち。立ち遅れた野党が大混乱に陥っただけでなく、自民党も寝耳に水の解散で、教育無償化などの公約作りなどは党内論議ゼロ。これはマニフェスト選挙の否定だ。

このように、「安倍一強」下の二回の衆院選で、変質し始めたようにも見える解散権。野党第一党となった立憲民主党代表の枝野幸男は衆院選直前の十月八日、日本記者クラブでの党首討論会で、憲法改正論議の優先課題として、解散権の制約を挙げて見せた。

「憲法を変えないとできないことは実は多くない。現時点で唯一、問題があるとすれば、解散権が首相の自由に任されていること。これは憲法を変えないと変えられないかもしれず、議論を進めるべきだ」

枝野は、安倍流の集団的自衛権を前提とする九条改正には反対を表明。半面、解散権の制約を提唱することで、改憲論議そのものを否定するわけではない、との立ち位置を取る。

政権選択選挙が首相主導の統治の正統性の起点だと考えると、憲法六十九条の内閣不信任決議の可決等に解散を局限すべきか否かは難題だ。首相が衆院任期途中で自ら退陣し、交代してしまう場合や、郵政解散のように内閣の最重要法案が国会で廃案になった場合はどうか。参院には憲法上、内閣不信任の権能も解散もないが、時の首相から見れば、参院選の敗北でも退陣を迫られたり、衆参ねじれ国会で首相問責決議などで揺さぶられたりするリスクが消えない。解散権の制約論には衆参同日選挙の慣例化なども含め、二院制のあり方も絡んでくる。

衆院選で自公両党は改憲発議に必要な三分の二を超す勢力を維持した。ただ、憲法論議に深く関わってきた与野党議員や公明党からは、与党と野党第一党の合意形成が発議の大前提になる、との見解も示されている。そうなると、立民党の主張もカギを握るかも知れない。

現行の九条一項、二項を残したまま新たな条項で自衛隊を明記し、内閣や国会によるシビリアン・コントロール（文民統制）も盛り込む加憲案に意欲を示す安倍。十月二十三日の記者会見で「合意形成の努力は野党第一党であろうと第二、第三、第四党であろうとしなければならない。しかし、政治だから全ての理解をいただけるわけではない」と強調した。憲法族議員らの相場観や立民党の動向には縛られない、との構えもほのめかした。

安倍は衆院議員を引退した高村正彦を自民党副総裁に留め置く異例の人事で、改憲論議のまとめ役を期待。党憲法改正推進本部長に自らの出身派閥の会長である細田博之、同本部事務総長に初当選同期の根本匠を据え、憲法族任せにせず、安倍直轄で進めやすい布陣を敷いた。

安倍側近で幹事長代行の萩生田光一は「来年の通常国会（での発議）へ準備を整えていく日程感は党役員で共有している」と力を込めたが、公明党は与党協議に慎重姿勢を取り続けた。

†薄れる「反転可能性」意識

当然のことだが、仮に解散権を制約する制度改革が実現するなら、安倍や自民党政権に限って適用されるわけではない。枝野や現在の野党が政権に就いても解散権は制約される。政権交代がありうる統治システムでの制度改革論議には、このように与野党の立場が入れ替わる「反転可能性」を前提として、「共通の基盤」をどう築くかという観点が不可欠だ。

ここで時計の針を、安倍が首相に返り咲いた一二年十二月二十六日に巻き戻してみる。

「どうしてこんなにこの数年間で首相が代わったのか。私は最初に一年間で終わらざるを得なかった政権の担当者として、大きな責任を感じている。挫折した経験を生かしていきたい。国民の皆様に不安を二度と抱かせない政権運営をしていきたい。政治の混乱と停滞に終止符を打つためにも、安定的な政権運営を行っていくことが我々の使命であろう」

安倍は「安定政権」の確立をこう誓った。旧自民党政権から民主党政権まで六人続けて首相が一年で交代した、その一人目だった。〇七年参院選に惨敗し、体調も崩して退陣。それが自民党下野と民主党政権に至る「混乱と停滞」を招いたとの自責の念は強烈だった。

何としても自民党を復権させ、二度とリベラル勢力に権力を渡さない「安定政権」を再興して屈辱と汚名をすすぐ。失意のどん底から再起させたこの執念こそ「安倍一強」政治の核心を成す。旧民主党への敵意は並外れている。政権奪還した一二年の衆院選から、福島県での公示第一声と、東京・秋葉原駅前での最後のお願いを選挙での「勝利の方程式」としてきた安倍。一七年十月十日の衆院選第一声も福島市。定番の民主党政権への批判から始まった。

「なぜ、私がこの福島の地から選挙戦をスタートするのか。あの東日本大震災、私たちは野党だった。民主党政権下でなかなか復興が進まず、地域の皆さんは苦しんでいた。このままでは取り返しがつかない、一日も早く政権を奪還すべきだ、が私たちの原点だった」

安倍は十月二十一日の秋葉原駅前での最終演説でも、「民主党政権時代は」を繰り返し、「（政党の）看板を変えても、あの三年三カ月はなくならない」とボルテージを上げた。

「民主党政権時代は日本中、土砂降りの雨だった。行き過ぎた円高で工場がどんどん海外へ出た。若者は頑張っても就職できなかった。名目国内総生産（GDP）は五百兆円を割り、人口が減るからもう成長できないと彼らは言った。日米同盟は深刻な状況に陥った」

ここまで民主党政権との比較にこだわる宰相。小選挙区中心の政権選択選挙を基軸とする「平成デモクラシー」の下で、逆に二度と政権交代などさせまい、とする過剰適応にすら見える。復権後の安倍は「築城三年、落城一日」と権力のおごりや緩みへの自戒は口にするが、時期は別として、いずれまた与野党間の政権交代が起きうるという「立場の反転可能性」への意識は薄れて見えた。むしろ自民党「安定政権」の半永久化を至上命令とするかのごとき過剰適応の象徴的な表れが、勝利至上主義のなりふり構わぬ解散権の行使だとも言える。

首相に権力を集中させる半面、一定の時間軸で権力の交代の競争機会を担保する衆院選の政権選択の機能が低下すれば、「平成デモクラシー」のバランスが崩れかねない。無論、野党陣営も、与党に取って代わりうる統治能力を備えた「政権の受け皿」を有権者に示す第一義的な責任を負っていることは言うまでもない。

†「つぎつぎになりゆくいきほひ」

安倍の「平成デモクラシー」への過剰適応は「小刻み解散」をためらわない構えだけではな

い。長期安定政権を自己目的化するがゆえに、政権運営そのものは選挙に負けないよう、目先の支持率や株価の維持を重視して短期志向に徹する、という逆説もそうだ。長期安定政権は米中ロなどとの首脳外交に臨む足元は強くするのも確かだが、内政では将来を展望する経済社会ビジョンは脇に置き、一年ごとに目玉政策の看板を次々に掛け替える自転車操業が続いてきた。

「生産性革命と人づくり革命を車の両輪として、少子高齢化という最大の壁に立ち向かう。生産性を押し上げて賃上げを更に力強くし、デフレ脱却を目指す。社会保障制度をお年寄りも若者も安心できる全世代型へと改革する。新しい政策パッケージを十二月上旬に策定する」

一七年十一月一日の組閣後会見。安倍は第四次産業革命に即応する「生産性革命」と教育投資を拡充する「人づくり革命」を宣言した。アベノミクスは異次元の金融緩和、機動的な財政政策、中長期の成長戦略の「三本の矢」から始まった。円安株高でも地方や中小企業にはその恩恵が波及しないと見るや、一四年夏に「地方創生」と「女性活躍」を表看板に掛ける。

一五年秋には子育て・介護対策など旧民主党のお株を奪う所得再分配路線に軸足を移して「一億総活躍社会」を掲げた。一六年秋からは「働き方改革」で同一労働同一賃金などを推進。さらには、保守政治家を自任する安倍が、とうとう二つの「革命」を宣言するに至ったわけである。官邸と坂道を挟んで向き合う内閣府本府庁舎。二階の一角に三枚の看板が並ぶ一室がある。「一億総活躍推進室」「働き方改革実現推進室」、加えて一七年九月から「人づくり革命」

を担う「人生百年時代構想推進室」が加わった。あれもこれも道半ばだ。

「日本の歴史意識の古層をなし、しかもその後の歴史の展開を通じて執拗な持続低音（バッソ・オスティナート）としてひびきつづけてきた思惟様式のうちから、三つの原基的な範疇を抽出した。強いてこれを一つのフレーズにまとめるならば、『つぎつぎになりゆくいきほひ』ということになろう」（丸山眞男「歴史意識の『古層』」）

政治学者の丸山眞男は一九七二年のこの論文で、「いま」を重んじる「つぎつぎになりゆくいきほひ」こそが、日本人の思考枠組みを深奥で規定する「古層」だ、と喝破した。「なりゆく」は主体的な意思や決断の対極にある「有機物のおのずからなる発芽・生長・増殖のイメージ」だ。「つぎつぎ」は血統やイエ、転じて「世代ないしは事件の線的な連続継起」を表す。「いきほひ」は「時勢」や「天下之大勢」のように、歴史が「一方向的に無限進行してゆく姿」だ。こうして描き出すのは「いま」を重視し、流れに任せる「歴史的オプティミズム」だ。苅部直『維新革命への道』はこれを「それぞれの時代における生成の結果を、動かしがたい現実として肯定し、無責任に追随してゆく意識につながる」と整理している。

「つぎつぎになりゆくいきほひ」を地で行くような安倍の短期志向の政権運営。一四年暮れに「小刻み解散」で圧勝した直後、一五年一月五日の年頭会見にそれを象徴する言葉があった。「アベノミクスの種はこの二年間で大きな木へと成長し、実りの季節を迎えようとしている。

しかし、いまだ成長途上だ。さらに実りあふれる大木へ成長させなければならない」

経済政策「アベノミクス」はまさに自ずから「なりゆく」木だと表現された。大胆な金融緩和、機動的な財政政策、成長戦略の「三本の矢」は「いま」の短期的な政策手段を語るに過ぎず、目的ではない。「いま」は景気が不安定だからと消費税増税を延期し、「いま」なら勝てると抜き打ち解散を敢行する。安倍は「この道しかない」と宣言し、この年の年頭所感では、江戸中期・米沢藩の名君、上杉鷹山の言葉「なせば成る」を引用した。

だが、アベノミクスの目的地となる経済社会の長期ビジョンはぼやけたままだ。長期的視点を入れ込もうとする策動がなかったわけではない。一三年秋、前岩手県知事の増田寛也らが少子化と人口減少問題を「地方消滅」論に仕立て、官邸や自治体に向けて問題提起した底流には、財務、総務、厚生労働など各省横断的な霞が関の危機感があった。それでも、安倍は当初は即効性のある選挙対策向けに地域活性化に軸足を置いて「地方創生」として換骨奪胎した。「一億総活躍社会」論で人口減問題をようやく正面から見据えたのはそれから二年後だ。

一七年秋の「冒頭解散」では少子化と人口減を「国難」と呼んだ。だが、内閣府が経済財政諮問会議に提出する中長期試算は二〇二五年度までしか展望を示さず、団塊の世代が後期高齢者となり、医療・介護需要が急増するその先には口をつぐんできた。ここからも見て取れるように社会保障や財政の持続可能性を担保する改革は後回しにしがちだ。ＧＤＰの伸びや株価の上昇を喧伝し、「いま」を重んじる「歴史的オプティミズム」が際立ってきたのは否めない。

十一月十九日の衆院本会議。自民党政調会長の岸田文雄が代表質問で安倍にここを問うた。

岸田「私は日本の社会にしっかりと持続可能性を持たせ、誇り高く豊かな社会を次世代に引き継いでいくことを考えていきたい。首相はアベノミクスなどの政策の先に、どんな日本の姿を見ておられるかを、国民にお示しいただきたい」

安倍「私が目指すのは、自立の精神を大切にしながら、活力とチャンスと優しさに満ちあふれた国。そして世界に開かれた国だ」

安倍は「一億総活躍社会」や「二つの革命」を繰り返したが、論戦はすれ違い気味だった。

†消費税三たび信問う

「子育て世代への投資を拡充するため、消費税の使い道の見直しを決断した。国民との約束を変更し、国民生活に関わる重い決断をする以上、速やかに信を問わねばならない」

安倍が九月二十五日の解散表明会見で真っ先に訴えた「大義」が、一九年十月に八%から一〇%に引き上げが法定された消費税の増収分の使途見直しだ。従来は、赤字国債で賄っている既存の社会保障費の財源の穴埋めに約四・五兆円。少子化対策など新たな社会保障の給付やサービスの充実に約一・一兆円を充てる、としてきた。この比率を一対一に変更し、約一・七兆円を「人づくり革命」の核である教育無償化など子育て世代への投資拡充に投入する。

二〇年度までに三～五歳児全てと、住民税非課税世帯の〇～二歳児の、幼稚園・保育園の費用を無償化。待機児童解消に向け、三十二万人分の受け皿整備を急ぐ。住民税非課税世帯は大学など高等教育も無償化する。消費税以外の財源も含め「二兆円規模の新たな政策」を安倍は公約した。残り三千億円を巡っては「こども保険という議論もある」と指摘したうえで、保険方式や企業の拠出金拡充などの制度改革も含め、自民党内で検討を急ぐ考えをこの場では示した。

衆院本会議場で、河野太郎外相（右）と話し込む自民党の小泉進次郎筆頭副幹事長（中央）（2017年11月01日撮影　写真 © 時事）

「こども保険もいいんだけどさ。せっかく若手議員で議論しているわけだから、消費税増税分の使い道も組み替えるとか、もっと柔軟な発想があってもいいんじゃないのかな」

場面は五月二十九日の官邸に遡る。安倍は「思いつきだけど」と前置きすると、こう増税の使途変更を口にした。向き合ったのは党政調会長だった茂木敏充（現経済再生相）と小泉進次郎（現党筆頭副幹事長）ら数名の若手議員。安倍は小泉らが幼児教育を無償化する財源として旗を振る「こども保険」構想に耳を傾けたうえで「柔軟な発想」を求めた。

実は「思いつき」などではなかった。当時は内閣支持率が六割近い「安倍一強」。安倍は衆院解散カードを温存して一八年九月の自民党総裁選で三選し、その後に総選挙と憲法改正の国民投票を同時実施するシナリオを描いていた。三選のカギとみたのが消費税の扱いだ。元幹事長の石破茂、現政調会長の岸田文雄ら潜在的な対抗馬はそろって増税実施論だ。安倍が一四年、一六年に続いて増税延期に動けば、対抗馬から総裁選の対立軸にされかねない。

そうさせないよう、増税は実施するが、教育無償化の推進を三選の旗印に掲げ、その財源を使途変更で賄うプランを、首席首相秘書官の今井尚哉らごく少数の首相官邸スタッフを中心に練り始めていたのだ。これは総裁選に先立つ一八年半ばに打ち出す手はずだった。

支持率急落と都議選の自民党惨敗で、この戦略はぐらついた。前述のように、安倍官邸は与党の議席減を最小限にとどめようと一七年中の衆院選先行を探り始める。消費税増税の使途変更案は、早期解散の「大義」として一年近く、前倒しして使われたわけである。

経産官僚出身の今井は、安倍の抜群の信任を武器に、内政・外交両面で首相主導を支える最側近として、重要閣僚にも劣らぬ力を持つようになった。対ロシアに続き、対中国でも「一帯一路」構想への協力など経済関係を重視する外交アプローチを主導。安全保障上の懸念を重く見る国家安全保障局長の谷内正太郎らとの軋轢も表面化したほどだ。

首相主導のトップダウンでの使途変更案は、自民党内ですら議論ゼロ。財務省は、財政健全化は一段と遠のくものの、三たび増税延期になるよりはマシと考えるしかない、と表立って異論を唱える場面はなく、官邸に歩調を合わせた。総裁選向けの「秘策」を、与党内調整もなしで急遽、衆院選に転用したひずみはあちこちにのぞいた。公明党は全ての〇～五歳児の無償化を訴えたほか、代表の山口は十月八日の党首討論会で私立高校の無償化を安倍に直談判。安倍も「検討していく」と約束せざるを得なかった。認可外の保育所をどこまで無償化するかなどは選挙後ももめ、最終結論は一八年夏まで先送りになった。

「税こそ民主主義だ。重大な変更で国民に信を問うのは当然だ」と二度の増税延期に続き、消費税を三たび国政選挙の「大義」に持ち出した安倍。ただ、使途変更は「消費税の収入については（中略）年金、医療及び介護の社会保障給付並びに少子化に対処するための施策に要する経費に充てる」とする現行の消費税法の枠内に収まる、と政府部内で解釈され、法改正は見送る方向だ。国会審議も要らないレベルの政策変更で、あえて信を問うたとも言える。

†「小泉世代」の下剋上

安倍一強の下、五年にわたって加速してきた首相主導のトップダウンの政策決定。反比例するように自民党政調会は地盤沈下し、長年の慣行である与党事前審査機能は維持しつつも、実質的な空洞化が進んできた。そこへ党側から長期的視野に立つ「人生百年時代の社会保障」への抜本改革論を訴え、下から突き上げたのが小泉進次郎ら若手議員グループだ。

ここで場面は一五年十二月に遡る。補正予算で低年金の高齢者に一人三万円の臨時給付金を配る案が急浮上した。安倍肝煎りの一六年参院選対策だった。党政調全体会議で「何も聞いていないし、党として了承もしていない。十八歳選挙権対策に腐心している最中で、反対する」と最初に声を上げたのは、若手の小林史明（現・総務政務官）。その場にいた小泉も「これはおかしい」と同調した。「こども保険」に行き着く下剋上の烽火だった。

政調会長の稲田朋美は補正予算の承認と引き換えに、若手で経済社会の将来像を議論する「二〇二〇年以降の経済財政構想小委員会」新設を提案し、収拾を図る。東京・赤坂の衆院議員宿舎。小泉、小林、村井英樹（現・経済財政・金融政務官）、鈴木憲和の四人が深夜まで激論した。当時は小泉が衆院当選三回で、他の三人は二回。皆、三十歳代半ばだった。

「本当の危機は二〇年の東京五輪・パラリンピック後だ」「高齢者だから、ではなく、現役世代も含め真に困っている人を支える社会保障を目指す」。こんな議論から「二〇年以降の中長期に照準」や「全世代型の社会保障」といった改革推進の視点で一致した。

小委員会の約二十人は選挙区で当選し、特定業界との関係が薄い議員を中心に人選した。一六年四月の最初の提言の表題は「レールからの解放」。人口減少や人生百年時代を見据えて「二十年学び、四十年働き、定年後は休む」一直線のレールのような人生観をぶっ壊して「多様な生き方や働き方を選択できる社会をつくる」と宣言した。「真に困っている人のための社会保障」と表裏一体で「自助努力へのインセンティブ」も明記した。

議員同士の激論は若手には新鮮だった。厚生労働、農林など府省ごとに縦割りの政調会の各部会は、安倍一強下では政策論議より党議決定に向けた手続きの場だ。官僚が所管する法案や予算を説明し、議員が注文をつけてもたいていは微修正と根回しで通る。三万円給付金のような安倍主導の政策は方向性も期限も官邸のはめた枠内で結論を急ぐから、閉塞感が強まる。

以前は「政策集団」を名乗り、議員同士の「談論風発」を標榜した派閥はそれこそ空洞化して久しい。党組織や派閥のタテ秩序の衰えをよそに、二〇二〇小委は若手議員のヨコの連携や議論の場として活気づく。一七年三月に提言した「こども保険」構想は明快なネーミングも手伝って反響を呼んだ。子育ての社会化を目指し、幼児教育の負担軽減に向けた財源確保策だ。

例えば、厚生年金の保険料率を勤労者、事業主とも〇・一%ずつ上乗せすると、年間約三千四百億円を捻出できる。〇・五%ずつ上乗せすれば、約一・七兆円で、小学校就学前の児童全員に年間三十万円の手当ての加算ができ、幼児教育の実質無償化の水準に届く。

稲田の後に政調会長になった茂木がこれを政府の「骨太の方針」に明記させる軌道に乗せた。

小泉は「こども保険がなければ、教育無償化の財源は次世代に負担を先送りする「教育国債」が当たり前になっていた。ボトムアップの政策決定のイノベーションだ」と自負した。

若手の下剋上の動きは、発信力が抜群の小泉がいてこそだが、安倍一強の変化の胎動かも知れない。内閣と与党が並び立つ「双頭の鷲」型自民党システムはなお生き長らえる。二〇〇〇年代初頭に「自民党をぶっ壊す」と叫んで首相主導のトップダウン政治を推進したのは小泉純一郎だ。その後継者の進次郎が安倍と向き合い、ボトムアップの政策決定で党政調会の再活性化に試行錯誤するのは、歴史の皮肉だ。世代間の暗闘は衆院選を挟んで続く。

衆院選直後の十月二十七日の官邸。安倍は人生百年時代構想会議で、保育の受け皿整備向けの企業拠出金を「三千億円増やしたい」と経団連会長の榊原定征に迫った。「二兆円規模の新政策」で消費税の使途変更分を補うためだ。小泉進次郎を全国遊説でフル回転させても、こども保険構想を丸のみはせず、企業負担の着想を換骨奪胎した。小泉は「党側は一言も話を聞いていない。このままなら党は必要ない」と反発して見せたが、子育ての社会化は前進する。

†首相主導の必然と限界

自民党政調会で税制調査会長や政調会長代理などを歴任し、〇九年の衆院選で落選して引退した元金融相の柳澤伯夫。若手議員の頃は農林族議員としても鳴らし、政調会の生き字引の一人だ。小泉純一郎から本格化した首相主導体制は歴史の必然だったと振り返っている。

「日本経済が右肩上がりの成長を続け、豊かなパイを分け合えば良かった時代は、縦割りの各省と、自民党政調会の各部会に陣取る族議員に政策運営を任せればそれで済んだ」

自民党が長期安定政権を築いた五五年体制下では、党政調会を舞台に政官業の鉄の三角同盟が有機的に連携して政策決定を動かしていたと認める。ただ、財政状況が逼迫し、厳しい歳出削減や税負担増が避けられなくなった九〇年代半ば以降の構造改革の時代には、「各省や部会に自ら身を切る改革を求めても到底、無理な相談」だったと打ち明ける。

それはなぜだったのか。柳澤曰く、「政調会には総合調整機能が欠けていた」からだ。

バブル期の税収急増で九〇年度に赤字国債依存から脱却した日本財政。五五年体制崩壊後も連年の経済対策に追われ、九四年度第二次補正予算からは赤字国債依存に逆戻りする。対策を打つたび、株式・為替市場への強烈なインパクトを求めて「過去最大の事業規模」が更新され、公共投資や減税などによって国債発行残高は雪ダルマ式に増えて行く。少子高齢化による社会保障費の膨張という構造要因も抱え、借金体質は悪化の一途を辿る。

限られたパイを分け合うには政策の優先順位に厳しくメリハリをつけるしかない。そんな構造改革は縦割り・ボトムアップ・全会一致を特徴とした五五年体制下の権力分散型の自民党システムでは対応しきれず、首相に権力を集中させ、リーダーシップを発揮するトップダウン方式で蛮勇をふるって切り込む以外に進めようがなかったのだ、と柳澤は指摘する。

有権者が政権の枠組み、政策プログラムと一体で首相候補も選ぶ衆院選の政権選択選挙の「民意の正統性」が、首相主導の統治を後押し。首相主導の補佐体制も橋本行革などで強化が進んだ。小泉純一郎が「国債発行三十兆円枠」や社会保障費の伸び抑制などの財政改革路線、さらに郵政解散まで突き進んだのは、指導者の強い個人的信念からだった。同時に、平成の統治構造改革に乗って、首相主導を可能にした改革の果実を存分に享受できたからでもある。

柳澤によれば、それはつまるところ、時代の必然的要請でもあったということにもなる。

小泉は歳出改革路線を貫徹したが、消費税増税は先送りした。福田康夫、麻生太郎、菅直人、野田佳彦といった後の宰相たちは財政健全化と社会保障改革への危機感から、増税に道筋をつけようと模索する。それぞれが蛮勇を振るわなければ事態は動かなかったのも確かだが、首相主導のトップダウンだけで事は実らなかった。消費税率一〇％への増税は、一二年に当時の民主、自民、公明の三党で合意。政権選択を競う衆院選の争点から外す形で決着した。

安倍は小泉をしのぐ首相主導を加速し、衆院選に勝てると見れば、解散権をためらいなく行使。民意を早めに更新して政権基盤を固め直す戦略を続ける。三党合意にもかかわらず、解散の大義に消費税増税の延期や、教育無償化へ歳出を拡大するための増税の使途変更を掲げた。強化された「首相の権力」を、小泉流とは真逆の財政改革先送り路線と政権維持に使ってきた形だ。統治構造改革の果実を現実にどう使いこなすかは指導者という「ひと」次第でもある。

†与野党の「共通の基盤」

風に左右されがちな大都市選出の自民党若手議員は「個別分野ごとに撃破した小泉流の歳出改革は特定業界の支持は失っても、幅広い集票が必要な小選挙区制では合理的だったかも知れない。一方、大衆課税の消費税増税を政権選択選挙で争点化するのは最悪だ」と打ち明ける。

政策研究大学院大教授の飯尾潤は〇四年に「財政再建プランの枠組みに関しては、超党派的な合意を作り、そうした合意をいわば憲法的規範として、長期にわたって継続させることが必要となる」と政争から切り離した超党派合意、それを制度的に担保する憲法の均衡財政条項、合意を保持する恒久官僚制の役割を唱えた（青木昌彦・鶴光太郎編著『日本の財政改革』）。

財政を国民の代表機関である議会の統制下におくのが「財政民主主義」だ。究極的な判断権を持つのは選挙で投票する有権者でもある。民意直結の首相主導でなければ歳出改革は難しいが、消費税増税と民意の関係はさらに厄介極まりない。政権選択選挙で政策競争を重ね、首相主導の統治も試みた主要政党が、衆参ねじれ国会の大暗闘を経て行き着いたのが三党合意だった。消費税増税と社会保障改革はどの政党のどの政権でも逃れられない、政権交代を超えた「平成デモクラシー」の「共通の基盤」、いわば「憲法的規範」の位置を占めたかに見えた。

安倍の二度の増税延期により、三党合意の想定から四年遅れ、消費税率は一九年十月に一〇%に上がる計画だ。分厚い中間層は縮小に向かい、所得格差が広がるなど経済社会情勢も変化してきた。三党合意の当事者だった民主党の流れをくむ最大野党は解体し、全ての野党が増税凍結論を掲げて一七年衆院選を戦った。三党合意の「憲法的規範」は内実まで雲散霧消したのかどうか。ポスト平成期の財政規律の確保に向けては立憲的な統制を探る試みも出始めた。自民党は一二年改憲草案で「財政の健全性は、法律の定めるところにより、確保されなければならない」との財政健全化条項を提案した。マクロ経済や財政、社会保障の将来予測を扱う「独立財政推計機関」を国会に置く構想も浮き沈みする。これらは財政民主主義に立憲的統制のタガをはめ直す動きだ。ポスト平成に向けた「統治構造改革2.0」の胎動がここでも聞こえる。

政権選択と首相主導をガバナンスの両輪としながら、「安倍一強」に大きく揺れ、新しい時代に向かおうとしている「平成デモクラシー」。次章から、三十年にわたる統治構造改革と歴代首相や政治家たちの試行錯誤が織り成してきた「変革と闘争」の物語が始まる。

第二章
政治改革と小沢一郎

党首選挙の後、握手を交わす（左から）小沢一郎幹事長、米沢隆氏、海部俊樹新党首、羽田孜氏（1994年12月8日撮影　写真©時事）

第二章関連年表

1988年（昭和63）	6月18日　リクルート事件（リ社が、政財界の要人へ未公開株をばらまいた事件）が川崎市で表面化 11月20日　竹下登首相が政治改革に取り組む決意を表明
1989年（平成元）	1月7日　昭和天皇が崩御。今上天皇が即位され、元号は「平成」に 5月23日　自民党が「政治改革大綱」を党議決定。衆院の中選挙区制見直しと小選挙区比例代表並立制の導入を提言 7月23日　参院選で自民党が過半数割れの敗北。土井社会党が大躍進。 8月10日　第1次海部俊樹内閣が発足 11月10日　ベルリンの壁が崩壊
1990年（平成2）	4月26日　第8次選挙制度審議会が、衆院に小選挙区300、比例代表200の並立制導入を海部首相に答申
1991年（平成3）	1月17日　湾岸戦争が勃発 6月29日　自民党が総務会で政治改革関連法案を党議決定するも紛糾 9月30日　政治改革法案が国会で廃案に。海部首相が「重大な決意」を表明するも、退陣へ 11月5日　宮澤喜一内閣が発足
1992年（平成4）	8月27日　金丸信自民党副総裁が東京佐川急便からの献金問題を巡り辞任 12月18日　小沢一郎、羽田孜両氏らが羽田派を旗揚げし、竹下派が分裂
1993（平成5）	6月18日　宮澤内閣不信任決議案が羽田派の造反で可決 7月18日　衆院選で自民党が過半数割れ 8月9日　非自民8党派による細川護熙内閣が誕生し、55年体制が終焉
1994年（平成6）	1月29日　政治改革関連法案が成立。衆院に小選挙区300、比例代表200の並立制を導入し、政党助成金制度も創設 6月30日　村山富市社会党委員長を首相とする自民、社会、新党さきがけの三党連立内閣が誕生 12月10日　新進党が結党。初代党首は海部俊樹氏、幹事長は小沢一郎氏

1　「派閥と族」秩序の黄昏

†解散封じられた宰相

「首相にしかない権力、というものがある。それは衆院解散権と閣僚・党三役人事権だ」

こう喝破して見せたのは、二十一世紀初頭に最初に「強い首相」を演じ切った小泉純一郎である。それまでの日本の首相は解散権も閣僚人事権も必ずしも思うがままには行使できず、「弱い」と見られがちな時期の方が長かった。本章ではまず、一九五五年体制と呼ばれた自民党の長期政権（五五年～九三年）の末期、平成当初の権力中枢のありようを振り返っておく。

九一年十月三日夜。翌朝に国会内大臣室で開く定例閣議の準備を始めた首相官邸スタッフたちに、異様に張り詰めた空気が流れていた。各閣僚の席には閣議案件の文書を前もってそろえておくのが通例だ。この日、いくつもの案件の一番上にわざと置かれたのは「日本国憲法第七条により、衆院を解散する」との天皇陛下による解散詔書案。そして詔書が発せられた旨の衆院議長への伝達書案と、同じく参院議長への通知案の三点セットだった。

首相の海部俊樹は三日前の九月三十日、政府・自民党首脳会議で「重大な決意で臨む」と口にし、衆院解散・総選挙に打って出ようとしていた。政治生命を懸けた衆院への小選挙区比例代表並立制導入などを柱とする政治改革関連法案が、国会で廃案にされてしまったからだ。

当時は五五年体制の爛熟期だ。八〇年代に元首相の田中角栄が築いた党内最大派閥を竹下登が奪い取り、首相の座に上り詰める。竹下を後見人として支えた金丸信が会長に座った「経世会（竹下派）」は、竹下退陣後も数の力で宇野宗佑や海部を首相に担ぎ、党運営を牛耳った。

金丸、オーナーの竹下、そして金丸に寵愛され、海部に幹事長として仕えた後に竹下派会長代行に転じた小沢一郎。縁戚関係にあったこの「金竹小トライアングル」こそ権力の中枢だったが、竹下と小沢は世代間の確執を次第に深めていた。この頃、党内秩序を形作っていた五大派閥のうち、十月の党総裁選に向けて早々と海部続投支持を明確にしたのは、海部の出身派閥で勢力が最も小さい河本派だけ。三塚、宮澤、渡辺の有力三派は反政治改革・反海部で連携し、竹下派が海部支持に回っても、多数を制しきれない黄信号が灯っていた。

小選挙区制導入には当時の全野党が反対。自民党も総裁選をにらむ派閥間の綱引きも絡んで賛否が二分し、国会で廃案になったのだが、海部は「首相の権力」で打開しようとした。

日本経済新聞社のデータベース「日経テレコン」で新聞記事を検索すると、八〇年代前半の中曽根康弘内閣期には解散を「首相の専権事項」とする記述が確認できる。ただ、憲法上は天皇の国事行為である解散には内閣の助言と承認が必須で、閣議書を回して全閣僚が署名する閣議決定が要る。海部や側近らは署名を拒む閣僚はその場で罷免し、海部自らがその職を兼務して閣議を強行突破する腹をくった。閣議に陪席する官房副長官の石原信雄（事務担当）が罷免された閣僚を部屋の外へ連れ出す手はずまで打ち合わせていた。

翌十月四日朝の官邸。幹事長の小渕恵三（竹下派）ら自民党三役が海部とギリギリの協議を続け、定例閣議が始まる寸前に「幹事長に会いに来た」と現れたのは小沢だった。「解散反対」と「海部続投不支持」という竹下派総会の緊急決定を通告に来たのだ。しかも、海部本人には会おうともせず、首相執務室から別室に呼び出した小渕に伝えただけで済ませた。

実は竹下は解散に理解も示していたが、竹下が政局の主導権を握るのを嫌った小沢が、金丸の了解を得て海部に引導を渡したとされる（後藤謙次『平成政治史1』）。最大派閥から見捨てられた海部は翌五日、退陣を表明するしかなかった。最大派閥のヘゲモニーを巡る「金竹小」の熾烈な暗闘の前に、首相の「重大な決意」はあっさり葬り去られたのだ。

金丸は「小沢後継」を考えるが、心臓を患った小沢は固辞した。内部亀裂が深まりつつあった竹下派は独自候補を立てられず、三塚博、宮澤喜一、渡辺美智雄という派閥領袖の誰かを担ぎ、三派連合を切り崩して多数派の形成に走るしかなくなった。金丸はやむなく、コペルニクス的転回を遂げる。およそ反りが合わない疎遠な間柄だったにもかかわらず、世論調査で相対的に支持率が高かった宮澤喜一を後継総裁に事実上、指名したのである。

†領袖の矜持と苦悶

十月下旬、宮澤が自民党新総裁に選出された直後の夜。記者は東京・世田谷の閑静な住宅街にある党内第三派閥の領袖、三塚博の私邸を訪ねていた。いわゆる夜討ち取材である。

党内は緊迫していた。与党運営の要となる幹事長、政調会長、総務会長の党三役は総裁派閥以外の有力派閥で分け合う。こんな勢力均衡人事が七〇年代半ば以降に確立した慣行だった。これに従えば、幹事長は最大派閥の竹下派、政調会長は三塚派、総務会長は渡辺派に割り振るのが常識的だった。だが、竹下派を牛耳った「金丸―小沢ライン」は宮澤派に対して「三塚派は三役から外し、宮澤派から政調会長を出せ」と強硬に迫っていたのだ。

この夜、三塚邸の門を叩いた記者は一人だけ。インターフォンを押すと、住み込みの書生が「先生は今夜はお疲れです。申し訳ないが、お引き取り下さい」と冷たく応答した。記者が参ったな、と腕組みすると、夫人の三塚寿子と書生が言い争う声が流れてきた。

「せっかく来られたのだから、入れて上げなさい！」「いや、でも、それは奥様……」「いいからカギを開けて！」。やおら玄関のドアが開き、記者は「どうぞ」と招き入れられた。いつも通されるソファセットが置かれた広い応接間ではなく、畳敷きの居間に通じる襖を書生がガラッと開ける。記者はその光景にぎょっとして腰を抜かしそうになった。

「うおーっ」。ジャージー姿の三塚がこう咆哮しながら、真っ赤な顔で畳の上をのたうちまわっていたのである。心臓マヒ？　脳梗塞？——記者は三塚が何かの発作を起こしたのかと仰天した。しかし、寿子も書生も黙って見守っているだけだ。一呼吸置いてやっと事情が飲み込めた。この頃は殆どアルコールを口にしなかった三塚が、珍しくヤケ酒をあおって酔ってしまい、大の字になっていた。まさかの「三塚派外し」に苦悶していたのだ。

三塚はこの年六月、元幹事長の安倍晋太郎の死去を受け、政調会長の加藤六月との熾烈な跡目争いを経て安倍派の大部分を継承。初の昭和生まれの派閥領袖として、総裁選にも名乗りを上げたものの、宮澤と渡辺美智雄の後塵を拝し、最下位の三位に終わった。続く宮澤新内閣の組閣人事は、新参の領袖として鼎の軽重を問われる大事な場面だった。

この当時の派閥は都心の一流ホテルなどに常設の事務所を構え、会長、会長代行、事務総長といった役職や総会、世話人会、政策委員会などの意思決定システムも備えて、一つの政党と見紛うほど組織化されていた。領袖や幹部は中堅・若手を物心両面で支援し、濃密な親分・子分関係を築き上げて総裁選などで堅い結束を誇った。「物心両面の支援」とは、選挙の応援、政治資金の手当て、内閣・党人事でのポストの獲得が三本柱である。

「オレは派閥の会長なんだから……。このままじゃ終われない。まだ手はあるんだ」

しばらく大の字でうなっていた三塚はやがてむっくり起き上がるとこうつぶやいた。自らに領袖の矜持を説き聞かせるように何度も「オレは派閥の会長だから」と繰り返した。

†最高人事権者カゲ薄く

三塚や同派会長代行の森喜朗らが頼ったのは、安倍晋太郎の前の領袖で、元首相の福田赳夫だった。当時、八十六歳。既に衆院議員を引退して「昭和の黄門」を名乗り、国際舞台では「OBサミット」を主導していた。福田は十月二十八日、「三塚派外し」の首謀者だと聞いた金丸に自ら電話すると、「何か誤解があるようだから、三塚君と会って話してくれ」と懇請した。

この頃は「政界の最高実力者」と呼ばれ、権勢の頂点にあった金丸も「世界のフクダ」の意向を無視はできない。翌二十九日朝に金丸、竹下、三塚の三者が東京・永田町の金丸の個人事務所で会談する運びとなった。ところが、三塚が約束の時間に訪問しても、金丸も竹下も姿を現さない。屈辱に震えた三塚は再び福田の下に駆け込んだ。メンツをつぶされた福田は激怒し、再び金丸に電話で強硬に申し入れ。宮澤にも党人事の再考を促した。

三塚は重い腰を上げた金丸、宮澤と相次ぎ会談。金丸が兵を引く気配を察した宮澤は急転、三塚派から森喜朗を政調会長に受け入れる意向を表明した。幹事長には竹下派であまり色のない綿貫民輔、総務会長に渡辺派の佐藤孝行を据えた。宮澤派でも、竹下派の意向に唯々諾々と従うだけの宮澤や新官房長官の加藤紘一らの姿勢に批判が噴き出していた。

「三塚派外し」には、大派閥を継承した三塚への「金丸―小沢ライン」の強い警戒感があった。安倍の後継争いで、金丸は加藤六月に肩入れし、三塚とは距離ができていた。小沢は岩手県、三塚は宮城県を地盤とする。次のリーダーの座を競う東北の両雄の激突でもあった。

それでも党内を安定させるため、有力派閥の勢力均衡を重んじた人事慣行の粘着力は強かった。「竹下派支配」全盛のこの時期でさえゴリ押しで打破するには至らなかったのだ。

一方、人事権者の宮澤には「三塚派外し」の動機など特になかった。政権の生みの親で、実質的に人事を牛耳る「金丸―小沢ライン」の顔色をうかがうばかり。金丸が矛を収めるなら、派閥均衡人事を崩す理由もなかった。解散権と並ぶ「首相の専権事項」と呼ばれていた党三役・閣僚の人事でも首相のカゲは薄く、派閥秩序の優先が当然視されていた。

続く組閣では首相の宮澤を除く閣僚二十人は竹下派に六、宮澤派に二、三塚派、渡辺派にそれぞれ四、河本派に三、加藤六月グループに一を割り振った。総裁派閥は政権を支えてもらう他派にあえてポストを譲る点も含めて、派閥均衡の人事慣行はほぼ維持された。

九三年に五五年体制が終焉し、連立政権の時代に入っても派閥による党三役・閣僚人事の調整機能は生き延びる。九八年に首相に就いた小渕恵三が主要四派の閣僚ポストを一つずつ減らして四人の「総裁枠」を設けた時は、画期的な試みとして党内で驚かれたほどだ。この慣行が音を立てて崩れるには、小泉純一郎の首相登板を待たなければならなかった。

†派閥育んだ中選挙区制

五五年体制下で、なぜ自民党の派閥がそれほど求心力を保持し、政治の主役たりえたのか。企業もそうだが、どんな組織でも人が集まれば派閥やグループができるのは世の常だ。自民党の派閥はもともと理念や政策で共鳴しあう同志がリーダー候補を押し立て、総裁選で党内覇権を争って抗争を繰り返す単位だった。それが良くも悪くも自民党政治の代名詞にまでなるほど強固な存在と化した裏には構造的な要因があった。衆院の選挙制度である。

戦後の衆院選は、一つの選挙区の定数が原則三から五までの中選挙区制と呼ばれた仕組みだった。自民党は常に単独過半数の確保を目標としたため、各選挙区で必ず複数の候補者を立てて多くの公認候補を擁立した。一方、野党第一党の社会党が衆院選で過半数の候補者を立てたのは、五五年体制下では五八年の一度だけ。東西冷戦下で社会主義革命を掲げた社会党と他の野党の連合政権構想もまとまったことはなく、政権交代の選択肢がなかった。

政権独占が続く中、自民党の候補者にとってライバルは野党候補よりも、身内の同じ自民党候補となった。保守票を骨肉相食む激しい生き残り競争だ。その緊張感と切磋琢磨は党の活力ともなったが、これでは党の公約や政策を訴える選挙にはなりようがなかった。

それより、いかに党内ライバルより自分が中央とパイプが太く、地元のために働ける政治家であるか、と保守同士で利益誘導の多寡を競う個人選挙になりがちだった。五位までに滑り込めば当選できるなら、それぞれ農協、建設業界、特定郵便局長会などに有力な集票基盤を頼って住み分けを試みようとする。これが「族議員」の淵源になったとも言える。

自民党の議員が最も敵視するのは、同じ選挙区の別の自民党議員だ。口も聞きたくない不倶戴天の関係だから、永田町では必ず別々の派閥に籍を置いた。これが党内にいくつかの有力派閥が割拠した構造要因だ。五五年体制後期には五大派閥体制が定着。田中角栄は「中選挙区の定数は最大五だから、それを超える数の派閥は存続できない」と看破した。

分かりやすい例として、八三年衆院選の北海道五区（釧路市、帯広市、網走市など）を示す。ここは定数五で、当時は日本で一番広い選挙区と言われた。たいてい自民党と社会党が二議席ずつ確保し、三議席目を激しく争うのが常だった。この年は元農水相の中川一郎が急死し、自民党は前職二人と中川の長男で後継者の昭一の三人を公認した。そこへ中川一郎の腹心の秘書だった鈴木宗男が非公認で出馬し、昭一と骨肉の争いを演じたのだ。

中川昭一と鈴木は激しく競ったがゆえにともに当選し、前職二人が落選するはめになった。自民党は鈴木を追加公認。曲折を経て中川は安倍派、鈴木は竹下派に入り、それぞれ農林族、国防族として政務次官や党政務調査会の部会長を務め、当選回数を重ねる。こうして中選挙区制下の自民党では、他に世襲候補がいても非公認で出馬し、実力や派閥の後押しで勝ち抜けば追加公認される競争システムで、活力と人材登用の間口を維持していた。

†自民の全会一致主義

衆院選で与野党が入れ換わる政権交代の可能性がなかったため、自民党総裁選は次の首相の選出に直結した。そこが、派閥が目まぐるしく合従連衡を繰り広げる権力闘争の主戦場となった。総裁選の勝敗で権力の振り子が大きく振れることが擬似政権交代の機能も持った。

有力な派閥の領袖は親分として政治資金を集め、子分の議員たちに「モチ代」「氷代」を配る。選挙は派閥ぐるみで支援し、閣僚や党役員の人事では声を大にして子分たちを押し込む。「カネ、選挙、人事」で所属議員を丸抱えして面倒を見ることで、親分としての求心力を保ち、総裁選への出馬を目指した。自民党はこんな派閥の「連立政権」だった。

だから、総裁選で選ばれた総裁＝首相は、党内の派閥領袖たちのコンセンサスに乗る形で政権運営をせざるを得ず、その指導力には制約を受けていた。閣僚や幹事長など党三役の人事も首相に任命権がありながら、各派閥の所属議員数に応じてほぼ比例配分でポスト数が決まり、各派から首相に入閣候補の推薦リストが提出された。派閥均衡の力学と当選回数重視の年功序列の秩序を、首相といえども尊重しないわけにいかなかったゆえんだ。

自民党の最高議決機関は党大会。それに次ぐのは両院議員総会だが、内閣が国会に提出する議案など、日常的に「党の運営及び国会活動に関する重要事項」を「審議決定する」場は総務会だ。派閥や選出地域、当選回数などのバランスを考慮して選んだ二十五人の総務による合議を経て、党議を決定する。党則上は「議事は、出席者の過半数で決し」と多数決を明記するが、現実には全会一致によるコンセンサス主義を大原則に運営してきた。それが派閥連合体としての自民党を割らず、党内融和を図る上での象徴的な知恵だった。

本章の冒頭で紹介した海部内閣で、最大の争点となった政治改革法案。党内が賛否で二分した中で、総務会は九一年六月二十八日から七月九日までの十二日間、法案の国会への提出を認めるか否かで大荒れとなった。当初まず二日間の激論の末、海部と親しかった総務会長の西岡武夫が反対論を押し切る形で「了承して欲しい」と党議決定を強行した。

これに法案反対の急先鋒でもあった小泉純一郎ら反海部三派の議員が猛反発。党議決定のやり直し・再審議を求めて徹底抗戦した。手続きの瑕疵を認めさせ、国会の採決での党議拘束も外させよう、ともくろんだのだ。西岡は国会審議での「闊達な討議」を認める見解を示して事態を収拾した。それでも最後まで反対を叫んだ小泉だが、「党議拘束は外れた。法案に反対できる」とニヤリとした。総務会での全会一致という意思決定の慣行を巡って政局が動き、政治改革法案の廃案と海部退陣への道筋がほの見えたからである。

†族議員と与党事前審査

福田赳夫の秘書を経て七二年に初当選した小泉純一郎。この頃は当選七回で三塚派の事務総長代理という既に幹部級の議員だった。若手時代は当選三回で大蔵政務次官、四回で自民党財政部会長、五回で衆院大蔵委員長と旧大蔵省に縁の深い役職ばかり選んで就いた。六回で厚相として初入閣して二期務めたうえ、党三役に次ぐ党全国組織委員長も経験した。

これは派閥均衡と当選回数による年功序列・順送りの自民党人事秩序で、ごく標準的なキャリアパスと言えた。小泉の一期下で派内のライバルだった鹿野道彦（後に民主党政権で農水相）も当選三回で運輸政務次官、四回で党交通部会長、五回で衆院運輸委員長と典型的な「運輸族」コースを歩み、当選五回で農水相として早めの初入閣を果たした。自民党政権は半永久的に続くという錯覚が、佐藤栄作内閣期の後半頃からこんな人事慣行を定着させてきた。

この二人の例でも分かるが、特定の官庁につながる政務次官➡党部会長➡国会の常任委員長の三点セットを務め上げ、政策の専門分野を創ることが「族議員」への常道だった。こうして族議員の地歩を固めれば、どの閣僚ポストに就くかは必ずしも重要ではなかった。なぜなら、五五年体制下の政策決定は首相や内閣よりも、明らかに与党主導だったからだ。

衆院選で勝った多数派から、国会が首相を選ぶ。首相が閣僚を選んで内閣を組織し、内閣は連帯して国会に責任を負う。日本国憲法の議院内閣制の「顕教」はここまで本家の英国と大差ない。ところが、英国では幹事長などに当たる政権党幹部もこぞって入閣する。一元化された権力主体である内閣が、議会に提出した法案審議の手順も主導する。「議事日程の設定や議決の方式などについて大きな権能を与えられ、政府の主導権が確保されている」（野中尚人『自民党政治の終わり』）点は、議院内閣制の枠組みに、強い大統領が併存するフランスでも同じだ。

英国政治の古典であるウォルター・バジョット『イギリス憲政論』は「行政権と立法権の密接な結合」こそ議院内閣制の最大の特質だと説く。だが、日本国憲法に内閣と国会を「協働」させる仕組みは何もない。「内閣は、制度的には、国会の組織および運営に関してほとんど介入する手段を持たない」（川人貞史『議院内閣制』）点が英仏などとまるで違う。

実は明治憲法下では、至高とされた天皇大権たる行政権への議会や政党による制約を嫌う立場から、穂積八束や上杉慎吉といった憲法学者が議会と内閣の断絶を当然視する「三権分立」論を説いていた。議院内閣制的な運用を唱えた美濃部達吉は天皇機関説事件で失脚する。この戦前からの土台に、戦後の新憲法には大統領制を採る米国流の権力分立論も流入した。

戦後憲法学も「三権分立」論を引きずり、今度は国民主権を重視する。民意が立法権を持つ国会の議席に忠実に反映され、議員間の熟議から政策決定に至る「コンセンサス型デモクラシー」の統治イメージを描きがちになった。議会が統治の中心で、内閣は議会の決定を執行する立場だという国会中心主義に傾き、内閣と国会の「断絶」を重く見なかった。

だが、戦後は高度成長や「福祉国家」を支えた行政府が政策決定の主導権を握り、官僚が立案して内閣から提出する法案（閣法）や予算案が国会審議の主役となる。統治を主導するのはむしろ内閣であり、実態としては内閣の下にある縦割り各省とも言えた。こんな内閣主導の統治を、国会はどう統制していくのか、が五五年体制下の現実の図式となった。

問題は、内閣が国会に提出した議案の審議日程に口出しできない憲法構造だ。この隙間を埋め、野党と話し合う国会対策を一手に引き受けたのが、多数派与党の自民党だ。ここから閣法や予算案は自民党で先に議論し、承認するまで国会に出させない、という与党事前審査制が慣行として定着していく。もともと内閣と一体であるはずの与党がまるで別の権力主体のように振る舞い、両者は「双頭の鷲」のごとく二元化して並び立ち、しかも与党に重心が傾く。

内閣と国会が断絶した憲法構造の外側で、求心力の弱い内閣をバイパスして、縦割り各省と国会対策を請け負う与党が直に結びつく。日本型議院内閣制の「密教」の成立である。

†縦割り・積み上げでパイ分配

自民党政務調査会には霞が関の各省の縦割りに対応した建設、農林、商工などの部会が置かれ、ここで部会長ら有力な族議員と官僚、業界団体が新規の政策を巡って濃密なすり合わせをし、政府側の原案を修正もした。これを「政官業の鉄の三角同盟」とも呼んだ。「部会長一任」の形で全会一致を得た案件は政調審議会、さらに総務会へ上がる。承認手続きは常に全会一致が不文律。この過程では自由闊達な論争を許すが、ひとたび党議決定して国会へ出た議案には衆参両院を通じて全議員に党議拘束をかけ、採決で造反すれば重大な党紀違反と見なす。これが自民党流の「党内民主主義」であり、総務会が決戦場となったゆえんだ。

内閣の方は、全会一致の閣議決定で最終方針を決めるが、実際は閣議前日の事務次官等会議が縦割り各省の合意を確認する期限となった。事務次官等会議で激論を戦わせることはまずないので、実質的な対立や利害を巡る調整はそれまでに終えるのが慣行となった。

この与党事前審査で内閣と綿密なすり合わせをし、衆参両院を通じて厳しい党議拘束をかけてしまうので、与党には国会審議を充実させようとする動機は働きにくい。むしろ確実に早く成立させるのが仕事、と考えがちになる。日本の国会は会期が区切られ、議決を次の会期に持ち越せない「会期不継続の原則」がある。政権を目指さない野党も審議や採決を遅らせ、時間切れに追い込むことを「得点」と見なして日程闘争に血道を上げ、国会審議は空洞化した。

与党が主導する権力の二重構造を見て取った大蔵省など官僚機構は、首相や蔵相らに仕えつつ、自民党への根回しに奔走する「与党・官僚内閣制」（田中秀明『日本の財政』）が定着する。行政権を持つ内閣に入らず、法的な権限も責任もない派閥領袖や族議員のボスが、与党事前審査の場を通じて官僚に圧力をかける。他方で内閣と与党に割拠する大物政治家同士は意外に腹を割って話せないものだから、そのすき間を官僚が情報を持ち回って埋めていた面もある。

こんな「縦割り・積み上げ・全会一致」を特質とする自民党政権の政策決定システムの大前提は、右肩上がりの高度成長と税収増だった。日本経済のパイが膨らみ続ける限りは、自民党は縦割りの予算要求を下から積み上げて、パイの分捕り合戦に安住していられた。

国会では自民党と社会党などが憲法九条や日米安保条約を巡って鋭く対立した五五年体制。自民党政権は六〇年の安保改定の混乱後に首相が岸信介から池田勇人に交代し、佐藤栄作へリレーする間に、立党以来の党是だとする憲法の自主的改正を事実上、封印した。「一億総中流」意識が定着した日本社会の幅広い階層からの支持確保を目指し、政策を総花化する「包括政党」と化していく。年金、医療など社会保障の充実を巡っては、国対政治を通じて社会党などの言い分も部分的に採り入れ、経済のパイを分け合う姿勢も見せた。表向きの与野党対立の裏で、政権奪取の意欲を喪失した野党も懐深く抱き込む。

政権交代の可能性をはらんだ複数政党間の競争は実質的に消え、自民党という「政権与党」のみが政官業一体のコンセンサス重視の政治を追求して屹立し、長期安定政権を築いた。

だが、高度成長が転換点を迎え、高齢化が経済に影を落とし始めた七〇年代半ば以降は赤字国債の発行が常態化していく。財政再建や行政改革が政治の優先課題に上り始める。

†竹下・大蔵省の調整機能

政策決定の基軸は政府を動かすための予算だ。憲法八十三条は「国の財政を処理する権限は、国会の議決に基づいて、これを行使しなければならない」と国会による財政統制をうたう。租税を課すには法律によらねばならないという「租税法律主義」や、内閣が毎年度の予算を作成し、国会に提出して審議を受け、議決を経なければならない旨も定める。

このように憲法上は予算を巡って内閣と国会が対峙するが、財政法で予算の作成は大蔵省（現財務省）に委ねられ、五五年体制では国会は与党の自民党が支配していった。だから、各省と連動して予算要求を縦割りから積み上げる自民党と、予算要求の査定を通じて政策の総合調整機能を担う大蔵省の攻防が激しくなる。五五年体制の爛熟期から大蔵省に強い影響力を誇り、「調整族」を名乗って政策決定を差配した「権力の司祭」が竹下登である。

竹下は七〇年代末から八〇年代にかけて長期間、蔵相を務め、中曽根康弘内閣では国鉄の分割・民営化などの行財政改革を下支えした。これは中曽根が「大統領的首相」と自称してトップダウンで旗を振り、産・学・労の有識者を集めた第二次臨時行政調査会（土光敏夫会長）という「首相の諮問機関」が主導した。縦割り・積み上げ・全会一致型の自民党システムでは「身を切る」行革はできないと見て、それを迂回しようとした試みだった。

だが、中曽根が掲げた「増税なき財政再建」は、国鉄改革などの見栄えとは裏腹に、財政改革としては微温的だった。中曽根は八六年には「死んだふり解散」と呼ばれた衆参同日選で、衆院で三百議席を超す大勝を収める。選挙中に「国民と党が反対するような大型間接税と称するものは、やる考えはない」と表明しながら、選挙後に新型間接税「売上税」の導入に動き、野党と世論の「うそつき」批判に遭ってあえなく挫折する。いまふうに言えば、明白なマニフェスト（政権公約）違反を三百議席でも押し通せなかったわけだ。

後継首相となった竹下が新税を「消費税」に衣替えし、八九年に税率三％でようやく導入にこぎつけた。党内最大派閥の数の力を背にした竹下が、政・官の隅々まで人脈と情報網を張り巡らす「最強官庁」大蔵省を使いこなして実現したわけだが、消費税の増収より、直間比率是正の名目で先行実施した所得・法人減税の額の方が大きかった。しかも中曽根の公約違反が尾を引いたせいもあり、世論の支持を得られない自民党は参院選で大敗する。

党内調整の舞台となったのが自民党税制調査会である。縦割り型の党政調会にあって、大蔵省をも抑えて税制改正の査定役を自任し、総合調整機能を自負した例外的な機関だ。

当時の会長は「税の神様」や「党税調のドン」と呼ばれ、長年にわたって税制改正に君臨した山中貞則。売上税論議を始める際に時の首相を「中曽根君」とタメ口で呼び、「政府税制調査会は軽視するんじゃない。無視する」と与党主導を宣言。局面が消費税に代わると「これからの議論は全員、落選する覚悟でやれ」と檄を飛ばし、導入直後の九〇年の衆院選では自分が落選の憂き目を見た。大蔵省も一目置かざるを得ない専門家議員だった。

竹下は「国会議員は「調整族」であるべきだ」と説いた。当選を重ねても、いつまでも予算要求側で「族議員」を演じるだけでは、蔵相など重要閣僚や党三役を経て首相を目指すキャリアパスは望めない。竹下の蔵相時代、大蔵政務次官を志願したのが小泉純一郎だ。これも「農林、建設など特定の政策分野を「本籍地」にしたくなかった。政策全体を幅広く見渡す感覚を養うには、予算編成を差配する大蔵省主計局の視点が必要だと見定めた」(元首席首相秘書官の飯島勲)からだ。「大蔵族」を選んだことイコール「調整族」を志向していたとも言える。

竹下や山中の後、与謝野馨、柳澤伯夫、谷垣禎一、伊吹文明、町村信孝、野田毅らのように財務相や党税調の幹部ポストを経験し、予算や税制を軸に政策の総合調整機能を担う自民党財政規律派の系譜は引き継がれた。ただ、大蔵省と蜜月を築き、税財政に精通するだけでなく、野党対策まで自ら差配した竹下並みの政治力を持つ「調整族のドン」は現れていない。

†権力中枢から政権交代論

こんな五五年体制と自民党システムを揺るがしたのが、当初は安定政権と見られていた竹下内閣下の八八年に表面化したリクルート事件だった。田中角栄の五億円収賄という「首相の犯罪」が問われたロッキード事件に続く大型疑獄。就職情報誌の発行などで急成長したリクルート社が値上がり確実な関連不動産会社の未公開株を政官財界の大勢の有力者に譲渡し、譲渡先の多くが多額の売却益を手にして「濡れ手で粟」と批判された。

政界の譲渡先は中曽根、竹下、宮澤、安倍ら幅広く、自民党は「実力者総汚染」と指弾された。元官房長官の藤波孝生、公明党衆院議員の池田克也は収賄罪で刑事訴追された。

政権基盤を直撃され、苦境に立たされた竹下が打ち出したのが政治改革だ。竹下自身は消費税導入を見届けて力尽き、八九年四月下旬に退陣表明に追い込まれるが、五月に自民党政治改革委員会（後藤田正晴委員長）で策定した政治改革大綱を党議決定する。主導した一人は旧内務官僚（元警察庁長官）で、田中角栄に重用されて政界入りし、中曽根内閣で官房長官を長く務めた「カミソリ後藤田」。自民党権力の中枢から出てきた改革案だったことがカギだ。

「政治と金の問題は政治不信の最大の元凶である」としたこの大綱は、政治倫理の確立や政治資金規正法の見直しに加えて「諸問題のおおくが現行中選挙区制度の弊害に起因しているとの観点から、これを抜本的に見直す」と衆院の選挙制度改革を「改革の根本」に据えたことが、最大の特徴だった。これが平成の統治構造改革への歴史的転換点となる。

「政治とカネ」の問題がなぜ選挙制度の見直しにつながるのか。大綱はこう力説した。

「中選挙区制下においては、政党本位でなく個人中心の選挙となりがちである。多数党をめざすかぎり、おなじ政党のなかでの同士打ちはさけられない。このことは、日常政治活動や選挙運動の重点を政策以外におく傾向に拍車をかけ、利益誘導の政治や、後援会組織の維持と膨大な有権者への手当のため、多額の金がかかる選挙を生む原因となった」

派閥連合体の自民党システムを成り立たせてきた中選挙区制そのものが、金権選挙と政治腐敗の温床となってきたとの認識だ。さらに大綱は中選挙区制下で自民党が政権を独占してきた五五年体制の構造にも目を向け、政権交代可能な政治の必要性にまで切り込んだ。

「この制度における与野党の勢力も永年固定化し、政権交代の可能性を見いだしにくくしている。こうした政治における緊張感の喪失は、党内においては派閥の公然化と派閥資金の肥大化をさそい、議会においては政策論議の不在と運営の硬直化をまねくなど、国民の視点でなされるべき政党政治をほんらいの姿から遠ざけている」

これは長期安定政権を誇ってきた自民党が、自らその行き詰まり感を告白した異例中の異例の文書だった。こんな政党政治の危機の認識に立脚し、大綱は政権交代が可能であって「国民本位、政策本位の政党政治」を実現するため、「小選挙区制の導入を基本とした選挙制度の抜本改革にとりくむ。そのさい、少数世論も反映されるよう比例代表制を加味することも検討する」と説き、今の小選挙区比例代表並立制への改革を宣言したのだ。

†小選挙区制と地方分権

各選挙区から一人しか当選できない小選挙区制が中心となれば、衆院選の様相はがらりと変わる。どんな接戦でも、一票でも上回れば勝ちは勝ち。逆に負けは負けで、全てが死票になる。こんな「勝者総取り」が特徴の選挙だ。全国の小選挙区で投票行動が同じ傾向に出れば、地滑り的な大勝ち・大負けが起きやすい。大政党の自民党には大勝するチャンスも無論、十分にあるわけだが、野党が自民党に対抗して一大勢力にまとまる動きが出てくる可能性もあり、二大政党・二大勢力の争いになれば、政権交代の可能性も生まれる。

大綱は「現行制度のなかで永年過半数を制してきたわが党にとって、痛みをともなう」とゆくゆくは政権から滑り落ちるリスクも重々認識しながら、あえて選挙制度改革に踏み込んで見せた。同時に見逃せないのは、大綱が「行政権限の中央偏重を思い切って改革し、地方分権を確立する」と地方分権を政治改革のもう一つの大きな柱に位置づけたことだ。

中央政府への補助金や許認可権限の集中が、地方から中央への陳情行政と、国会議員を媒介とした利益誘導型政治の根底にある、と大綱は喝破した。これを放置して小選挙区制にすると、選挙区が狭くなる分、国会議員はますますドブ板選挙に走りかねない、と見た。

土居丈朗『地方財政の政治経済学』によれば、自民党長期政権は、同党議員が数多く当選した県に国の補助金をより多く配分してきた。政権維持が厳しさを増した保革伯仲期には、野党と激しく競い合う県に補助金をより重点的に流してきたことも実証されている。

地方分権で権限や財源を国から自治体に移し、住民の福祉や街づくりに独自の工夫と努力を発揮させることで、「国会議員は選挙区制の改革とあいまって、地元への過度な利益誘導に政治活動のおおくをさかれることなく、国政に専念する」姿を構想したわけだ。

権力喪失のリスクを承知で一連の「痛みを伴う改革」に打って出ようとするほど、自民党の危機感は深刻だった。これはリクルート事件や「政治とカネ」問題への対応の次元を超え、昭和から平成への移行期の経済社会の大変動のうねりとも連動していた側面がある。

例えば、前述したように、同じ時期に大揺れの中で実現した消費税導入の背景ともなった、高齢化社会の到来や財政赤字の累積もその一つ。やはり並行して進んでいったバブル経済とその崩壊や、冷戦終結と経済のグローバル化の萌芽といった世界の潮流も見逃せない。

リクルート事件が表面化する直前の八八年五月。民間労使代表や学者らでつくるシンクタンク「社会経済国民会議」の政治問題特別委員会（会長＝住友電工会長の亀井正夫）が、「議会政治への提言」を公表し、ここで早くも統治システムの抜本的な改革を提唱している。衆院の中選挙区制と長期間の政権交代の不在、官僚機構の各省割拠、政府・与党の二元体制、集権的な国・地方関係などが、政官業一体の利益誘導と微調整の「小政治」の横行を招き、ダイナミックな政策決定ができなくなっている、という危機感を訴えていた。

亀井は土光臨調から国鉄再建監理委員長へと八〇年代の行政改革に深く関与した経済人だ。中曽根が伝統的な自民党システムを迂回しようと駆使した審議会方式をもってしても、改革には限界がある、との行き詰まり感を抱いた。改革の実行には最後は立法が不可欠で、国会を動かすのは政党や政治家だ。ならば、経済・社会システムの諸改革を推進するには、何よりそれを決める政治のあり方の抜本改革こそ最優先課題だ、との認識が提言には色濃くにじんだ。こんな政治改革を求める伏流に、リクルート事件が起爆剤となったわけだ。

この提言を源流に八九年に「政治改革フォーラム」、さらに九一年に「政治改革推進協議会」(民間政治臨調)が発足し、中選挙区制廃止を柱とする政治改革の旗を振る民間運動体の系譜が続く。海部内閣下の第八次選挙制度審議会で小選挙区比例代表並立制の答申に深く関わり、民間政治臨調の中核も担うのが、政治学者で当時は東大教授だった佐々木毅だ。都市部と地方部の「二つの国」を霞が関に依存して何とかマネジメントしてきた時代の終焉を指摘する。

「一票の重みの不平等と補助金・税収の格差は表裏の関係にあった。片や一票は都市部ほど軽く、自民党が相対的に強い地方部ほど重くなった。片や都市部で吸い上げた税収は、そこに還元されず、税収の少ない地方部に補助金として傾斜配分された。衆院の選挙制度改革の隠れた意味は、議席を大量に都市部に移動させ、格差の議論を二倍を超えれば違憲、といったレベルまで持ってきたこと。税の視点で都市部と地方部をフラット化しようと試みたのが消費税だ。政治改革大綱と消費税導入が平成元年に重なったのは偶然ではない」

政権交代の可能性を前面に打ち出していく政治改革。永田町だけでは完結せず、前述の地方分権改革や消費税導入とも相まって、都市部と地方部の「二つの国」の行き詰まりを乗り越えようとする経済・社会システムの諸改革とも響き合う時代性を伴っていた、と言える。

†「横からの入力」とバブル崩壊

リクルート事件で政治献金代わりに未公開株が使われたのは、折からのバブル経済を象徴していた。中曽根内閣下の八五年、日米英独仏のG5がドル高の為替相場の調整を含めたマクロ政策協調で一致したプラザ合意から、日本は急激な円高ドル安の進行を甘受した。その不況対策として発動した日銀の金融緩和と政府の財政出動が、バブルに行き着いた。

日米間では日本の対米貿易黒字の拡大を巡り、経済摩擦が激化した時代だ。元大蔵事務次官の小村武はプラザ合意について「東西冷戦で西側陣営の結束のために日本の経済一人勝ちを黙認してきた米国が、冷戦の最終的勝利を視野に入れて日本にも「平和の配当」支払いを求め始めた」と黒字減らしのため為替調整をのまざるを得なかった事情を振り返っている。

政治改革大綱の直後の八九年七月の参院選では、社会党が大躍進。自民党は惨敗して過半数割れした。十一月にはドイツでベルリンの壁が崩壊し、社会主義陣営の敗北による冷戦終結が現実のものとなる。自民党長期政権を支えてきた世界の大前提が崩れたわけだ。

同年八月に首相に登板した海部俊樹は政治改革に政権の命運を懸けるが、既に見たように自民党内は二分し、一向にまとまらない。九〇年二月の衆院選は海部の下で幹事長の小沢一郎が陣頭指揮して自民党が勝利するが、イラクによるクウェート侵攻後の湾岸危機・湾岸戦争では多国籍軍への協力、自衛隊の海外派遣の是非を巡って政権が迷走。九〇億ドルの戦費負担には応じたが、国際社会からの低い評価へのトラウマが外務省などに残った。

並行して紛糾したのが日米構造協議だ。円高ドル安の調整でも日本の対米黒字は容易に減らなかった。そこで米側は日本の流通構造の不透明さや閉鎖的な商慣習、それら既得権を支える公的規制や大蔵省、通産省などの行政のあり方にまで切り込み、綱引きが続いた。

政治が冷戦終結や米国からの外圧という「横からの入力」（佐々木毅『いま政治に何が可能か』）に揺さぶられる中、バブルが崩壊した。九一年秋に海部退陣の後を継いだ首相の宮澤喜一は矢継ぎ早の経済対策作りに追われる。だが、「白馬にまたがって「俺について来い」というものではなく、大型タンカーの船長のように、目に見えなくても仕事をしているのが指導者だ」が持論だった宮澤。その政権運営は、首相主導とは程遠かった。

「国民経済が脅かされるなら、政府は納税者の了解を得て公的な金を使って防ぐ務めがある。

銀行が保有する担保不動産をどう流動化するか、その仕組みを今年暮れまでに作る。金融機関が金を出し合って作るのが好ましいが、必要なら私は公的援助をすることはやぶさかでない。銀行を救済する意味ではない。金融が動かないで迷惑するのは国民だ」

九二年八月三十日。宮澤は長野県軽井沢町での自民党セミナーで講演し、金融機関が抱える不良債権処理を後押しする公的資金の活用を口にした。バブル崩壊は通常の景気循環による不況とは様相を異にしており、土地担保に依存した銀行融資が地価の急落で大規模に焦げつき、金融システムを機能不全に追い込む、という本質が見え始めていたからだ。

だが、宮澤のトップダウンでの問題提起は「大蔵省も反対、銀行も実業界も反対。皆さん反対だから、なすすべがなかった」と政官財の鈍い反応で立ち消えとなる。景気対策は財政出動による公共投資中心の従来型。重い腰を上げた大蔵省と、自民党政調会が綱引きした。

九三年四月十三日。自民党は総合景気対策本部を開き、公共投資の上積みなど過去最大の事業規模十三兆二千億円の「緊急総合景気対策」を決めた。政調会の各部会で縦割りの各省から要求事項を吸い上げたうえ、事業規模をどこまで積み上げるか、大蔵省主計局とギリギリの折衝を重ねたのは、政調会長の三塚博と政調会長代理の亀井静香のラインだった。

亀井は記者や支持者の前で「おい、大蔵省に電話だ」と部下に命じ、東大の同期生で当時は官房長だった篠沢恭助（後に事務次官）が出ると「なにをやってるんだ！　ちゃんとやれ」とすごんで見せる。受話器を置くと「大蔵省も了解したぞ」と見えを切る。篠沢は電話を受けるたびに「また亀ちゃんだよ」とぼやくばかりで、一向に了解してはいなかった。

同日夕、宮澤は経済対策閣僚会議を招集し、政府の「総合経済対策」を決定する。自民党案をそっくり書き写したかのように事業規模は十三兆二千億円。宮澤は三塚と相談して早々と「史上最大規模になると思う」と方向感を出してはいたが、大蔵省とやりあって「政治主導」を演出したのは自民党。内閣は与党の決定をありがたく頂戴してみせる力関係は相変わらずだった。これが五五年体制下で最後の経済政策の決定プロセスとなる。

2　選挙制度と情念の闘争

†「親小沢 vs 反小沢」のマグマ

指導力を発揮しきれない首相の宮澤喜一の下で、自民党は立党以来の危機に直面していた。九二年秋、最大派閥・竹下派会長で、政界の最高実力者と呼ばれた金丸信が東京佐川急便からの闇献金問題で失脚した。すると同派の後継会長を巡り、会長代行の小沢一郎や羽田孜、渡部恒三らと、竹下登を後ろ盾とする小渕恵三、梶山静六、橋本龍太郎、野中広務ら反小沢勢力の抗争が火を噴く。親小沢系は衆院の中堅・若手に支持を広げるが、竹下は建設、農林など支持基盤の各業界の影響下にある参院議員を引き寄せて「小渕会長」で押し切った。

追い込まれた小沢は「政治改革の鬼」と呼ばれた羽田を表看板に担ぎ、脱藩して羽田派を旗揚げする。五五年体制の爛熟期に「竹下派支配」を誇った最大派閥。合言葉の「一致団結箱弁当」が示す通り、鉄の結束と議員数が権力の源泉だった。だが、金丸の庇護下で権勢を肥大化させた小沢と創業者の竹下の世代間対立が臨界点を超え、派内に充満した小沢を巡る愛憎のマグマが爆発した。合理的な損得勘定を超えてまさかの分裂に至ったのだ。

小沢は九二年十一月の朝日新聞のインタビューでこう言い放ち、反転攻勢を図った。

「簡単な言葉で言えば、改革派か守旧派かの対立。日本が変わる必要があるという考え方と、いや、このままでいい、という時代認識、現状認識の違いによる対立がある」

小沢が素早く掲げて見せたのは、衆院への小選挙区制導入を柱とする政治改革の旗印。親小沢系は「改革派」を名乗り、反小沢系を「守旧派」だと決めつけた。ドロドロの人間模様と情念が支配した竹下派分裂劇を、政治改革への賛否という理念・政策を巡る論争だと規定し直したのだ。「権力闘争を政治改革で説明する論理のすり替えが始まった」（田﨑史郎『竹下派死闘の七十日』）。ただ、海部政権で幹事長を務め、政治改革関連法案の取りまとめを推進した小沢は、改革の意味を最も深くつかみ取っていた政治家の一人でもあったことも否定できない。

宮澤は九二年十二月の内閣改造で幹事長に梶山静六を起用し、政治改革には慎重な反小沢勢力に政権運営の軸足を置く。ところが、議員辞職した金丸が九三年三月に所得税法違反で東京地検特捜部に逮捕・起訴され、政権に激震が走る。金丸直系だったはずの小沢は「改革派」の立ち位置から、政治改革の推進を声高に叫んで宮澤を揺さぶりにかかった。

竹下派分裂で「親小沢vs反小沢」の権力闘争は終わらず、派閥の垣根を超えて党全体を揺るがし始めた。しかも、小沢流の「改革派vs守旧派」の二分法が火に油を注ぎ、小選挙区制導入への各議員の賛否とも連動した。他派閥でも小選挙区制に賛成なら「親小沢」、反対なら「反小沢」と議員同士が決めつけあい、敵対する異様な雰囲気に染まっていく。

政治改革の是非という理念に、小沢への愛憎という情念が深く絡みついた対立軸が形成され、小選挙区制は政争の具と化して党内に抜き差しならない地割れを走らせ始めた。

宮澤は五月にテレビ番組で「どうしてもこの国会で（再提出した政治改革法案の成立を）やるんです」と大見えを切ったのが致命傷となる。激化の一途を辿る党内対立に板挟みになり、身動きが取れなくなったのだ。宮澤が法案成立を断念した六月十八日。野党が提出した内閣不信任決議案に、羽田派は党方針に造反する形で一致して賛成票を投じ、決議は可決。宮澤は衆院解散・総選挙に打って出るが、羽田派は集団脱党して新生党を結成する。大分裂した自民党は過半数割れの敗北を喫して下野に追い込まれ、五五年体制は終焉を迎えるのだ。

後でも触れるが、この不信任案提出の旗を振ったのは最大野党の社会党より、公明党だった。書記長の市川雄一が小沢と水面下で気脈を通じていた。自民党中枢の竹下派を震源地に動き出した政治改革のうねりは派閥を超えて党全体に広がり、さらにここで自民党内政局の枠を超えて与野党全体を巻き込み、政界再編の激動へと発展したわけである。

✝『日本改造計画』の流布

このように、政治改革は平成に入っての世界と日本の激動と共振しながら、政界再編の駆動力となった。小沢一郎は九三年七月の衆院選で自民党を過半数割れに追い込むと、非自民八党派の連立協議を一気呵成に主導して細川護熙を首相に担ぎ上げ、新政権の最高実力者となる。細川は「政治改革政権」を宣言し、年内の政治改革法案成立に進退を賭すと明言する。

小沢が自民党脱党直前の五月に刊行した著書『日本改造計画』は政治家本としては異例の七十万部を超えるベストセラーとなる。政治改革の最大のイデオローグとなったのだ。

同書はグランドキャニオンの大渓谷を見渡す米国の国立公園には、転落を防ぐ柵などない、という自己責任論で始まる。「個人の自立」を究極の目標に、政治のリーダーシップの確立、地方分権、規制撤廃の三大改革を力説した。「小沢マニフェスト」の体裁だが、内実は小沢の側近秘書を事務局長役にして、政治学者では北岡伸一、御厨貴、飯尾潤ら、経済学者では竹中平蔵、伊藤元重ら当時の新進気鋭の顔ぶれが執筆に協力していた。大蔵省、外務省、経済企画庁などから小沢と縁の深かった中堅・若手官僚たちも参画した。

「冷戦構造の時代のように、自国の経済発展のみに腐心してはいられなくなった。政治は、経済発展のもたらした財の分け前だけを考えていればよい時代ではない。世界全体の経済や平和を視野に入れながら、激変する事態に機敏に対応しなければならない。世界の経済超大国になってしまったわが国の責任は、日本人が考えている以上に大きい」

こう説いた同書。縦割り・積み上げ・全会一致の自民党流の利害調整システムに、国対政治を通じて社会党なども抱き込んだ五五年体制を「過剰なコンセンサス」を追求した「総談合構造」と呼び、「決定に時間がかかりすぎ、また、先取りして何かをしようとしても、現状維持の圧力が強くて実現できない」と切り捨てた。権力が、政府・与党だけでなく、野党までがその一部を分かち合う形で「いたずらな分散」をし過ぎており、政権交代が起きないために、与野党間の「権力をめぐる本当の競争」が失われてしまったというのだ。

同書は、政治のリーダーシップを回復して「本来、政治に求められているダイナミックな調整、危機への対応、時代を先取りした改革」に動けるパワーを取り戻すには「多数決原理をもっと前面に出さなければならない」と言い切った。言ってみれば、自民党長期政権の「コンセンサス型デモクラシー」から政権交代もありうる「多数決型デモクラシー」へ移行する決め手、と位置づけたのが、衆院への小選挙区制導入だ。接戦でも勝者総取りで、地滑り的大勝・大敗がありうる小選挙区中心に変えて、政権交代を起きやすくする。

「必要な権力を民主主義的に集中し、その権力を巡っての競争を活性化する」のだと同書は訴えた。衆院選を小選挙区中心の政権選択選挙という「権力の競争」の場と位置づけ直し、次の衆院選までの期間限定で「はっきりしない権力がだらだらと永続するのではなく、形のはっきりした権力が一定期間責任を持って政治を行う」仕組みに変える。地方分権も進めて「時間的、空間的に権力を限定」したうえで、有権者の政権選択をテコに「与党・官僚内閣制」を内閣主導に引き戻し、「権力の集中」の魂も吹き込もうというのだ。

†多数決型デモクラシー論

「選挙によって選ばれた議会、その議会で選ばれた内閣が政治に責任を負う。それこそが代議制民主主義の基本だ。その基本に、いま一度、戻る必要がある」

「権力の競争」と「権力の集中」を改革の両輪と位置づけた『日本改造計画』。後者のカギとなる内閣主導の統治と首相のリーダーシップ強化に向け、内閣と与党が二元化した「双頭の鷲」型の自民党流政策決定システムの抜本改革も唱えた。単純小選挙区制の英国を「議院内閣制のモデル」として「ポイントとなるのは、与党と内閣の一体化」だとした。小沢自身が幹事長として実践した五五年体制の自民党主導の政権運営という常識を覆す提言である。

英国モデルの急所は、幹事長など与党幹部も閣僚に任命して内閣に取り込んでしまい、内閣と与党をまずトップレベルで一元化することだ。内閣が国会に提出した法案の取り扱いなどに、内閣自身が責任を持って対応できるようにすべきだというのだ。同時に与党から政府に入る大臣の下につく政治家を政務次官、政務審議官などの形で百五十〜百六十人程度まで倍増させるとした。この「政治家チーム」が各省の官僚をリードし、責任を持つ。

同書は政策決定を内閣に一元化することで、政府の外で公的な権限と責任を持たず、自民党政調会を舞台に政策立案に介入してきた「族議員」批判を解消でき、「責任の所在がはっきりし、政策過程もわかりやすくなる」と指摘した。与党主導から内閣主導に転換すると、与党幹部も出席する閣議が「名実ともに内閣の最高意思決定機関となる」。それを首相が主導するわけで「首相のリーダーシップは本当の意味で機能する」と結論づけた。

小沢は後に自民党政調会不要論も公言するようになる。それを二〇〇九年の民主党政権発足時に、民主党政調会の廃止と政策決定の内閣一元化という形で現実化しようと試みる。

小沢が竹下派分裂から自民党脱党、乾坤一擲の細川擁立まで、壮絶な権力闘争を勝ち抜くための表看板として「改革派」の旗印を最大限、利用し尽くしたことは間違いない。ただ、衆院への小選挙区制導入を契機に日本の政党政治に政権交代と首相主導をビルトインし、「コンセンサス型デモクラシー」から「多数決型デモクラシー」へ転換する。このような英国モデルの政治改革の包括的なビジョンを提示して見せた政治家もほかにはいなかった。

世界の民主政は「多数決型デモクラシー」と「コンセンサス型デモクラシー」の二類型に大別できる、と説いたのは、オランダの政治学者アレンド・レイプハルトの『民主主義対民主主義』だ。多数決型の典型が英国で、「ウエストミンスター・モデル」とも呼ぶ。

英国など多くの国に見られる多数決型の傾向をまとめて「単独内閣への権力集中」「内閣が議会に優位」「二大政党制」「小選挙区制」「中央集権国家」「一院制議会への立法権集中」「政府に支配される中央銀行」などを指摘する。必ずしも全てが当てはまるとは限らない。

コンセンサス型ではベルギー、スイス、ドイツなど欧州大陸諸国を挙げる。よくある特徴は「連立内閣での権力共有」「内閣と議会の均衡」「多党制」「比例代表制」「連邦制や分権国家」「強い二院制」「独立した中銀」など。政治改革以前の日本もコンセンサス型に分類した。中選挙区制は比例代表に近い議席配置をもたらすが、日本が該当しない点もあった。

選挙制度から説明すると、小選挙区制は死票は多いが、民意を集約して多数派を創出しやすい。大きくまとまった政党が有利で、中小政党は不利だ。有力な地域政党などがあれば別だが、二大政党化の力学が働きがちで、単独内閣の可能性も高まる。有権者は最善の選択肢に投票するというより、政権枠組みや首相候補を決する観点から、次善や三善も考えて戦略的投票を迫られる。比例代表は民意を鏡のように議席数に反映させるので、中小政党も生き残って多党化しやすく、連立内閣の可能性が高くなる。有権者は最善の選択肢を選べばよいが、政権枠組みや誰が首相になるかは選挙で決まりづらい。選挙後の政党間の合従連衡に委ねられがちだ。

なお、レイプハルトは、多数決型が「均質な社会には適していても、宗教や民族で分断されている社会では円滑に機能しない」との確信を経て、一九八〇年代後半以降は、コンセンサス型の方が多数決型より「優れている」と考えるに至った、と述べている。

†「参院否決」後に改革実現

衆院への小選挙区制導入を巡る政治改革政局の陰で、参院の位置づけは脇に置かれた。憲法の定めで衆院の議決が優越する首相指名や予算、条約の承認は別だが、法案成立を巡る衆参両院の権能は対等に近い。自民党は八九年に参院の過半数を失った後、公明、民社両党と提携を探るなど、日本政治は参院の多数派形成を強く意識しながら連立政権時代を迎えていた。

第三章以降で取り上げるが、英国には、マニフェスト（政権公約）や予算関連法案を巡り、公選の下院を非公選の上院（貴族院）に優越させる諸慣行がある。だが、小沢の『日本改造計画』でも、参院の選挙制度は「いずれは抜本的に改められるべきだ」というだけ。選挙制度は衆参一体で議論すべきだ、との筋論も当初はあったのだが、政治改革政局の激動の渦中で参院論議まで持ち出せば、改革の崩壊が必至だと割り切るほかない、という現実主義が勝った。

場面を九四年の細川非自民政権に戻す。最大与党の社会党に小選挙区制反対論が根強く、細川と小沢は連立八党派の結束に苦慮した。下野した自民党は反小沢の怨念で政権打倒に動くが、政治改革への賛否では党内が二分。与野党攻防は迷走し、衆院では自民党が反対のまま政府案を与党修正して可決するが、参院では社会党から造反が続出して否決された。

積み残した二院制改革が、統治システムに後々まで尾を引くことを予言するかのようだった。自民党の幹事長は森喜朗だったが、社会党工作で小沢にひと泡吹かせたのは参院幹事長の山本富雄。「どちらの幹事長が偉いのか」と参院自民党が平成期を通じて重みを増す嚆矢となる。

衆参両院で議決が異なった場合に、憲法五十九条に基づいて開く両院協議会も不調に終始。決着は一月二十九日、細川と自民党総裁の河野洋平の未明のトップ会談に委ねられた。

政治改革政権を提唱した細川だが、元々は「穏健な多党制」を唱え、積極的な小選挙区論者ですらなかった。細川政権としては衆院総定数五百で、小選挙区と比例代表を二百五十ずつとする改革案を提示した。以前の自民党案は小選挙区三百、比例代表二百。小選挙区主体で、二大政党化をより強く促す狙いを込めた。細川政権案には政党別の得票率を鏡のように議席数に反映する比例代表の比率を高め、中小政党でも生き残りやすくする違いがあった。

だが、トップ会談で細川と小沢は改革実現を優先し、自民党に大幅に譲歩。小選挙区三百、比例代表二百（全国十一ブロック別）として最終合意にこぎつけた。小沢が自民党時代に推進した小選挙区主体の改革に立ち戻った。税金を原資として総額約三百億円（国民一人当たり二百五十円）の政党助成制度も創設。選挙に加え、政治資金の流れも政治家個人や派閥中心から政党本位に変え、助成金の配分権を握る党首・幹事長ら党執行部の求心力が強まっていく。

実は自民党の河野や森も、そもそも小選挙区制には消極的だった。ただ、党内は割れ、推進派の若手らがさみだれ式に離党。小沢ら与党側と気脈を通じる「離党予備軍」も潜在した。改革を潰して党が再分裂するのを避け、大政党に有利な修正を前提に合意にカジを切った。トップ会談は東京に大雪が降りしきる中で終わる。森は、党本部の玄関で待ちわびていた推進派の旗頭で、同じ三塚派幹部の鹿野道彦が頭を下げ、労をねぎらうと「君らのおかげで合意させられた。後は知らんぞ」と言い放ち、鹿野に離党を決意させている。

†霞が関改革の導火線に

細川政権には、小沢らとは全く別に政治改革を訴えて自民党を離党し、新党さきがけを旗揚げした武村正義、田中秀征、園田博之、鳩山由紀夫らも加わっていた。細川と気脈を通じ、官房長官に就いた武村。当初は連立与党を束ねる小沢と政権運営の主導権を競い合ったほどだ。

組閣を終え、記念撮影する細川内閣の閣僚たち。前列左から３人目が細川護熙首相、その右が羽田孜副総理・外相（1993年８月９日　写真©時事）

この二人の確執で連立政権のぎくしゃくが深まると、細川は次第に武村と一線を画し、小沢に軸足を置いた。政権の命運を懸けた政治改革が実現した後、政権内の亀裂は覆い隠せなくなる。九四年二月。消費税率を三％から七％に引き上げて「国民福祉税」に衣替えする税制改革構想を小沢や大蔵省が推進し、細川が未明の記者会見で発表するや、武村は「過ちは改めるに如くはなし」と公然と反対。細川に構想を撤回させる原動力となった。

新党さきがけは政官業の既得権打破の観点から行政改革にこだわった。福祉税騒動で大蔵省に批判が集まり、増税論議の前提条件として行革の機運が高まる。クリントン米政権も、日米貿易摩擦で思い切った対応を取らない非自民政権に苛立ち、大蔵省や通産省などの官僚機構こそ最大の非関税障壁であり、改革の「本丸」だと見据えるようになっていた。

細川が経団連会長の平岩外四ら有識者を集めた「経済改革研究会」は九三年十一月の中間報告で「経済的規制については「原則自由・例外規制」を基本とする」と大胆な規制改革の指針を打ち出した。これが今日まで連綿と続く規制改革の取り組みの出発点となる。

小選挙区制を中心とする政治改革の法制化に続き、抜本的な行政改革が政治の争点として浮上する流れが出てきた。霞が関でも、包括的な統治構造改革へのうねりを敏感に察知した官僚たちがいた。後の民主党政権で参院議員として官房副長官を務める松井孝治（現慶応義塾大教授）はこの頃、通産省の課長補佐だった。中学・高校、大学、役所と一貫して松井の一歩前を歩いていた先輩で、義兄弟の間柄でもあった通産官僚の高鳥昭憲（後に初代の官房政策審議室長。二〇〇二年死去）はこの頃、こんなふうに予言して見せた。

「政治改革で政治システムが大きく変わるのだから、官僚機構だけが無傷で安穏としていられるはずがない。次は必ず霞が関に行革の大波が押し寄せてくるに違いない」

細川は高支持率を保ったものの、佐川急便グループからの資金提供疑惑を自民党に厳しく追及され、四月に政権を投げ出す。小沢は羽田孜を後継首相に担ぐが、新生党、日本新党、民社党など主要与党で統一会派結成に動いたことに社会党が反発して連立を離脱。さきがけも閣外協力に転じ、羽田政権は少数内閣に転落して、六月に総辞職に追い込まれる。

自民、社会、さきがけの三党は政策の大きな隔たりを「反小沢」感情の一点で乗り越えて社会党委員長の村山富市を首相に擁立し、まさかの自社さ連立政権が誕生。非自民政権はわずか十カ月で崩壊した。激動の中、松井は九四年六月、内閣副参事官として首相官邸に出向する。

この職には代々、若手の通産官僚が送られ、首相の演説や談話を起草する役回りだ。松井は首相を支える実務スタッフが質量とも脆弱で、縦割り行政が官邸を侵食するさまを目の当たりにする。ここに政治改革に続き、官邸機能強化に取り組む橋本行革の萌芽が潜んでいた。平成の統治構造改革は広がり、深まっていくのだが、それをまだ、誰も知らない。

†制度改革が政界再編促す

「私達はいま、「自由・公正・友愛・共生」の理念を高く掲げ、「たゆまざる改革」と「責任ある政治」を実行するため、志を同じくする仲間と決意を新たに出発する」

舞台は横浜市の新名所みなとみらい21の国際会議場。高らかに響き渡ったのは、特別編成のオーケストラと大合唱団によるベートーヴェン作曲の第九交響曲「歓喜の歌」だった。

九四年十二月十日。衆参両院議員二百十四人が参加した新党「新進党」が結党した。新生党、公明党、日本新党、民社党など非自民連立政権を形作った主要勢力に、元首相の海部俊樹らその後に自民党を離党した議員らも加わった。初代党首は海部、幹事長に小沢一郎という体制だ。

村山富市を首相に担いで六月に発足した自社さ連立政権は、法制化されたばかりの衆院への小選挙区制導入を本音では覆したくとも覆せずに、新たな区割り法を十一月に成立させていた。下野した小沢らは全国で三百ある小選挙区で自民党に対抗すべく、大同団結を急いだ。

所属議員が二百人を超す新党の旗揚げは五五年の自民党以来。政治改革は、大きくまとまらなければ衆院選で政権選択の土俵に上がれない野党陣営の再編を、否応なしに促した。細川非自民政権の樹立に加わった勢力からは、社会党と新党さきがけが抜けた形になった。

先に紹介したのは結党宣言の書き出しだ。「多様な選択肢のある公正な社会をめざし、人生に安心と生きがいのある活力ある福祉社会をつくりたい」との社会ビジョンもうたう。同時に「世界の平和と繁栄に積極的役割を果たし、世界に信頼される日本を築きたい」と国際協調を誓った。自民党に対抗し、政権交代を目指す政党として「改革」や「責任」を訴えた半面、独自の政策カラーや自民党との政策の違いは今一つはっきりしなかった。

創価学会を支持母体とする公明党は分党した。衆院と参院の九五年改選組は新進党に合流し、参院の非改選組と地方議員は別の新党「公明」（代表・東京都議の藤井富雄）を創った。

公明党では書記長の市川雄一が、小沢一郎との「一・一ライン」で政界再編を牽引してきた。五五年体制の終焉を告げた九三年六月の宮澤喜一内閣不信任決議の可決と自民党大分裂。小沢、羽田らが脱党も辞さない雰囲気を見て「不信任案を提出すべきだ、との公明党の方針を私の記者会見で打ち出し、ためらう最大野党・社会党の背中を押して提出させ、不信任─衆院解散への流れを一気に創った」と市川は政局を主導したと自負した。

中小政党でも一定の議席を確保しやすい中選挙区制から、小選挙区比例代表並立制に移行すれば、二大政党化の圧力は不可避だ。公明党の存続が厳しくなるのも分かっていた。それでも公明党・創価学会がこの時代に「一・一ライン」を基軸にして、政権交代可能な政治システム作りや政界再編にアクセルを踏み込む一大決断を下したのは間違いない。

ただ、公明党・学会側にも、新進党に合流する他党派の側にも、互いに相手への「違和感」が根強かった。しかも、東京都が代表例だが、地方では公明党が既に自民党と組み、与党化していた自治体も少なくなかった。これらの複雑な事情から、公明党は地方議員主体の「公明」を存続させ、新進党への合流は段階的に進めることにした。これは新進党の行き詰まりや、将来の自民党との提携の可能性など、政界再編の予測しがたい事態に備えて選択肢を広げておく含意もあった。この二枚腰の布石が後々、重い意味を持ってくる。

✝社民勢力結集機運なし

社会党と決別した新進党の登場。これで老舗保守を自任する自民党に、中道左派の新党が対峙するのでなく、保守か中道右派に近い土俵で二大政党が競い合う構図が浮かび上がった。

細川政権の発足前に話を戻すと、細川が率いた日本新党と武村正義が代表の新党さきがけは合併も視野に連携。自民党と非自民勢力の間でキャスチングボートを握ろうとした。

だが、細川は小沢一郎に担がれて首相に就く。細川の首相時代の日記『内訟録』によると、武村は細川に「小沢氏に傾斜すれば、二重権力構造と言われ、得策でない」とクギを刺すが、細川は連立与党でまず国会内の統一大会派を結成し、一大新党へと進む政界再編構想を小沢と共有していく。政権末期の気配が忍び寄っていた九四年二月二十四日。『内訟録』には溝が決定的に深まった細川と武村の刺々しいやり取りが残っている。

細川「来年の参院選など、出来るだけ八党派がまとまらないと闘えない」

武村「折に触れて「穏健な多党制」と言ってきたことと違うではないか」

細川は「穏健な多党制」の将来目標は変わらないと反論した。そのうえで、次の衆院選で自民党政権に戻さず「五五年体制を粉砕」することが当面は最優先で、非自民勢力は「皆でオールを漕いでシケの海を乗り切る心積もり」で一大勢力に結集すべきだと説いた。

細川と決裂した武村はこの頃、新たなパートナーとして社会党の村山と連携を深め、自民・非自民の狭間で第三極を模索しようとする。実は細川政権を支えた八党派の中で、最大与党は社会党だった。しかし、直前の九三年衆院選で小沢らの新生党や日本新党などの新党ブームをよそに、議席数を改選前の百三十六から七十に激減させて沈滞していた。

しかも、選挙制度改革を巡っても、コメ市場開放や消費税増税を巡っても、社会党内では常に賛否が割れてダッチロール状態が続く。細川政権の運営にも、政界再編論にもまるで能動的に対応できずにいた。結局、細川の退陣から羽田政権発足への移行期に、連立与党内で新生党、日本新党、民社党による一大新党をにらんだ統一会派「改新」の結成構想が表面化。小沢らの政治手法を腹に据えかねた社会党はとうとう連立を離脱する。これに野党の自民党が呼応し、まさかの村山自社さ政権樹立への工作が急加速するわけだ。

ここで官公労系の労働組合を支持基盤とする社会党と、民間企業系の労組に支えられた民社党が完全に袂を分かった。社民勢力の結集機運はなく、新進党の結党に至るのである。

九四年七月二十日の衆院本会議。首相就任後、事実上の最初の国会答弁に立った村山富市は「よーく、お聞きをいただきたい。私としては、専守防衛に徹し、自衛のための必要最小限度の実力組織である自衛隊は、憲法の認めるものであると認識するものであります」

拍手とヤジ、怒号が飛び交うなかで、自衛隊を合憲だと言い切った。日米安保も肯定した。社会党の長年の自衛隊違憲・日米安保否認論を政権を獲得すると一夜で大転換した。

村山・武村ラインを基軸に、社さ両党間では「第三極新党」や「民主・リベラル新党」を標榜してハト派リベラル勢力の結集を目指した試行錯誤が続く。五五年体制で長年、敵対してきた自民党と組み、基本政策を突如大転換した社会党の党勢は衰微の一途を辿る。

小選挙区主体の次期衆院選を前提に、自民党と新進党という二大政党が政権担当を競い合う準備を急ぐ中で、「第三極」は身の置き場を失いかねなかった。社民・リベラル勢力は政界再編で完全に後手に回った。例えば「消費税を増税してでも社会保障を充実する」などといった欧州なら中道左派に見られる政策レジームの対案を示す動きも皆無だった。

†「ボトムアップ」は反小沢

「理屈だけでいかないのは当然だが、連立の組み合わせについては、それなりの筋がなければならない。自社さ連立にあった筋は、俗に言う「反小沢」だった」

九四年六月の自社さ連立政権の発足当初は自民党の政調会長、九五年九月からは幹事長として主役を張った加藤紘一。政策目標より「小沢一郎氏という一人の国会議員の言うとおりになるような政治でいいのか」と国民福祉税のようなトップダウンの政治手法への反発で自社さは結集したと打ち明けた。だから、旗印は「ボトムアップの意思決定」だった。

幹事長・書記長級の与党責任者会議を連立与党の最高意思決定機関とし、政策事項は政調・政審会長級の与党政策調整会議で協議・決定する。この下にさらに各省庁別調整会議や課題別プロジェクトチームをずらりと置いた。それぞれの運営を司る幹事は「自民三名、社会党二名、さきがけ一名」を基本に構成。座長も二カ月ごとに三党の持ち回りとした。この「三：二：

新連立政策合意書に署名後、握手する左から武村正義新党さきがけ代表、村山富市社会党委員長、橋本龍太郎自民党総裁（1996年1月8日撮影　写真 © 時事）

一」の比率には、自民党が強引に決めようとしても、社さ両党が組めば、三対三なので押し切れない、と話し合い重視を担保する象徴的な意味合いを持たせていた。

幹事長だった森喜朗は「社会党とさきがけが反発しないように、われわれはじっと耐えた。そんなことは、野党だったときのことを思えば、どうってことはない」と小沢を打倒して奪還した政権を何としても手放さないための自民党の「低姿勢」だったと打ち明ける。

「与党税制改革プロジェクトチーム」は細川政権が消費税の国民福祉税への衣替えを断念し、その後に実施した所得税の先行減税の財源問題に直面した。自民党単独政権では増減税は党税制調査会の「専権事項」だったが、自社さ連立となると消費税反対を訴えてきた社会党を説得せずには何も決められない。自民党税調の特権的な存在感がかすみ始める。

自民党は減税を恒久的な制度減税と、景気対策として臨時に実施する定率減税を組み合わせた「二階建て減税」にして、九五年度以降も継続する知恵をひねり出す。制度減税を圧縮すれば、財源確保のために消費税率を上げても、七%ではなく五%に抑えられるという計算だった。大蔵省も様々な選択肢を示す基礎資料を与党税調に次々に提示。首相が突然、未明に発表した福祉税構想とは打って変わった喧々囂々の「大衆討議」を演出した。

首相の村山富市は社会党の有力な支持組織である自治労を見据えて「地方消費税」を導入するなど反対派の説得に腐心。九月二十二日、ついに消費税率の五%への引き上げを決断する。村山も蔵相の武村正義（さきがけ代表）も、細川や小沢が持ち出した福祉税構想は唐突すぎると反対して葬り去る側に回った。だが、自分たちが財政に責任を持つ立場に立つと、財源論を脇に置いたまま減税だけを継続するという選択肢は取れなかったわけだ。

福祉税の挫折で積み残した社会保障改革。与党福祉プロジェクトは九五年六月、急速な高齢化や家族のあり方の変化で、家族の介護負担が過重だとして「新たな高齢者介護システムの確立」を訴える中間報告を公表する。自民党には「親の面倒は子が見るのが日本の美風」との家族観も根強い中で、医療のように保険料を納めれば「誰でもいつでもどこでも利用できる」介護保険制度創設へのレールを敷いた。厚生官僚として深くかかわった山崎史郎や香取照幸は「自社さ連立政権だったから、介護保険は実現した」と声を揃える。

五五年体制の自民党が誇った与党事前審査の権能は連立によって微妙に変化した。族議員が陣取る政調会の各部会や党議決定機関の総務会より、与党の政策調整会議や責任者会議に重心が移る。連立を懸けて政党間交渉に当たる政調会長や幹事長の求心力が増した。

複数の自民党議員が同一選挙区で建設、農林、商工など支持基盤を住み分け、専門性の高い族議員を志向した中選挙区制と異なり、小選挙区では現職議員は一人だから、どの業界とも「薄く広く」付き合わざるをえなくなる。政調会と族議員も変容を迫られていく。

村山内閣は九四年十二月、九五年度予算の大蔵原案内示前の蔵相・武村正義と関係閣僚による事前折衝を恒例の大蔵省ではなく、首相官邸に場所を移して実施した。大蔵省主導の予算編成を牽制し、「官邸主導」を演出しようとした。だが、ほとんどの事前閣僚折衝は主計局と各省の事務レベルで折り合った結論を追認する儀式に過ぎなかった。強烈な「反小沢」感情からボトムアップを旨とした自社さ連立に、官邸主導や首相主導は似合わなかった。

✝大物の改革「矮小化」批判

「反小沢」を旗印に船出した自社さ連立政権。一度決着したばかりの小選挙区制導入を覆す動きこそ、大きなうねりにはならなかった。ただ、自民党から小沢ら旧竹下派の選挙制度「改革派」グループに続き、海部俊樹、野田毅、鹿野道彦、保岡興治、北川正恭ら他派閥の「改革派」議員も下野と政界再編の激動の中でさみだれ式に脱党。政権に復帰した時点で、党内は改革に反対してきた「守旧派」が圧倒的多数を占め、実権も握っていた。

元首相の中曽根康弘「政治改革は、今後の日本の政治基盤を堅固ならしめるはずのものだったが、政治制度改革、さらには選挙制度改革に矮小化されてしまった観がある」(『日本の論点一九九七』)

元幹事長の梶山静六「旧ソ連崩壊後、世界は大きく流動化するようになるだろう、日本は国際的な情報を迅速に収集し、的確に対応する政治をつくらなければならない、それが政治改革であるという捉え方をしていました。結果的にそうした理念は忘れられ、政治改革は小選挙区制度導入に向けての選挙制度改正へと矮小化されてしまった。これは今考えても、やはり政治的に大きな失敗でした」(「日本興国論」『文藝春秋・九八年六月号』)

政治改革は小選挙区制導入という選挙制度改革に「矮小化」された――こんなテーゼを自民

党の大物議員が共通して抱いていた。小選挙区制は、野党では小沢らを中心に二大政党化をにらんだ新進党への再編を後押ししつつあったが、自民党内の温度差は大きかった。小選挙区制に反対した「守旧派」が、今さらそれをひっくり返すわけにいかない苛立ちを抱えながら、新制度をどう運用するか、政局を主導する。皮肉な改革のねじれ現象だった。

小選挙区中心となり、政権交代の可能性をビルトインした衆院選。政治改革は「親小沢」「反小沢」の権力闘争の情念と切り離して論じるのはもはや難しくなってしまい、改革への賛否も論理では割り切れなくなっていたのが政界の現実だ。ただ、「矮小化」どころか、統治システムのありようを抜本的に変える第一歩となる起爆力を秘めるのは疑いなかった。

一橋大教授の只野雅人によれば、フランスの憲法学者ルネ・カピタンは、一九四六年の仏憲法制定議会で「選挙制度は実は憲法の要の一つであり、多数代表制と比例代表制のいずれが採用されるかにより、必然的に異なる類型の民主主義が導かれる」と喝破している。小選挙区制は多数代表制の典型だ。政治改革は憲法の条文を改正したわけではないが、統治機構の基幹部分の変革だ。続く橋本行革などと併せ「実質的な意味の憲法改正」(駒村圭吾・待鳥聡史編『「憲法改正」の比較政治学』)だと受け止められるべき重みを備えていたとも言える。

定数一の小選挙区を主体に、政党名で投票する比例代表で補完する新たな衆院選は「政党本位」がキーワードとなる。政権交代がありうる選挙に備え、まず野党再編で二大政党化への流れが見え始めた。与党でも、議員の政治活動から政党のあり方まで変革を迫られるのは間違いなかった。政党の姿が変わるなら、与野党の対立構図や国会のあり方も影響を受ける。選挙や政党、国会が変われば、行政権を担う内閣や霞が関の官僚機構も無縁で済むはずがなかった。

政治改革のアウトプットを冷厳な現実として受け止めるなら、否応なく進むはずの統治構造の変容を先取りし、包括的な制度改革構想を練る覚悟が政治には求められた。これは改革への賛否とは別次元のリアリズムのはずだったが、「反小沢」闘争に勝利し、復権した自民党の目にそれはなかなか入らなかった。その表れが政治改革「矮小化」論だったといえる。この最大与党の感度と動きの鈍さが、政治改革の意味を有権者から見ても分かりにくいものにした。

現実には、政治改革は派閥の割拠と族議員の跋扈が織り成した五五年体制下の分権型の自民党秩序を集権化に向かわせ、ひいては首相主導の統治への移行を不可避としていく。それは政治家たちの認識や思惑を超えて、制度改革が秘めた不可逆的な強制力のなせる技だった。

第三章

橋本行革の光と影

第82代首相に選出され、同僚議員の拍手の中、議席で起立する橋本龍太郎氏(1996年1月11日撮影　写真©時事)

第三章関連年表

1995年（平成７）	１月17日　阪神・淡路大震災 ７月23日　参院選の比例代表で新進党が第１党に躍進 ９月22日　自民党総裁選で橋本龍太郎氏が小泉純一郎氏に圧勝 12月27日　新進党党首選で小沢一郎氏が羽田孜氏を破り当選
1996年（平成８）	１月11日　村山内閣の退陣を受け、橋本龍太郎自社さ連立内閣が発足 ４月12日　沖縄県の米軍普天間基地返還を巡る日米合意 ９月28日　鳩山由紀夫、菅直人両氏を代表とする「民主党」が結党 11月７日　第２次橋本内閣が発足し、行政改革など「六大改革」を宣言
1997年（平成９）	４月１日　消費税が３％から５％に引き上げ ６月３日　財政構造改革会議が歳出削減などで最終報告 ９月８日　自民党総裁選で橋本首相が無投票再選 11月22日　行政改革会議が中央省庁再編などで最終報告 11月24日　山一證券が自主廃業申請を決定 12月27日　新進党が両院議員総会で解党を決定
1998年（平成10）	１月４日　小沢一郎氏が「自由党」を結成し、党首に ４月27日　民主党に民政党、新党友愛、民主改革連合が合流し、新たな最大野党「民主党」を結成 ７月12日　参院選で自民党過半数割れの大敗 ７月30日　橋本内閣が退陣し、小渕恵三内閣が発足 11月19日　小渕・小沢会談で自自連立政権樹立に合意
1999年（平成11）	１月14日　自自連立による小渕改造内閣が発足 ３月29日　政官民合同の「産業競争力会議」が初会合 ９月21日　自民党総裁選で小渕首相が再選 10月５日　公明党が加わった自自公連立による小渕第２回改造内閣が発足
2000年（平成12）	４月５日　小渕首相の緊急入院を受け、森喜朗内閣が発足 ７月17日　政府・連立与党による「財政首脳会議」が初会合 ７月21～23日　Ｇ８九州・沖縄サミット

1　予算と人事で官邸強化

✝二大政党の顔に「一龍」

現実に目をよく凝らせば、政治改革は自民党に静かな「変化の胎動」をもたらしていた。

一九九五年に入ると、村山富市自社さ連立政権は一月の阪神淡路大震災、三月のオウム真理教による地下鉄サリン事件と安定した戦後の終わりを予感させる立て続けの危機で、指導力を問われた。四月の東京都知事選では、無党派の青島幸男が、自社さ・公明推薦で盤石にも見えた元自治官僚候補を破り、当選した。自民党では、この悪い流れで、総裁が河野洋平（副総理・外相）のままで国政選挙に勝てるのか、と危ぶむ議員心理が醸成されていく。

元幹事長の梶山静六は都知事選直後、同じ小渕派で通産相の橋本龍太郎に「七月の参院選までに、小渕さんかあなたを総裁候補に決めなければならない。その覚悟はありますか」と九月の総裁選への出馬を迫った（田﨑史郎『梶山静六　死に顔に笑みをたたえて』）。

派閥の領袖は党副総裁で、橋本と同じ一九三七年生まれの小渕恵三。派閥の論理からは、働き盛りの同い年の領袖を差し置き、別の幹部を総裁選に立てるなどありえないはずだった。

だが、政治改革に反対した梶山と言えども、来るべき小選挙区中心の衆院選を見据えないわけにいかなかった。党首を首相候補として押し立て、二大政党間で政権選択を競い合う選挙。自前の後援会と派閥頼みの従来型の個人選挙のままでは通用しづらくなる。「選挙向けの顔としての党総裁」を求め始めた議員心理を考えれば、世論調査で常にトップクラスの支持率を誇る橋本を総裁選に担ぐしかない。そこは冷徹に見定めたのだ。これは自民党の派閥秩序が変容に向かう重大な転換点だった。

七月二十三日投開票の参院選が、橋本擁立を後押しする。自民党の獲得議席は三年前の九二年の六十七を大きく下回る四十六にとどまった。しかも、政党名で投票する比例代表では、結党後最初の国政選挙に臨んだ最大野党の新進党が第一党の座を奪取。自民党は得票数で百四十一万票も水を開けられた。公明党の衆院議員と参院非改選組が合流した新進党に、創価学会票が大幅に流れたのが主因だ。衆院選に向けた自民党の焦りは強まった。

派閥横断で多数派工作を始めた梶山は「派閥の締め付けが想像以上に弱まっているなあ」と党内の変化にも気づかざるを得なかった。派閥の親分の命令一下「右向け右」ではなく、議員一人ひとりが河野と橋本のどちらが総裁になると自分の選挙に有利か、望むポストに就きやすいかの損得勘定で行動を決める姿勢に傾きつつあるのを肌で感じた（田﨑・同前）。小渕派が橋本擁立でまとまっただけでは勝てない。決定打は、総裁派閥の宮澤派で河野とは年来のライバルの政調会長・加藤紘一が、盟友で渡辺派の山崎拓とともに橋本支持に動いたことだ。

野党時代から河野を支えた幹事長の森喜朗を送り出していた三塚派からも、八月八日の内閣改造で河野に運輸相を外された亀井静香系の議員らが橋本陣営に走った。足元の宮澤派と三塚派が崩れ、敗北を悟った河野は二十八日、再選を目指す総裁選出馬を断念した。

この機に「かくすれば、かくなるものと知りながら、やむにやまれぬ大和魂」と漏らし、河野陣営から総裁選に名乗りを上げたのが、三塚派幹部の小泉純一郎である。加藤、山崎と「YKKトリオ」の盟約を結び、自民党の次世代を担うリーダー候補として頭角を現していた。とはいえ、党内でただ一人、郵政民営化を主張する「変人」扱いもされていた。

しかも、派内で当選回数も年齢も上の森や、森に代わって幹事長に就いた同派領袖の三塚博を差し置き、一匹狼型議員のまさかの出馬。ともに派閥領袖ではない二人の総裁候補は、自民党の変化の胎動を映し出した。九月二十二日の総裁選では橋本が小泉に圧勝する。

新進党の躍進に脅威を感じた橋本自民党は、秋の臨時国会でオウム真理教対策として宗教法人法改正を持ち出し、新進党を支持する創価学会を揺さぶった。防戦しようとした同党幹事長の小沢一郎は、政務会長の市川雄一ら公明党出身者を党運営や国会対策の矢面に立つ要職からあえて外した。このことに市川は怒り、「一・一ライン」に亀裂が入る。

海部党首―小沢幹事長体制への反発が党全体に広がり、十二月の党首選実施が決まる。前首相の羽田孜が反小沢勢力に担がれ、元首相の細川護熙や市川ら小沢と決別した実力者が支持。海部続投では持たないと見た小沢はやむなく自ら立候補し、羽田を破って望まなかった党首に就く。二大政党の選挙の顔は、ともに経世会出身の「一・龍」になった。

橋本は九六年一月、村山の電撃退陣を受けて首相に就任し、官房長官に梶山静六を迎える。

†「国対政治」の機能不全

「帰れ！　帰れ！」。一九九六年三月四日、午前九時前。首相の橋本龍太郎は衆院予算委員会に出席しようと、国会内の衆院第一委員室前に差し掛かった。出迎えたのは、二カ所の出入り口に座り込んだ新進党議員約六十人。前代未聞の国会内ピケ封鎖が始まったのだ。

バブル崩壊後の地価急落と不動産担保融資の不良債権化で、まず経営不安が襲ったのは信用組合や地方銀行だった。金融システム危機の火は都市銀行などが母体となって設立した住宅金融専門会社（住専）に広がる。住専に貸し込んだ農林系金融機関も危うくなった。

そこで、村山富市内閣は住専の経営破綻処理を決め、九六年度予算案で一括して六千八百五十億円を計上したが、「税金の投入」に世論は猛反発した。村山は一月五日に突如、退陣を表明し、橋本が自社さ連立の枠組みを維持したまま首相の座を引き継いでいた。

最大野党の小沢新進党は住専予算の凍結を迫ったが、橋本は拒否。新進党が「実力行使」に打って出たのは、予算委で与党が採決に踏み切る気配を見て取り、それを阻止するためだった。憲政史上、例のないピケによる国会空転は三週間以上も続く。赤じゅうたんの上に泊まり込んだ議員らは「何だか痒いぞ。これはダニがいるな」と見えない敵に苦戦した。

政権交代を目指して結党した新進党が、五五年体制の万年野党だった社会党でさえ試みなかったここまでの物理的な抵抗戦術に走ったのはなぜか。実は、国会にも、政権交代可能な政治システムへの移行を目指した政治改革の潜在的なインパクトが及び始めていた。

政権交代の可能性がなかった五五年体制。自民党政権と最大野党の社会党は自衛隊や日米安保から経済政策まで鋭い対決を演じた。日本の国会は会期不継続の原則といって、一定の会期内に成立しなかった議案は廃案になるのが原則。野党は反対する議案では徹底審議を求め、審議拒否戦術も駆使して日程闘争に全力を挙げた。会期末で時間切れに持ち込めば「勝利」というわけだ。与党はこれに対抗し、重要議案でしばしば強行採決に訴えた。

社会保障制度の改革や、社会的弱者への対策など、高度成長のパイの再分配ともいうべき案件では「足して二で割る」妥協もある程度はしやすい。与党は国会提出前に政府案を綿密に事前審査したうえで党議拘束をかけ、重要案件に成立のメドを立てる。国会が混乱した果てに与野党協議に応じ、野党の言い分を一部受け入れたり、政府案を小出しに修正したりした。野党は面目を施して「成果」を誇示し、国会は正常化した。政権を目指さない万年野党なら、こんな高度成長の「おこぼれ」に時たま与かるだけで、満足できた。

舞台裏では、こんな日程闘争を軸にした対決と取引の図式全体が脱線しないよう与野党の国会対策委員長間の密室談合でコントロールする「国対政治」が発達した。だが、野党が本気で政権交代を目指した瞬間、この「表で対決、裏で取引」は行き詰まる。野党の国会運営への協力の損得勘定は、がらりと変わるからだ。自前の政策プログラムの実現を目指し、政権奪取へ衆院解散を求めた新進党は、小出し修正などの「おこぼれ」ではもう満足できなかった。

†議会は討論か合意形成か

新進党党首の小沢一郎が政治改革のモデルとした英国の議院内閣制。下院総選挙は完全小選挙区制で争い、戦後は保守党と労働党の二大政党間での政権交代の慣行が定着した。総選挙に勝った首相と単独内閣が、次の総選挙までの期間限定ながら「選挙独裁」とも言われる強力なリーダーシップを発揮する姿は「多数決型デモクラシー」の典型と言われてきた。

一体化した内閣・与党が作成して議会に提出する法案は、審議を通じて修正されることは必ずしも多くない。内閣・与党と野党が対決型の論戦を繰り広げ、有権者に争点を明示することで、議会はアリーナ（闘技場）機能を果たしている、とみる伝統に立ってきた。与党が多数を占める以上、内閣の案が成立するのは自然で、討論が次の総選挙で与党と野党のどちらが政権担当にふさわしいか、有権者に選んでもらうよすがになることが重要だ、という考え方だ。

第二院の上院（貴族院）は公選ではない点が日本の参院とは違う。下院が可決した政権党のマニフェスト（政権公約）を実行するための法案は、上院が否決したり、根幹部分を修正したりしないという下院優位の慣行「ソールズベリー・ドクトリン」も確立している。

同じく議院内閣制のドイツ。直接選挙される連邦議会は政党名で投票する比例代表で議席配分を決することを基本に、小選挙区制を加味した併用制と呼ぶ選挙制度だ。片や中道右派のキリスト教民主同盟（CDU）とその姉妹政党のキリスト教社会同盟（CSU）、片や中道左派の社会民主党（SPD）が首相候補を押し立て、政権を争うが、どちらも単独過半数を制したことはない。第三党以下の中小政党との連立政権か、二大政党の大連立が通例になってきた。

連邦議会と、第二院の連邦参議院（十六の州政府代表で構成）では、選挙時期もバラバラで、両院の多数派が一致しないことも多い。社会的伝統にも裏打ちされた「合意民主主義」や「交渉民主主義」が唱えられ、重要法案を与野党・両院間の協議で修正することは珍しくない。

五五年体制の日本の国会は、変換型議会とも呼ばれるドイツに近い「コンセンサス型デモクラシー」を暗黙の前提とした戦後憲法学を引きずりながら、内閣と断絶した国会は空洞化。与党と官僚機構が事前審査制で結びつき、憲法構造の外側で重要決定を主導した。

政治改革は衆院選を小選挙区主体に変えた点で、英国をモデルにしてきたのは確かだ。同時に比例代表も組み合わせた並立制とし、中小政党も生き残れるようにした。衆院と権能が対等に近い第二院の参院は温存された。ここで国会の機能として、衆院優位を強めて英国のようなアリーナ型を目指すのか、それともドイツに近い変換型に向かうのか。答えは一つではなかったが、こんな統治構造論を踏まえた国会改革論も永田町では皆無に近かった。

英国型を小沢新進党が目指すなら、政権担当能力を示すために国会で政府への対案を示し、与野党の熟議を求める物わかりの良い「建設的野党」を演じる必然性は乏しかった。住専処理予算にとことん反対の論陣を張って政権を追及し、与党と差別化した自前の政策プログラムを掲げ、割り切った「対決型野党」を粛々と演じればよかったのかもしれない。逆に対決型とは言っても、ピケという極端な物理的抵抗に突っ走るまでの理由もなかった。

「表で対決、裏で取引」の「国対政治」のうち、「裏で取引」による「おこぼれ」いただきにはもうメリットが乏しいのだが、五五年体制で「野党の役割」とされ、審議拒否などで演じてきた「表で対決」まで急に止めるわけにいかなかったのだ。だが、衆院解散まで迫っていったん拳を振り上げてしまうと、降ろしどころを見つけられず、ピケにまで先鋭化した。梶山が、橋本と小沢のトップ会談をお膳立てし、やっとピケは収拾される。すると、小沢は真逆の与野党話し合い路線に走る。四十一年ぶりの予算修正に与党が形だけでも応じれば、採決で賛成に回る気配を見せたのだ。新進党内から疑問が噴出し、この賛成方針は不発に終わる。極端から極端へ振れた小沢路線。政治改革後の「国対政治」の機能不全を物語っていた。

✝首相主導で「普天間返還」

四月十二日夜。首相の橋本が駐日米大使ウォルター・モンデールを伴い、官邸の記者会見室に現れた。小沢との会談でピケを収拾し、玉虫色の修正で予算案を衆院通過させた翌日だ。

「普天間基地は今後五年ないし七年以内に全面返還される。そのために沖縄の米軍基地の中に新たにヘリポートを建設する。嘉手納基地には追加的な施設を整備し、普天間基地の一部の機能を統合する。普天間基地の空中給油機を岩国基地に移しかえる」

沖縄県で嘉手納基地と並ぶ米軍の拠点、普天間基地。宜野湾市の住宅密集地にあり、「世界一危険」とさえ言われて返還要求が高まった。半面、米海兵隊の航空作戦の拠点基地なので、米側は返還に難色を示してきた。橋本は就任間もない二月二十三日、米西海岸サンタモニカで大統領ビル・クリントンと初めて会談し、普天間返還に言及した。ここでクリントンの四月十六日からの訪日が固まるが、この時は普天間返還など埒外だとみられていた。

電撃的な返還合意。橋本は外務省や防衛庁を差し置き、首相自らがトップダウンでモンデールと直接交渉を重ねて実現した、という「首相主導」の体裁を演出した。確かにモンデールは三月二十七日を手始めに、四月に入ると二日、八日、十日と立て続けに官邸に足を運び、橋本と会談していた。だが、実際はサンタモニカ会談直後から、外務省北米局審議官の田中均と米国防次官補代理カート・キャンベルを基軸とする日米間の極秘協議が進展。米国防長官ウィリアム・ペリーの決断を経て、三月後半には基本合意していたのだ。

三月二十四日、日曜日。田中は単身、首相公邸に橋本を訪ね、普天間返還に伴う代替ヘリポートの県内建設などを条件に、米側と練り上げた返還合意を説明した。橋本は「代替ヘリポートの滑走路はどれくらい必要なんだ。千五百メートルなんてとんでもないぞ」と一つだけ注文を付けると、了承した。同時に厳命したのは機密保持の徹底だ。真相を知る者は官邸でも外務省でも数えるほどに限られ、防衛庁はほぼ完全に蚊帳の外に置かれた。

度重なる橋本・モンデール会談は、極秘協議での合意事項を、表舞台で交渉の手順を踏んだ結果に変換して見せるためのカブキ・プロセスだった。橋本は「身内」の首相秘書官たちさえあざむく。三月二十八日、元副総理で自民党旧竹下派会長も務めた金丸信が死去した。橋本は、通産相秘書官から首席首相秘書官に異例の抜擢をした江田憲司（七九年通産省入省、現衆院議員）を伴い、弔問のため官邸と山梨県白根町の金丸邸を公用車で往復した。この車中で、橋本は江田に思わせぶりにこんな「予言」をしている。

「俺がクリントンの立場なら、日米首脳会談に沖縄基地問題を主要議題として持ち込みたくないよ。会談前に決着をつけるとなると、普天間返還も可能性が出てくるんじゃないか。でも、いろいろ条件を付けてくるだろうな。沖縄県内への新たなヘリポートの建設、岩国基地への空中給油機の移転、極東有事対応、日本国内の施設使用の共同研究……」

江田も他の首相秘書官も、ここから橋本がモンデールとひざ詰め談判を繰り返すのを見て「首相主導」を信じて疑わなかった。四月十二日夜、共同記者会見が急遽設定され、田中は橋本が発言すべき内容の原案を手書きして官邸に届けた。外務省は寝耳に水のはずだ、と決め込んだある秘書官は、田中を哀れむように「外務省も大変ですね」と労ったほどだ。

この首相主導の演出が、住専問題でもたついていた内閣の支持率を急上昇させ、本格政権への道を歩ませる原動力となる。初の小選挙区中心の衆院選で「選挙の顔」となるべく、高支持率の確保を宿命づけられていた橋本。二十一世紀型首相主導の先駆けとなった。

†官邸経験者が改革献策

橋本が住専国会をしのいで政権運営を軌道に乗せ、十月の衆院解散・総選挙をうかがい始めた八月。日本経済も九六年度は実質二・六％成長と好転し、バブル崩壊後の景気低迷を抜け出たかのように見えていた。首相秘書官に通産省枠で出向していた林洋和（七一年入省）が、同省官房総務課の法令審査委員だった松井孝治（八三年入省）にこう号令していた。

「首相が九月に日本記者クラブで講演する。新しく打ち出す政策のアイデアを出せ」

当時は衆院選を見据えて各党が行政改革への意欲を競い合い、橋本の指示で自民党の行政改革推進本部も省庁再編案を描き始めていた。橋本はまず住専処理の責任を問われた大蔵省の金融行政の改革に動く。官邸に慶応義塾塾長の鳥居泰彦（経済学）、東大名誉教授の館龍一郎（金融論）、京都大教授の佐藤幸治（憲法学）ら有識者を集めて「中央銀行研究会」を設置。日銀の大蔵省からの「独立性」確保を柱とする日銀法改正論議を進めた。

新日銀法の施行は翌九七年だ。内閣による正副総裁の解任権や蔵相の一般監督権などを廃止。金融政策の「自主性は尊重されなければならない」と明記した。政策決定は総裁、二人の副総裁と六人の審議委員でつくる政策委員会の過半数の議決による、とした。大蔵省からの「独立」の半面、政治による統制は重くなる。正副総裁と審議委員の任命権は内閣が保持したうえ、衆参両院の同意人事ともなった。総裁の国会への出席義務も明記した。

橋本は厚相として初入閣し、社労族議員として鳴らした。同時に、党行財政調査会長として一九八〇年代の第二次臨時行政調査会（土光臨調）期の行革論議に参画。国鉄分割・民営化立法を成立させた運輸相でもあり、自民党きっての「行革のプロ」と見られていた。松井は、そんな橋本がこの機に自ら省庁再編構想を掲げ、打って出るべきだ、と献策する。

松井がこだわったのが、首相官邸のリーダーシップ強化だ。第二章で見たように、松井は九六年五月まで二年間、官邸に内閣副参事官として出向していた。羽田孜、村山富市、橋本と三代の首相の演説や談話を起草する役回りで、村山の戦後五十年談話にも関わった。縦割りの省益がせめぎ合う半面、首相の補佐体制は脆弱極まりない当時の官邸の実情に「真の国益を考えている人間がこんなにも少ないのか」と愕然とした。それが原動力になった。

松井が起草し、林が仕上げた演説案を橋本が手に講演したのは九月十一日。一府二十二省庁を大くくりする「省庁半減」と併せ、「官邸のリーダーシップ強化」にこう踏み込んだ。

「官邸のリーダーシップの強化と行政の機動的、弾力的な運用というものがある。予算編成、人事、あるいは行政管理の機能を官邸の下に置けないものだろうか。(中略)省庁の横断的な強力なプロジェクト・チームを官邸に設置するような体制をつくり出せないものだろうか。そしてその際、無任所大臣を活用できないか」

この官邸の予算・人事機能の強化構想が、予算編成の基本方針作りを主導する「経済財政諮問会議」や、各省幹部人事を統括する「内閣人事局」の源流となる。橋本は十月一日の講演でも「省庁半減」の旗印を一段と高く掲げ、首相主導の予算編成にも踏み込んだ。

「歳入、歳出、財政投融資、地方財政、社会保障などの審議会を統合して、首相に直結した機関による運営を図っていくことは出来ないだろうか。首相の直接の指揮の下で動く無任所大臣を設置して重要な課題、機動的・弾力的に当たる体制を作れないだろうか」

今度は各種審議会の統合からアプローチした。ここに経済財政諮問会議と、それを切り回す内閣府特命担当相（経済財政相）の制度設計の原型イメージが早くも顔をのぞかせていた。

†手探りの政権選択選挙

「大きな変化の時代に入っている。明日の活力をかけた選挙だ。経済を本当の回復に持っていきたい。この国の仕組みを変えなければならない。新しい時代に向けた仕組みを作るために、自民党に勝たせていただきたい」（首相の橋本龍太郎、東京・浅草で）

「改革を断行して日本社会の再生を図るのか、無為無策で破綻の道を選ぶのか、国民の判断にゆだねる選挙だ。政権を任せられ、ウソをついた時には、自ら責任を取る。私たちに過半数を与えてほしい。必ず実行してみせる」（新進党党首の小沢一郎、渋谷駅で）

十月八日、小選挙区比例代表並立制に移行してから初の衆院選が公示され、二大政党党首は第一声で政権の選択を訴えた。日本経済新聞はこの日の朝刊社説でこう説いた。

「小選挙区制は選挙区からただ一人の代表を選ぶ選挙であり、これまでの中選挙区制に比べて有権者の選択は格段の重みを持つ。有権者がどの候補者、どの政党を選択したかが、そのまま「政権の選択」「首相の選択」に直結する選挙でもある」

橋本は住専国会を乗り切り、米軍普天間基地の返還合意などの実績を手に九月二十七日に衆院を解散。小選挙区が三百、比例代表が二百で計五百の定数に対し、新進党は小選挙区で二百三十五人、比例代表で小選挙区との重複立候補七人を含む百三十三人を擁立した。最大野党が過半数の候補者を立てたのは、一九五八年の社会党以来で三十八年ぶり。小選挙区主体で二大勢力が争う政権選択選挙の体裁はひとまず整ったかに見えた。「首相の選択」は橋本と、旧竹下派以来のライバル、小沢のどちらがふさわしいかの構図だ。ただ、小沢は首相経験者の羽田孜、細川護煕らとの党内対立が抜き差しならなくなっていた。

そのうえ自民党も新進党も、単独で過半数を制する自信は持ち合わせなかった。過半数に届かずとも、相手より一議席でも多く獲得し、比較第一党になれば、選挙後の連立政権協議で主導権を握れるはずだ——両党ともこんな手探りで臨んだのが実態だった。その一因は、解散直後に結党した新党の民主党が「第三極」として割って入ってきたことだ。

「市民主体による「自立と共生の下からの民主主義」と、そのための多極分散・水平協働型の「市民中心社会」を築き上げなければならない」

こう「市民が主役の社会」を基本理念としてうたった民主党。ともに与党の新党さきがけにいた鳩山由紀夫と、薬害エイズ事件で知名度を上げた厚相の菅直人が「顔」になり、さきがけや社民党（九六年一月に社会党から党名変更）などの衆参両院議員五十七人で結成した。六割超を社民党系が占め、さきがけから自民党出身者や保守系の若手議員が加わった。自民、新進の保守（中道右派）二大政党対決にリベラル（中道左派）色もにじむ「第三極」として割って入り、小選挙区で百四十三人の候補者を立て、台風の目となる。

与党内の社民・リベラル勢力では、前首相の村山富市とさきがけ代表の武村正義を中心に「社さ新党」の模索が続いてきた。そこへ鳩山は新進党にいた弟の邦夫とともに新党結成に動き、人気の菅を巻き込む。村山や武村らは「排除の論理」で外された。菅は「政界再編をして総選挙に臨まなければ、さきがけは自分たちがつくった小選挙区制によってつぶされてしまうと確信していた」ので「何とか大きな新党をつくろうとした」と振り返る。

この「第三極」の民主党が選挙後に政権に参画する意思があるのかないのか、自民党と組むとも新進党と組むとも、路線をはっきりさせなかった。そもそも橋本政権の連立与党だった社さ両党から生き残りを懸けて加わった議員が多かったわけだし、党の「顔」の一人である菅に至っては、厚相に在任したまま衆院選を戦った。だから、大蔵省解体などの行政改革は声高に叫んでも、野党路線に徹するかどうかは曖昧だったのだ。

大半の小選挙区で対決する自民党と新進党が選挙後に手を組むことは考えにくかった。一方で自民党も新進党も、民主党との提携は否定しなかった。これでは、「政権の選択」にとって最も重要な政権の枠組みの選択肢が、有権者に明示されたとは言いづらかった。

†有力政党が「改革競争」

政権枠組みの選択、首相の選択と並び、政権選択選挙を成り立たせるもう一つの重要な要素が「政策の選択」だ。この頃、住専処理への税金投入と、それを招いた金融行政の責任を追及する流れから、与野党を超えて大蔵省の組織改革論が急浮上。霞が関の行政機構全体の改革へ議論が広がりつつあった。そこで起きた現象が、政党間の「改革競争」だ。

「国家としての存続、国富の拡大・確保、国民生活の保障、教育や国民文化の伝承・形成・醸成、という国家の四大機能に応じ、今の二十二省庁を半分程度にすべきではないか」

橋本が九月十一日の日本記者クラブでの講演で、こんな大胆な「省庁半減」構想をぶち上げたのも、「首相の選択」とも「政策の選択」ともなる小選挙区選挙を見据えた一手だ。自民党の公約でも「肥大化した国の役割を縮小（スリム化）する」や「民間の活力を引き出すため、思い切った規制緩和を進める」など橋本流の小さな政府路線を前面に掲げた。

小沢新進党もこれに対抗。選挙公約では「中央省庁をまず十五省庁に整理し、最終的には十省に再編成する。国家公務員は約二五％削減。高級官僚は半分に減らす。特殊法人は原則として全廃する」と行革に踏み込んだ。民主党も「内閣府に予算庁を設置する」など大蔵省改革を柱に「霞が関の解体と再生」を訴えた。「改革競争」は主要政党が「政権」を意識して起きた現象だったが、「政策の選択」の観点からは違いが見えづらくなった。

政策の選択で分水嶺となったのは、村山前政権が法制化した消費税率の三％から五％への引き上げの、九七年四月実施の問題だった。自民党でも景気への影響を懸念して凍結論がくすぶるが、橋本は「予定通り実施する」と踏ん張った。直前まで与党議員が多かった民主党も「やむを得ない」と容認したが、新進党はここで真っ向から対立軸を打ち出した。「消費税は三％に据え置き、さらに所得税・住民税の半減を中心として、来年度から十八兆円の大減税を実施する。法人関係税は、現在の五〇％から四〇％に引き下げる」

十月七日の与野党党首討論会。新進党が名目五％成長を前提にこの大減税案を掲げていると して、橋本は「本当にできるのか。いろいろ問題がある」と実現性を疑問視した。小沢は「借金の穴埋めに増税、という今のままのやり方でいいのか」と消費税増税論に反論した。自民党は選挙戦でも、大減税案は小沢や羽田、細川が細川政権の時に「国民福祉税」七％案を口にした経緯と矛盾する、と攻撃した。「改革競争」は橋本行革を前面に掲げた自民党と、さらに小さな政府を志向する小沢新進党、という政権選択の構図に行き着いた。

政治改革と下野の記憶を忘れない自民党は、ここが小沢との最終決戦とばかりに「反小沢」の情念をむき出しにした。有権者の審判がくだったのは、十月二十日である。

【主要政党の獲得議席（カッコ内は増減）】▼自民党＝二百三十九（二十八増）▼新進党＝百

五十六（四減）▼民主党＝五十二（増減ゼロ）▼共産党＝二十六（十一増）▼社民党＝十五（十五減）▼新党さきがけ＝二（七減）▼民主改革連合＝一（一減）

自民党は単独過半数二百五十一には届かなかったが、比較第一党を確保。社民党とさきがけの閣外協力を得て、第二次橋本内閣を組織した。新進党は選挙前勢力から微減と振るわず、民主党も現状維持でサバイバルしたが、新党ブームに至らなかった。新制度を有権者が十分に咀嚼し、政権選択選挙として機能したかどうか。投票率は小選挙区、比例代表とも五九％台で前回より大きく下がり、戦後初めて六〇％を割った。これが現実だった。

✝自民勝たせた野党分立

自民党は小選挙区で相対得票率は三八・六％ながら、三百議席の過半数の百六十九議席を制した。実は新進党は二八％で、民主党は一〇・六％。両党の得票率を単純に足せば、自民党と全く互角だったのだが、選挙協力の機運はなかった。大都市圏を中心に三つ巴の戦いとなった選挙区の多くでは、野党共倒れで自民党が漁夫の利を得た、ともいえる。

九〇年代に入り、イタリアで日本と並行してよく似た選挙制度改革と政界再編が並行して進んでいた。自民党顔負けの万年与党だったキリスト教民主党が汚職摘発で壊滅状態に陥り、小選挙区制主体への改革を実施。総選挙は次第に中道右派連合と中道左派連合の二大勢力が争う構図への再編が進んだ。九六年四月、中道左派連合「オリーブの木」がロマーノ・プロディを首相候補に担いで与党の中道右派連合を破り、政権交代を果たした。

小選挙区中心といっても、急に二大政党化したわけではない。十ほどの政党が最初の総選挙では右翼連合、中道連合、左翼連合と三極に集約されて争った。それが二度目の九六年選挙では「選挙連合」の形で二大勢力に収斂する。中道左派連合は最左派の共産主義再建党とも全選挙区で候補者調整をする戦略性を見せ、右派連合との競り合いを制した。

そのイタリア政治が専門の名古屋大教授の後房雄。日本でも政権を目指す政党が首相候補と政権の枠組みを明示し、有権者が直接、政権を選択する政治改革後の選挙制度の趣旨から、新進党と民主党に分かれて戦い、共倒れが相次いだ野党陣営をこう指弾した。

「ともに「自民党単独政権では行政改革は不可能だ」と主張していた新進党と民主党が何の連携の試みもせずに自民党を勝利させたのは、小選挙区制型民主主義ゲームのルールを理解しないがゆえの戦略的誤りだった」（『政権交代への軌跡』）

なお、政治改革で導入した小選挙区比例代表並立制では、小選挙区の立候補者が、政党名で投票する全国十一ブロックの比例代表にも重複して立候補できる仕組みにしていた。

小選挙区で落選しても、比例代表で復活当選できる可能性があり、分かりにくいとか、「ゾンビ議員」などと揶揄されることになる。ただ、新生の民主党を見ると、この時、新党さきがけの当選一回生から、生き残りを懸けて加わった前原誠司、枝野幸男、玄葉光一郎といった面々が、いずれも小選挙区では敗れ、比例代表で命拾いして二回生になった。

二〇〇九年の政権交代で主役に躍り出る顔ぶれは比例復活で救われ、現職議員として研鑽を積み、次の衆院選から小選挙区で勝ち続ける力をつけていくのだ。民主党は選挙後、政権には加わらず、内紛が続く新進党にも距離を置く。曖昧な立ち位置から、与党でも野党でもない「ゆ党」だ、とも揶揄されながら、次第に野党第一党を目指す路線に傾く。

片や強大な政権政党の自民党が厳然として存在する中で、定数一の小選挙区選挙でこれに対抗しうる政権交代の選択肢をどう形成するか。野党再編は次の幕に向かうのである。

†六大改革へ橋本加速

橋本が第二次内閣発足に当たって設定した政策アジェンダ（課題）は行革だけではなかった。組閣翌日の十一月八日の記者会見で「五大改革」の大風呂敷を広げて見せたのだ。

「国際的に企業が国を選ぶ時代になっている中で、今や産業だけではなく、政治や行政、社会まで含めた経済社会システム全体が世界的な競争にさらされている。このため私は行政改革を含めて、特に経済構造改革、金融システムの改革、財政構造改革、社会保障構造改革の五つの改革に強い決意を持って実行するべく取り組んでいく」

これらは与党内で議論を積み上げた結果ではなく、橋本がトップダウンで打ち出した。後に教育改革も併せて「六大改革」を標榜する。自らの経験則から、政策課題の優先順位づけを重んじた元首相の中曽根康弘は「帳場を広げすぎたのではないか」と苦言を呈した。組閣人事でも派閥の勢力均衡と当選回数順送りの年功序列という自民党の「岩盤」は健在だった。それでも、支持率を高く保つには、首相主導の政権運営の演出が不可欠になり始めていた。

橋本はまず省庁再編と官邸機能強化に向け、十一月二十八日に首相直属の「行政改革会議」を発足させる。以前の土光臨調のように、国会で設置法を制定する手順は踏まず、内閣の政令だけで新設した。法的位置づけを軽視したのではなく、何より会議立ち上げを急いだからだ。橋本は「火だるまになってでも行革をやり遂げる」背水の覚悟を示し、実行を担保する政治責任を明確にするため、有識者を集めたうえで、異例にも自ら議長に就いた。

橋本は「私は行政の現場は知っているが、法規範的な議論には自信がない」と、京大教授の佐藤幸治と東北大教授の藤田宙靖（行政法）を行革会議の理論的支柱に招聘し、主査を委嘱した。佐藤は日銀法改正に続く登用だ。発案者の松井孝治は、三十歳代半ばの各省の若手と、民間からの出向者の混成となった会議事務局の中核メンバーの一人となった。

†与謝野の秘策・財革会議

橋本が行革と並んで官邸直轄で推進したのが財政構造改革だ。これは橋本以上に、官房長官の梶山静六が熱心で、補佐役の官房副長官に指名したのが元文相の与謝野馨だ。与謝野は橋本や梶山がいた小渕派所属ではなく、中曽根康弘の秘書出身。直前まで自民党政調会長代理として住専処理などの政策調整で手腕を発揮していた。官房副長官に閣僚経験者を充てるのは異例の大物起用と言え、政策決定を官邸が主導する意欲の表れとも言えた。

「オレは組織いじりには何の興味もない。君と二人で財政再建をやろうじゃないか」

橋本が「火だるま」になっても、とのめりこむ行革に、梶山は「組織いじり」だと微妙に距離を置き、与謝野に「財政再建法」制定へ知恵を出せと命じた。与謝野は、官邸のやる気に懐疑的な大蔵省主計局に、分野別の歳出削減の数値目標まで踏み込む覚悟を伝える。

「個別の歳出削減措置をやらないと意味がないのは分かっている。一つ一つ議論しても到底まとまらない。誰かに担がせて、見直し策の全体像を一気に示して進めるしかない」

各省縦割りに対応した政調会の各部会から議論を積み上げる自民党のボトムアップ型の政策決定。ここで歳出削減を俎上に乗せても、族議員から「総論賛成、各論反対」が噴出して立ち往生するのは目に見えていた。与謝野は「誰かに担がせて一気に」断行するトップダウンの仕掛けに目を向ける。自民党史に残る発想のコペルニクス的な転回と言えた。

この当時、自民党を抑え込むには、やはり派閥を通じた引き締めが不可欠だ、と与謝野は思案した。衆院選勝利で求心力を増す切り札・橋本と、官邸という権力の磁場をどう使うかがカギだ。ならば、各派領袖を官邸に集めて大会議を創るか。だが、派閥の親分衆が公然と一堂に会するのもはばかられる。連立与党の社民党と新党さきがけも参加させる必要がある――。

「橋本首相の用心棒として首相・蔵相経験者を官邸に集め、そこから上意下達で行く」

行き着いたのは、首相経験者の中曽根康弘、竹下登、宮澤喜一、村山富市や蔵相経験者の武村正義らをずらりと並べる「財政構造改革会議」を官邸に新設するアイデアだった。

元首相はそろって出身派閥ににらみが利く。現役の領袖で蔵相の三塚博を加えれば、四つの大派閥をすべて抑えられる。村山と武村の参加で社さ両党も引き込める。議長の橋本をこんな「長老の盾」で援護し、与党の異論を押し切って官邸トップダウンで事を運ぶための舞台装置だった。梶山・与謝野コンビの仕掛けで、橋本を議長として政府・与党幹部、首相・蔵相らでつくる財政構造改革会議が九七年一月に発足する。事務局は大蔵省である。

各省や族議員と綱引きしながら帳尻を合わせる予算編成に慣れ親しんだ大蔵省。異例の首相主導のトップダウン方式に「首相の研究会を創っても、そんなに立派なものができるのか。実質は与党側にやらせるのだろう」（主計局長の小村武）となお半信半疑だった。

予算編成に三つの逆転

「不退転の決意で取り組む。公共事業も聖域ではない。これは特に自民党の問題だ」

一月二十一日の財革会議の初会合。議長の橋本はこう語気を強めた。弾みをつけたのは「用心棒」たちだ。中曽根が「財政改革をやり抜けば、経済にもプラスになる」と支持すれば、竹下は「強烈なマイナス・シーリングが必要だ」と大胆な歳出削減を説いた。宮澤は「人口統計を見れば、二〇〇五年に年金の保険料負担は跳ね上がる。給付水準（抑制）の問題が必ず出てくる」と少子高齢化で膨張が避けがたい社会保障費の抑制を訴えた。

官邸で元首相ら政界長老が大所高所から財政再建を論じる。正論ずくめの議事内容はオープンに発信し、既得権益や個別利害からの改革反対論を与党側から唱えづらくする。大会議に「赤信号、皆で渡れば怖くない」と連帯責任を負う空気を醸成し、改革論議を加速させれば、族議員を押し切りやすくなる――。梶山と与謝野の思惑通りに財革会議は動き出した。

三月八日。梶山から全権委任された与謝野は大蔵省の主計官たちを集めてネジを巻いた。

「各省や族議員は一切気にする必要はない。ベストだと思う予算の姿を描いてほしい」

大蔵省と族議員が密室で折り合いをつける予算編成を止め、官邸自らが歳出削減計画を策定すると宣言したのだ。政治のお手並み拝見、と斜に構えていた大蔵省も、ここまで言われて具体案作りに協力しないわけにいかなくなった。与謝野は主計官たちから公共事業費や社会保障費を切り込む知恵を借り、科学技術や情報通信など経済新分野には「プラス査定」でメリハリをつけ、一気呵成に原案を固めていく。前代未聞の官邸トップダウンだった。

連立与党を牛耳る自民党幹事長の加藤紘一と政調会長の山崎拓は、首相主導や長老の復権に警戒感も抱く。だが、これも改革の隊列に押っ取り刀で加わらずには済まなくなった。

この頃、沖縄県知事の大田昌秀が、米軍基地の一部用地の継続使用に不可欠な知事の手続きを拒否。基地が使用不能に陥りかねない問題が政権を揺るがしていた。橋本官邸は知事の了解なしでも国が直接、手続きに乗り出せるよう、駐留軍用地特別措置法の改正を急いだ。大田に引っ張られがちな社民党は、与党ながら法改正に賛成する保証はなかった。

四月二日。梶山が仕掛けたのが、橋本と新進党党首の小沢一郎の電撃的なトップ会談だった。一年前に国会ピケを打開した橋本・小沢会談の再現である。会談には与謝野が同席し、三日も続開。一気に法改正で合意にこぎつける。最後まで社民党の説得を優先しようとした加藤や幹事長代理の野中広務ら自社さ連立派は梶山の「大技」に震撼した。安全保障問題への対応を大義名分にした「保・保連合」の影に、疑心暗鬼をかき立てられたのだ。

梶山が小沢と組む「保・保連合」まで本気で考えていたかどうかは別だが、自社さ派と保・保派の路線闘争が激化する。財革会議はこの頃から「各論」に移った。橋本が保・保派に傾くのを防ぐため、加藤と山崎は財政構造改革の主導権を梶山に渡すまいと目の色を変える。加藤は農業、山崎は防衛費と得意分野で族議員を説き伏せ、まとめるべく動いた。

政府は六月四日、同会議の最終報告を閣議決定した。一九九八〜二〇〇〇年度を集中改革期間とし、三年間で公共事業は一五％削減。社会保障費は少子高齢化で年金、医療などの給付が否応なく増加する中でも「二％増以下」にとどめる。防衛費も伸びをマイナスにするなど分野別・年度別の歳出削減計画まで明示した。しかも、これらを財政構造改革法として秋の臨時国会で法制化し、予算編成を縛ってしまう前例のない展開となったのだ。

橋本官邸の求心力は頂点に達した。与党を封じ込んだ財革会議は、首相主導の政策決定を演出する会議体のはしりだ。与謝野は後々まで「あれは政治的な傑作だ」と自負した。

縦割りの各省と与党族議員の連合軍に大蔵省が向き合ってきた予算編成。その常識を覆す三つの逆転が起きた。財政再建を梶山、与謝野ら政治家が仕掛け、大蔵省が後追いになった。政調会で利害調整を積み上げる与党事前審査制を脇に置き、首相主導のトップダウンで一気呵成に進めた。さらに各省の概算要求を大蔵省が査定し、年末に各分野の伸び率を確定するプロセスが、先に三年間の伸び率を決め、後から中身を作る順序に変わった。

†「首相が議長」の功と罪

財政構造改革で霞が関の各省の反対の出足を鈍らせた理由の一つ。それは五月十六日のある閣議決定にもあった。各省の事務次官や局長などの幹部の任免権は各大臣にある。それ自体は変えないが、官邸のにらみをより利かせるため、新たな仕組みを決めた。各省は発令のひと月前をメドに人事案を内閣官房に報告し、官房正副長官で構成する「人事検討会議」が事前に審査する。つまり、官邸が幹部人事に拒否権を持つことをはっきりさせた。

これは橋本直轄で動き出した行政改革会議が五月一日、内閣の危機管理機能の強化などを提言する「中間整理」を取りまとめた際、併せて要望したものだ。秋の省庁再編構想の集約に向け、各省の反対を牽制して首相主導に持っていくのが狙いだった。梶山は間髪入れず「適切な人材配置は何より大切。閣議了解人事の運用の見直しをする」と具体化に動いた。

財政構造改革で与党を押し切って見せた橋本官邸。続く難関、行革のハイライトは、八月十八日から四日間に亘った行革会議の集中討議だった。有識者委員同士が激論を戦わせ、話が拡散せぬよう、議長の橋本が自らさばいて省庁再編案の裁断を次々に下したのである。

公共事業は二分し、道路局など建設省の大半と運輸省を統合して「国土開発省」に、河川局は農水省と統合して「国土保全省」とした。大蔵省には財政、通貨・為替管理、市場の信用秩序維持を巡る企画立案機能を残すが、金融検査・監督は完全に分離するとした。

郵政省の郵政三事業のうち、郵便は国営維持をうたったが、有識者主導で郵便貯金と簡易保険には民営化の方向が示された。いずれの再編案も与党への根回しはほとんどなし。特にこの「郵政省解体」と「建設省分割」に各々の省の官僚は血相を変え、背後に控える自民党の郵政族や建設族も怒髪天を衝く。橋本は八月十九日の政府・与党首脳連絡会議で、討議結果をまとめる行革会議の中間報告の取り扱いについてこう約束し、なだめにかかった。

「今後、騒ぎが大きくなると思うが、やり遂げなければならない問題だ。与党との関係は、（九月三日に）中間報告がまとまるので、それをもとに議論してもらいたい」

橋本は進んで自ら行革会議の議長に就いたわけだから、有識者丸投げでは済まされず、指導力を発揮するのは当然とも言えた。半面、トップダウンの見せ場を演出した再編案に与党内から反対が噴き出せば、その矢面に立つ責任も橋本自身が負わざるを得なかった。

2 きしむ「双頭の鷲」体制

✝梶山退場で官邸暗雲

国会の多数派として首相を選出し、首相が率いる内閣が国会に出す議案の事前審査制を通じ、拒否権とも言うべき強力な権能を振るった「政権与党」の自民党。党内は派閥の勢力均衡と縦割りの族議員秩序で成り立ってきた。本来は一体であるはずの内閣と与党が「双頭の鷲」よろしく別々の主体のように振る舞い、政策決定もむしろ与党主導だった。

そこへ右肩上がりの経済成長時代の終焉を踏まえ、既得権に思い切ってメスを入れよう、と首相主導で課題設定した橋本六大改革。与党統制こそがその成否のカギを握っていた。

この与党統制の確保の観点から見ると、行政改革会議と財政構造改革会議は対極にあった。財革会議は首相経験者らの「長老の盾」で自民党内に派閥を通じてにらみを利かせ、加藤紘一、山崎拓ら党執行部も官邸に引き寄せて族議員の反撃を封じた。梶山静六と与謝野馨がこれらをお膳立てし、そのうえで首相の橋本龍太郎が歳出削減計画に裁断を下した。ところが、行革会議は橋本が有識者を誘導して省庁再編案を自ら集約したものの、与党対策は手つかずだった。

この差を象徴したのが、八月の行革会議の集中討議に梶山と与謝野が姿を見せなかったことだ。九月に党総裁として二年間の任期満了を迎える橋本は、六大改革に邁進して求心力も高く、無投票再選が確実視された。この間、加藤、山崎、野中広務ら党執行部の自社さ連立派と、梶山、中曽根康弘ら保・保連合派の暗闘が続いてきた。橋本は双方に軸足を置き、微妙なバランスを測ってきたが、限界が近づいていた。焦点は内閣改造・党役員人事だった。

梶山は春以降、官房長官の辞意を再三、のぞかせ、橋本に加藤の更迭を迫る。しかし、党内の勢力均衡を崩したくない橋本は、六月半ばに加藤に幹事長続投を伝達した。形勢不利と悟った梶山が、自ら身を引く決意を橋本に伝えたことが集中討議直前の八月十五日、表面化した。

総裁選は告示日の八月二十八日に、橋本の無投票再選が早々と決まる。政権基盤が過去にないほど盤石そうに見えた裏で、官邸トップダウンの屋台骨を支えた梶山の退場は手痛かった。橋本は与謝野だけでも手近に残したかったが、自社さ派が許さず、二人とも官邸を去る。

「寸善尺魔という言葉がある。政治の世界は日一日、何が起きても不思議ではない」

橋本はこう気を引き締めた。「寸善尺魔」は世の中にはよいことは少なく、悪いことばかりが多い、というたとえだ。党則上、総裁任期は二期四年まで。再選した瞬間からレイムダック（死に体）が始まる。省庁再編を巡っては、同じ小渕派の野中さえ、郵政族の重鎮の立場から「いきなり原爆を落とされた」と中間報告に激怒していた。

郵政族と建設族を先頭に与党の委細構わぬ猛反撃が始まった。橋本は「党の議論で省庁の数が増えたら行革に反する。良い案があれば、行革会議に取り次ぐ」と「省庁半減」の防衛線を敷いて理解を求めたが、官邸の防波堤だった梶山を失い、受け身に回り始めた。

†「党高政低」へ先祖返り

それでも、橋本の内閣支持率は再選直後も四〇％を超えていた。この官邸の求心力を維持すれば展開は違っていた。九月十一日の内閣改造人事で犯した致命的なミス。それは元首相の中曽根康弘の強い要請に抗しきれず、その側近議員で、ロッキード事件で有罪判決が確定していた佐藤孝行を、行革担当の総務庁長官として初入閣させてしまったことだ。

佐藤は直前まで自民党行革推進本部長を務め、日本開発銀行の廃止・衣替えなど政府系金融機関改革を取りまとめて、入閣への地ならしといえる「実績」も残してみせた。だが、世論の逆風が問答無用で吹き荒れ、閣外協力する社民、新党さきがけ両党が佐藤の罷免要求を橋本に突きつける事態に発展。橋本は在任十日余りで佐藤を更迭せざるをえなくなった。

橋本は後任に幹事長の加藤紘一の側近である小里貞利を起用し、政権運営で一段と加藤執行部への依存を強める。だが、自民党から行革会議への風圧はますます強まっていく。

「行革会議を尊重するが、党まで拘束はされない。党の意見が尊重されるのが当然だ」

九月二十五日の党行革推進本部の会合。本部長の武藤嘉文がこのように行革会議は橋本の諮問機関に過ぎないと発言し、出席者を驚かせた。なぜなら、武藤は内閣改造まで総務庁長官で、橋本を補佐して行革会議の円滑な運営に腐心してきたからだ。それが、同じ派閥の佐藤と入れ替わりで党のまとめ役に回された途端、与党主導論者に豹変した。党内では、これでは「行革推進本部長」どころか「倒閣推進本部長」ではないか、とささやかれた。

橋本主導の政策決定に渋々ながら従うしかない、といった夏までの自民党の空気は佐藤入閣問題で一変した。郵政族は郵貯、簡保、郵便の三事業一体運営の死守に血相を変えた。建設族は河川局分離の撤回を至上命令とし、行革論議は「党高政（府）低」に先祖返りしていった。

秋風は経済の変調も運んできた。内閣改造当日の九月十一日、経済企画庁が発表した四―六月期の実質国内総生産（GDP）は年率換算で一一・二％減と大きく落ち込んだ。四月の消費税率引き上げに加え、特別減税廃止などの負担増が個人消費や住宅建設の足を引っ張った。七月初めにタイで表面化した通貨危機が韓国やインドネシアなどに急拡大した。この余波もかぶり、巨額の不良債権を抱えた日本の金融システムが大きく揺れ始めた。

十一月三日、中堅証券の三洋証券が会社更生法の適用を申請した。資金繰りがつかず、金融機関が短期資金を融通しあう無担保コール市場で史上初のデフォルト（債務不履行）が発生。金融市場が一気に萎縮してしまう。この余波で十一月十七日には北海道拓殖銀行が資金繰りに行き詰まって経営破綻した。戦後最大の金融危機に直面した橋本の求心力は急降下した。

†「この国のかたち」与党不在

十一月二十一日夜。行革会議の最終報告取りまとめのため、官邸に集まった有識者らは延々と待たされていた。与党から異論が噴出して最終調整に手間取り、橋本は会議を開けないまま。「夕食も出ないのか」と官邸スタッフに食ってかかる委員すらいた。与党に政策決定の重心が完全に移動し、官邸の威信は見る影もなく、地に落ちようとしていた。

既に、建設省が丸ごと運輸省と合併する巨大公共事業官庁の誕生を認めざるをえなくなっていた。郵政三事業は一体のまま官営を維持して「郵政公社」に移行する案で妥協した。大蔵省の財政・金融分離は与党間調整がつかず継続協議になった。自民党総務会では保・保連合派が防衛庁の「省」格上げを求め、加藤ら党執行部を翌二十二日未明まで攻め立てた。

同じく未明になり、郵政民営化の否定に怒った厚相の小泉純一郎が辞意をちらつかせ、橋本は泡を食った。郵便事業への民間参入と、郵貯資金の財政投融資への預託義務を廃止して完全自主運用に転換する、という二点を電話で約束し、何とか小泉を引き留める。橋本が行革会議で最終報告を決定し、記者会見に臨んだのは、午前二時四十五分だった。

「政党政治の中で、与党が意見を持って政策に反映したり、政府の政策の方向付けに影響力を持つのは当然だ」「改革が後退した、とは何に対してか。どの部分を指すのか。中間報告通りではないということなのか。中間報告で終わりなら、それは中間報告ではない」

省庁再編案は「一府十二省庁」への半減公約は守ったものの、内実は族議員や官庁の抵抗で後退した、との指摘に橋本は声を荒げて反論を繰り返した。「あのねえ、私、相当ばててるから」。この時、日本経済新聞は十一月二十二日付朝刊で「山一証券が自主廃業」と金融危機が四大証券の一角ものみ込んだ事態を特報し、電子メディアで速報が流れ始めていた。

憲法学者の佐藤幸治が起草した最終報告の「行政改革の理念と目標」。作家の司馬遼太郎を引き、橋本行革は統治機構全般に及ぶ「「この国のかたち」の再構築」だとこう述べた。

「行政のありようは、長年にわたる行政と政治、行政と産業、あるいは中央と地方の関係の濃密な反映であり、これらの関係を根本的に見直すことなしには、「この国のかたち」の再構築はありえない。また、国会改革や司法改革も欠かすことのできない課題であろう」

橋本行革は中央省庁の再編だけでなく、並行して進んでいた政治改革や地方分権改革、この後に続く司法制度改革などとも連動する統治構造全体の改革の一環だという意識が表れた一文だ。だが、霞が関の官僚機構に切り込もうとした途端、古い「この国のかたち」の深奥にある岩盤に突き当たった。自民党政権の最大の特質である内閣と与党が並び立つ「双頭の鷲」型の政策決定システムだ。特に縦割りの霞が関と密接な共犯関係を築いてきた自民党政調会の事前審査制を通じた拒否権がそのままでは、改革には限界があった。

その厳然たる事実を、「この国のかたち」改革をうたいながら、急所中の急所とも言える「政権与党」を改革の視界に入れ得なかった行革会議は、身をもって示したと言える。

橋本行革の発案者として行革会議の事務局にいた通産官僚の松井孝治。野心的な中間報告が、与党の「政治主導」で次々に覆されていく過程を目の当たりにした。「官僚と政治の関係とは、こういうことなのだ」と無力感に打たれた。強大な「政権与党」に敗北した経験が、程なく霞が関を去り、二〇〇一年に民主党から参院選に出馬してシステム改革を志すきっかけとなる。

†内閣官房と内閣府の整備

勇躍、切り込んだ橋本官邸が、与党族議員と各省の連合軍に押し返された。省庁再編を巡る熾烈な攻防はそんな結末にも見えた。その陰で、官邸機能の強化策は縦割りの省益争いをすり抜けて、思いの外、命脈を保っていく。行革会議の最終報告は、内閣が憲法上「国務を総理する」高度の統治・政治作用、言い換えると「行政各部からの情報を考慮したうえでの国家の総合的・戦略的方向付けを行うべき地位にある」と明記していた。

橋本行革での官邸機能強化の第一は内閣法の改正だ。内閣は合議体の閣議を通じて職権を行使するが、首相が内閣を主導する立場をはっきりさせた。首相が「内閣の重要政策に関する基本的な方針その他の案件」を閣議に「発議できる」と条文で明記した。「重要政策」として想定するのは外交・安全保障、行財政運営、予算編成、マクロ経済、行政組織や人事などだ。

首相に発議権があっても、予算編成など重要政策の基本方針を首相官邸のお膝元で練り上げられなければ、結局は財務省など縦割りの各省の政策立案機能に依存するしかない。そこで、従来は閣議案件や行政各部の政策の統一を保つための「総合調整」を任務としてきた内閣官房に、重要政策の基本方針を「企画立案」する権限も新たに内閣法で与えた。

官僚の修辞学「霞が関文学」によれば、「企画立案」の権限とは「法案を作成できる」ことを意味する。これで首相は各省頼り切りから脱却し、内閣官房に命じて独自の政策を実行しやすくなる。官邸に縦割りを超えた総合戦略を組み立てる「頭脳」が備わったわけだ。

官邸強化の第二はこの内閣官房を「助ける」役割の行政組織として、「内閣府」を各省より一段、格上の形で新設したことだ。ここに経済財政諮問会議をはじめ、総合科学技術会議、男女共同参画会議、中央防災会議といった四つの首相直轄の重要政策会議を置いた。

内閣府設置法によると、経済財政諮問会議の権能は、首相の諮問に応じて「経済全般の運営の基本方針、財政運営の基本、予算編成の基本方針その他の経済財政政策に関する重要事項」を「調査審議する」ことだ。つまり、名前の通り、諮問機関であり、審議会だ。

法律上は諮問会議に予算編成やマクロ政策などの基本方針を「決める」権限はない。内閣の最終意思を決定する場は閣議だ。首相は諮問会議の「調査審議」も支えにして内閣官房に基本方針を「企画立案」させ、それを閣議に自ら「発議する」という流れになる。

各種審議会を統合し、縦割りを超えて予算編成やマクロ政策を巡って助言する「首相に直結した機関」を置く。橋本行革の源流にあったこの構想が諮問会議として結実する。ただ、旧大蔵省を衣替えする財務省の設置法では「予算の作成」は財務省の事務と定めている。各省の概算要求を受けて査定し、予算を編成する実務は主計局が引き続き担った。

橋本行革の当初は、主計局の組織や予算編成機能そのものを官邸に移管する「内閣予算局」

的な発想もなかったわけではない。ただ、旧大蔵省が反対理由に挙げたように、そうなれば首相が蔵相や主計局という防波堤なしに各大臣からの予算要求を直接、査定するのか、その体制で内閣として現実にワークするのか、などの疑問が出てくるのも確かだった。

そこで、橋本行革で採用した新機軸では「予算編成の基本方針」作りを、官邸が経済財政諮問会議も使って主導する。その下で新・財務省が具体的な予算編成を担うという住み分けを試みた。財政・金融分離問題で防戦に追われた大蔵省も、この線までは渋々容認せざるをえなかった。ただ、両者の仕切り線は曖昧だったから、法律上は「調査審議」権限にとどまる諮問会議がどんな機能を発揮するか、条文の制度設計だけでは未知数だった。

行革会議の最終報告は、官邸機能の強化に「憲法のよって立つ権力分立ないし抑制・均衡のシステムに対する適正な配慮」も求めた。地方分権を徹底するほか、国会の政府チェック機能の充実も要請。「規制緩和を推進し、行政の不透明な事前規制を廃して事後監視・救済型社会への転換を図る」うえで「法の支配」の強化、つまり、司法の人的・制度的基盤を整備する抜本改革も唱えた。起草者の佐藤幸治自身が司法制度改革審議会（一九九九〜二〇〇一年）の会長になり、橋本行革と司法制度改革のつなぎ役として腐心する。

†小沢「純化」と民主党誕生

最大野党の新進党では、党首の小沢一郎の党運営を巡る不協和音が絶えなかった。九七年十二月の党首選挙。保・保連合に反発し、非自民路線の貫徹を訴える鹿野道彦が小沢打倒へ立候補した。その裏では、小沢と旧公明党系・創価学会の対立が抜き差しならなくなっていた。鹿野を抑えて勝利を収めた小沢だが、集票力をテコに何かと党運営に介入しがちな創価学会との協調は限界だと「純化路線」を決断し、新進党の解党を宣言してしまう。

小沢はシンパ議員を率いて五十四人で自由党を旗揚げ。旧公明党系も新党平和として独立し、参院の一部と地方議員が残っていた「公明」と合流して、九八年十一月に「公明党」を再結成する。新進党の結党時に完全合流を避けた「半身」の判断が公明党復活につながった。

鹿野や岡田克也ら反小沢系の保守系議員は先に離党していた元首相の細川護煕、羽田孜らと民政党を創る。旧民社党系がまとまった新党友愛などとともに、菅直人や鳩山由紀夫らが主導する民主党との提携に向かう。国会内統一会派を経て九八年四月二十七日、衆院九十三人、参院三十八人の百三十一議員が参加して新しい最大野党「民主党」が結党した。

「私たちは、政権交代可能な政治勢力の結集をその中心となって進め、国民に政権選択を求めることにより、この理念を実現する政府を樹立します」

結党大会で採択した基本理念には何よりまず「政権交代」と「政権選択」を明記した。代表に就いた菅は政権交代を目指す野党の大同団結を訴えた。だが、来賓で新党平和代表の神崎武法は「参院選では、互いの力を十分に発揮して政権担当能力のある政党になれるよう願っている。独自性を発揮して皆さんをハラハラさせるかも知れない」と民主党に距離を置いた。旧公明党系・創価学会と自民党の和解の動きが水面下で始まっていたからだ。

出身党派は自民党から民社党、日本新党、新党さきがけ、社会党まで幅広い寄り合い所帯。野党がまとまらないと、七月の参院選で自民党に対抗しえないという「選挙互助会」の力学で、突貫工事で結集した。幹部人事も幹事長に羽田、代表代行に中野寛成（旧民社党）、総務会長に横路孝弘（旧社会党）などと党派間のバランスを取るのに腐心した。

「生活者・納税者・消費者の立場を代表する。「市場万能主義」と「福祉至上主義」の対立概念を乗り越え、自立した個人が共生する社会をめざし、政府の役割をそのためのシステムづくりに限定する「民主中道」の新しい道を創造する」

基本理念ではこう「民主中道」路線を掲げた。統一準備会では、旧民主党の菅が唱えた「センターレフト（中道左派）」に対し、保守系の民政党が「保守中道」を主張し、折衷したのが「民主中道」だ。外交・安保では「日米安保条約を引き続き安保政策の基軸に据える」と明記。経済政策は「自己責任と自由意思を前提とした市場原理を貫徹する」としたうえで「本格的な少子・高齢社会に備えたセイフティー・ネットの整備」もうたった。保守からリベラルまで、渾然一体となった船出。連合は官民労組の支持政党また裂き状態をようやく解消した。

†凡人・小渕も「総裁枠」人事

九七年十一月の三洋証券、拓銀、山一証券の連鎖破綻という戦後例のない金融危機から、日本経済はどん底に落ち込む。橋本は成立間もない財政構造改革特別措置法を脇に置き、同年十二月に二兆円の特別減税の年度内実施を表明。九八年四月には新年度分として四兆円減税を打ち出す。いずれも加藤ら党執行部をカヤの外に置き、首相主導の演出を狙うが、景気の悪化は止まらない。夏の参院選にかけて、官邸と与党の「双頭の鷲」は相互不信から政策決定で迷走に迷走を重ねていく。七月十二日、自民党は参院で大幅な過半数割れの惨敗を喫した。

自民党総裁選直後、握手する候補者ら。左から橋本龍太郎首相、小渕恵三新総裁、小泉純一郎厚相、梶山静六前官房長官（1998年７月24日撮影　写真 © 時事）

橋本退陣を受けた後継選びの総裁選。最大派閥の領袖で外相の小渕恵三が、同派を脱会した前官房長官の梶山静六、小渕派分裂を見て打って出た厚相の小泉純一郎を破って圧勝する。三候補はテレビに出まくり、小泉、梶山が世論調査の人気度では小渕を圧倒。「凡人」（田中真紀子）と揶揄された小渕だが、最大派閥の数の力を背に「総合力」を訴えて、勝った。参院選惨敗直後で「衆院を解散せずに耐え抜ける首相」が求められていたからだ。

派閥復権もにじんだ小渕の登板だが、組閣では各派閥の推薦枠を削って異例にも「総裁枠」を四つ設けた。「最大最高の人」だと元首相の宮澤喜一を蔵相に迎え、経済企画庁長官に作家の堺屋太一、文相に元東大総長の有馬朗人、郵政相に当選二回で若手の野田聖子を抜擢した。次の新機軸が、経済再生に向けた首相直属機関「経済戦略会議」の設置だ。衆院解散を封印するしかない苦境でも、この手の首相の指導力の演出が不可避な時代に入っていた。

総裁選で小渕は「米大統領経済諮問委員会（CEA）のように、生きた経済をやっている方や学者が、首相の一番近いところで経済戦略を立てる。会議の考え方は即、最高責任者である首相が実現する」とぶち上げた。アサヒビール会長・樋口廣太郎を議長に、トヨタ自動車社長・奥田碩、一橋大教授・中谷巌、慶大教授・竹中平蔵らを委員に迎えた。

現実の危機対応は宮澤や官房長官の野中広務頼みで、経済戦略会議は中長期を見据えた提言機関にとどまる。九九年二月の答申には「健全で創造的な競争社会」「小さな政府へのイニシアティブ」など行財政改革のプランが並んだ。これが「政府審議会デビュー」となった竹中にとって、官邸が政策決定でどう動くのかをつぶさに見た重要な経験となる。

衆院では自民党が過半数でも、参院で野党が優位に立つねじれ国会が現出した。日本長期信用銀行の経営不安から金融危機が再燃。小渕は民主党の破綻処理案を丸のみして乗り切るが、参院では防衛庁長官の額賀福志郎の問責決議が可決され、やむなく更迭する。

次に「首相問責」なら小渕自身が進退窮まる。政権の命運を左右しかねない参院の重みを与野党は再認識した。小渕延命を策す野中は、まず自由党との連立に動く。参院のキャスティングボートを握る公明党から、支持母体の創価学会を長く敵視してきた自民党といきなりは組めないので、間に「座布団」を挟んで欲しい、と要請されたからだ。野中は「悪魔」とまで罵倒してきた小沢に「ひれ伏してでも、国会審議にご協力いただきたい」と頭を下げた。

✝英国型の国会活性化法

九八年十一月十九日。自由党党首の小沢一郎が首相官邸に乗り込み、首相の小渕恵三と二人きりで会談に臨んだ。竹下派分裂から六年。自民党と対峙する政党を創り上げる大目標を脇に置き、自自連立政権の樹立で基本合意した。「変節」批判をよそに、小沢は政治改革をさらに加速する諸改革を連立政策協議で次々に突きつける。小渕がそれを受け入れたから連立に応じるのだ、という体裁を取ろうと粘り、自民党の手を散々、焼かせた。

自自連立合意に民主党、公明党も加わって実現した改革の一つが、九九年七月の「国会審議の活性化及び政治主導の政策決定システムの確立に関する法律」の成立だ。英国議会にならい、首相と野党党首の一対一の党首討論を国会で開くことを決めた。衆参両院に国家基本政策委員会を新設し、その合同審査会の形を取る。同時に各府省の局長などの官僚が「政府委員」として国会で答弁できる仕組みを廃止した。代わりに閣僚を補佐する役職ながら、軽んじられて「盲腸」と揶揄されてきた政務次官を格上げして「副大臣」と「大臣政務官」を新設した。

国会答弁は閣僚以下の政治家が専ら担当する原則を打ち出した。省庁再編で官庁の数がほぼ半減し、閣僚の数も減るが、副大臣や政務官を増やして与党から政府に入る政治家の質と量を確保し、政策決定に占める比重を高めようとした。政府部内で政治家が政策立案をリードしたうえ、それを国会での政治家同士の論戦を通じて立法化する流れを目指す表裏一体の改革と考えられた。英国モデルのアリーナ型議会への志向ははっきりしていた。

内閣法制局長官、人事院総裁、公正取引委員長など四ポストに限って「政府特別補佐人」として引き続き国会への出席、答弁を認めた。行政運営の細部や技術的事項は、国会が求めて議決すれば、官僚を「政府参考人」として招致できるが、お粗末な閣僚が「その件は重要なので局長から答弁させます」と逃げ口上に使うことはもう認めない、というわけだ。

副大臣や政務官は所管の行政に対応する国会の各委員会に委員として所属させることも、与野党で合意した。これも英国型で内閣と与党の一体化を進める観点から、政府に入った政治家が所管委員会で積極的な役割を果たすべきだ、との発想に基づく。副大臣や政務官に議事日程などの委員会運営に関わる与党理事を兼務させる構想も与野党で議論になったが、「そこまで政府の関与を強くするのは問題がある」との指摘が出た。憲法上、断絶してきた内閣と国会の関係を再考する兆しは見えたが、伝統的な「三権分立」論が足踏みさせた。

もう一つ、小沢が執拗に要求し続けたのが、衆院の小選挙区三百、比例代表二百の定数から、比例代表を五十削減することだ。比例で生き残りを目指す中小政党に厳しく、小選挙区を主戦場に政権担当を目指す自民党など大政党が相対的に有利になる改革。これも二大政党化を促し、政権交代可能な政治システムの確立を目指す政治改革の延長線上だが、その内実は公明党との連立に向けて動く自民党を、小沢が揺さぶろうと投じた牽制球だった。

九九年十月の自自公連立政権の誕生を挟み、小沢は連立離脱をちらつかせて、小渕に比例定数削減の実現を迫る。国会改革や選挙制度の見直しを権力闘争の大義名分に掲げて見せる政治改革以来の小沢流。自公両党もとうとう比例定数の二十削減で折り合いをつけ、二〇〇〇年の通常国会で法制化される。総定数を四百八十とし、小選挙区三百、比例百八十と小選挙区の比率を高めた。多数決型デモクラシーへの傾斜がさらに一歩、強まった。

†競争力会議と通産省

九九年一月二十七日。経団連会長の今井敬と通産相の与謝野馨が官邸に小渕を訪ねた。

今井「供給サイド改革が経済再生には避けて通れない。民間企業が乗り超えるべき課題だ」

与謝野「競争力の強化は主要国でも政治指導者が陣頭指揮している。国家戦略なんです」

耳を傾けた小渕は「よし分かった。私が責任を持ってやる」と膝を打った。経済危機で緊急登板し、大規模減税や公共投資上積みなど需要刺激策に邁進した小渕。今井はそこからの局面転換として、経済の供給側である企業の構造改革の後押しを求めた。まず、バブル後遺症の過剰設備、過剰債務、過剰雇用の「三つの過剰」の処理。次にそのセーフティネットとしての雇用対策の充実と雇用システム改革、再建型倒産法制や連結納税制度など企業改革の環境整備。さらに次代のリーディング産業の育成や国家プロジェクトの発掘、という三段構えだ。

これを一気呵成に進めるため、与謝野は首相主導の仕掛けを持ち込んだ。小渕が自ら議長に就き、今井やトヨタの奥田、ソニー社長の出井伸之ら当時の第一線の経営者十数人を官邸に招いて集中討議する「産業競争力会議」の創設である。「時間をかけて提言をまとめる大河ドラマ型ではなく、会議のたびに結論を出す一話完結型の実戦的な場にしたい」と与謝野は漏らした。経済戦略会議が反面教師だった。毎回、テーマを決めて経済人側が問題提起し、その場で小渕が裁断して関係閣僚に指示を下すトップダウン方式を採った。

与謝野は官邸という権力の磁場を初めて使い、「政治的な傑作」と自負した財政構造改革会議の経験を生かし、今度は通産省を事務局に、首相主導の政策決定の再現を狙った。

産・政トップが一堂に会した場で、首相の裁断で政策の大枠を決めてしまえば、縦割りの各省が下から積み上げても実現しにくい大胆な制度改革も可能になる、と踏んだ。会議後には今井と与謝野が記者会見で議事内容を積極的に情報公開。省益を代弁し、官僚に渡された紙を読むだけの閣僚や、自助努力より「お上」頼みの経済人を浮き彫りにする思惑だった。

「民間の方も提言をするなら、どういう法律や税制が必要かを整理して教えてもらいたい。要請を受け、役所で整理して最終的に私が判断するのだが、資料を出して下さい」

四月二十八日の第二回産業競争力会議。小渕は経済界にこんなハッパをかけた。同時に競争力強化に不可欠な法整備は持ってくればどんどん実行して見せる、と請け合った。

「私はスローモーだと言われてきたが、せっかちなところもある。この議論は本来は今の通常国会で解決しなければならない重要な問題ばかりだ。一年に一回の国会で通そうという姿勢では、時代の要請に答えられない。時代はスピードアップを必要としている」

自民党はこの年九月に総裁選を控えていた。金融・経済危機を公的資金の投入と大型財政出動でしのぎ、「世界一の借金王」と自嘲した小渕。ここで産業再生に目を向けたのは総裁再選戦略と直結していた。小渕に対抗して出馬を目指した前幹事長の加藤紘一と前政調会長の山﨑拓が、積極財政批判と政策路線の転換を訴えていたのを意識していたのだ。

「課題が山積する時には通年国会をお願いしなければならないこともある」

小渕はこう口にした。競争力強化関連法案と、それを下支えする補正予算案を早期に成立させるため、六月までの通常国会を九月まで大幅延長する構えすらのぞかせた。超長期の延長論は、懸案処理を名目に、総裁選にはやる加藤の動きを封じ込める一手だった。

結局、延長は八月前半までで、総裁選は予定通り実施し、小渕が圧勝する。小渕が供給サイド改革にも手を着けたので、加藤が狙った政策論争は低調に終わった。総裁選後、加藤が派閥領袖として党三役候補を推薦すると、小渕は「君はオレを追い落とそうとしたじゃないか」と最高権力者の顔をあらわにし、要望を受けつけなかった。非主流派に追いやられた加藤の命運はここから暗転する。小渕再選の格好の道具ともなった産業競争力会議。首相主導の裏方を担った通産官僚の一人に、今井敬の甥で、後に安倍晋三の首相秘書官となる今井尚哉がいた。

†幕間の「財政首脳会議」

小渕は二〇〇〇年四月、病魔に倒れる。官房長官の青木幹雄、野中ら実権派「五人組」による密室協議を経て、幹事長の森喜朗が後継首相に収まった。自由党を率いる小沢一郎はここで

閣議に臨む（左から）橋本龍太郎行革相兼沖縄・北方相、森喜朗首相、宮澤喜一財務相、河野洋平外相（2001年３月23日撮影　写真©時事）

連立を離脱。野田毅、二階俊博、小池百合子らは保守党を結成して連立に残った。

森は首相就任の経緯が不明朗だと批判されるなど支持率は低迷し、六月二十五日の衆院選で自民党は単独過半数を失った。「自公保」の連立枠組みを示して選挙協力も推進し、与党安定多数を確保して政権選択選挙には「勝利」した半面で、敗北感がつきまとった。

自民党は公明党の選挙協力を得て、小選挙区の得票率を前回より上積みして四〇・九七％とした。民主党は議席を大幅に増やし、最大野党の地歩を固める。民主、社民、自由、共産の四野党を単純に足し合わせると得票率は四六・八六％で自民党を上回った。だが、今回も野党間の選挙協力はごく限られ、政権選択の受け皿を提示しきれなかった。投票率は史上最低だった九六年からは上昇したものの、六四・四五％と過去二番目の低水準にとどまった。

支持率は低空飛行が続いた森内閣だが、橋本行革に基づく省庁再編の実施を〇一年一月に控え、統治機構改革の潮流は受け継いだ。内閣と与党が並び立つ「双頭の鷲」型の政策決定システムをどう統制するか。幕間のこの時期の手探りが「財政首脳会議」だった。

「衆院選が終わったら「財政首脳会議」を創り、〇一年度予算の基本方針を創りたい」

森は六月三日の奈良市での記者会見で、政府・与党首脳級を官邸に集める「財政首脳会議」の創設を表明した。首相を議長に、内閣から蔵相、自治相、経済企画庁長官、官房長官。与党三党から幹事長、政策担当責任者、参院幹部が顔をそろえる大会議だった。

首相主導の予算編成の舞台装置として、経済財政諮問会議の〇一年創設が橋本行革で決まっていた。首相のお膝元で「予算編成の基本方針」を調査・審議する役回り。ただ、各省の要求を査定し、与党と綱引きして現実の予算案を練り上げる実務は新・財務省が引き続き担う。与党が関与しない諮問会議では、複雑な利害や政治的思惑が錯綜する予算編成を取り仕切れない、と主計局は考えた。政府・与党首脳が一堂に会する「財政首脳会議」なら水面下で進みがちな与党主導の調整プロセスをある程度は表に出せる。予算バラマキの責任の所在が示され、歳出増圧力への抑止効果も期待できるかも知れない、と目論んだ。

†内閣一元化論の萌芽

衆院選直後の六月三十日。政治学者や経済人らでつくる民間組織「新しい日本をつくる国民会議」（21世紀臨調、会長＝社会経済生産性本部会長・亀井正夫）が「経済財政諮問会議の設置が決まっているのに、類似の組織を置いて、その性格をあいまいにするようなことがあってはならない」とこの財政首脳会議構想を痛烈に批判する緊急提言を公表した。

21世紀臨調は前身の「民間政治臨調」時代から、政治学者で東大教授の佐々木毅らが中心になって小選挙区制導入を柱とする政治改革推進の旗を振り、その流れで政策決定の「政治主導」にもこだわってきた組織だ。財政首脳会議が諮問会議の欠陥として突きつけた「与党不在」の課題を、英国型の議院内閣制をモデルに、こう解きほぐして見せた。

「政府と与党がバラバラでは「政治責任」が不明確になる。今後は政策の一体性を確保するため、無任所相などのポストも使って、政策決定上、必要と思われる与党幹部はすべて政府に入るべきである。（中略）諮問会議を前倒しで運用するのであれば、諮問会議・閣僚メンバーによる「閣僚委員会」を設置すべきである」

臨調は五五年体制以来の自民党政権の「常識」だった内閣と与党の「双頭の鷲」の二重権力構造を前提としなかった。英国流の内閣一元化は第二章でも見たように、小沢一郎の九三年の著書『日本改造計画』でも触れており、政治改革推進派にはこちらの方が「常識」だった。幹事長や政調会長ら与党首脳を入閣させ、経済財政政策は少人数の関係閣僚による「閣僚委員会」で一元的に決定する「政府と与党一体の責任ある政権枠組みの確立」を説いた。

英国では、与党実力者が無役のままで内閣と異なる主張を公然と展開するとか、自民党政調会のような与党の事前審査で政策決定に陰に陽に影響力を及ぼすような場面は見られない。政府の役職に就いていない政治家と官僚は原則として接触禁止だ。政治家は首相、閣僚や副大臣といった政府の役職を通してのみ、官僚に政治的影響力を行使できる。

省庁再編で経済財政諮問会議が発足すれば、財政首脳会議は屋上屋を架すと見て廃止するのか。諮問会議とは別の政治的調整の場として併存させるのか。論争は白熱した。

森は省庁再編に備えた十二月五日の内閣改造後の記者会見でも「政府と与党が一緒になって協議する、方針を決めることが大事ではないか」と首相主導の財政首脳会議の存続にこだわった。だが、与党側が「諮問会議が発足するので、もう必要がないという認識だ。二重構造みたいなことは止めた方がいい」（自民党幹事長の古賀誠）などと廃止への流れを創った。

自民党には与党主導の政策決定を手放すつもりなどなかった。むしろ、内閣と与党の二重権力構造の一端を表にさらけ出す狙いがあった財政首脳会議。その廃止だけなら、二重構造が再び水面下へ沈んでいくだけだった。「双頭の鷲」は新世紀にも生き延びる。

第四章
小泉純一郎の革命

第16回経済財政諮問会議に臨む小泉純一郎首相(左)。右は竹中平蔵経済財政相
(2001年8月28日撮影　写真©AFP=時事)

第四章関連年表

2000年（平成12）	11月21日　衆院本会議で森喜朗内閣不信任決議案を否決、「加藤の乱」は不発
2001年（平成13）	1月6日　中央省庁再編が始動、第1回経済財政諮問会 4月24日　自民党総裁選で小泉純一郎氏が橋本龍太郎氏らを破り当選 4月26日　小泉内閣が発足、経済財政相に竹中平蔵慶大教授を起用 7月29日　参院選で自民党が大勝 9月11日　米同時多発テロが発生
2002年（平成14）	1月30日　小泉首相が田中真紀子外相を更迭 9月17日　小泉首相が北朝鮮を訪問、金正日総書記が日本人拉致認める 9月30日　小泉首相が内閣改造。竹中氏が金融相を兼務
2003年（平成15）	9月20日　自民党総裁選で小泉首相が再選 9月22日　小泉首相が第2回改造内閣を発足、自民党幹事長に安倍晋三氏 11月9日　衆院選で自民党が第1党を堅持、第2次小泉内閣へ 12月15日　イラクでの人道復興支援に自衛隊を派遣
2004年（平成16）	5月22日　小泉首相が2度目の北朝鮮訪問 7月11日　参院選で自民党が議席減も小泉首相は続投 9月27日　第2次小泉改造内閣が発足、竹中氏を郵政民営化相に
2005年（平成17）	6月28日　自民党が郵政民営化法案の修正を総務会の多数決で党議決定 7月5日　衆院本会議で郵政民営化法案を5票差で可決 8月8日　参院が郵政民営化法案を否決、衆院解散 9月11日　衆院選で自民党が296議席を得て圧勝、与党で3分の2超す 10月31日　第3次小泉改造内閣が発足、安倍氏が官房長官に
2006年（平成18）	8月15日　小泉首相が靖国神社に参拝 9月20日　自民党総裁選で安倍晋三氏が麻生太郎氏、谷垣禎一氏を破り当選

1 「自民党をぶっ壊す」宰相

✝世論背に「経世会」倒す

政権交代の可能性を組み込んだ政治改革と、首相のリーダーシップ発揮を支える橋本行革。一九九〇年代のこれら統治機構改革は、パソコンにたとえればハードウェアの整備だった。二〇〇一年一月、橋本行革に基づく省庁再編が始動し、この新たな統治システムを誰がどう運用するのか、ソフトウェアの試行錯誤が本格化する。その先頭ランナーは、皮肉なことに、衆院への小選挙区制導入にとことん反対した「変人宰相」の小泉純一郎だった。

小泉は三代目の世襲議員だ。初当選前に元首相の福田赳夫の下足番として修業し、一九七二年の総裁選で福田が田中角栄に敗れた激烈な「角福戦争」も目の当たりにした。福田直系として大蔵族の道を歩む。田中派系統の牙城だった郵政三事業の民営化を、党内で早くから、たった一人で主張。田中派－竹下派（経世会）－小渕派－橋本派と権力中枢を占め続けた最大派閥の系譜に常に敵愾心を燃やし、政治家人生は反主流色を帯びてきた。

〇一年春。首相の森喜朗の支持率はどん底だった。夏に参院選を控え、危機感を強めた自民党最大派閥の橋本派や連立を組む公明党が「森降ろし」に動く。森は三月十一日、幹事長の古賀誠らに九月の総裁選の前倒しを指示する形で退陣を表明。小泉はとうとう三度目の出馬を決意すると、会長を務めていた森派を離脱し、田中真紀子と組んで「脱派閥」を旗印に掲げて打って出た。橋本派では前幹事長の野中広務が出馬を断念し、元首相の橋本龍太郎が再登板を目指して名乗りを挙げる。政調会長の亀井静香、経済財政相の麻生太郎と計四人が立候補した。

派閥力学では橋本優位と見られた中で、カギは地方議員・党員の声を重視する総裁選ルールの変更だった。従来は国会議員は一人一票（計三百四十一票）で、地方の各都道府県連に各一票ずつ（計四十七票）配分していたのを、地方票を各三票（計百四十一票）に増やした。「開かれた総裁選」を求める地方組織の突き上げを受けた形で、森が古賀に要請した。これが世論調査の支持率ならトップだった小泉の「まさか」の圧勝への伏線となったのである。

森の地元の石川県連が、予備選の一位が三票を総取りするルールを決めると、大半の地方組織がこれにならった。四月十五日、小泉が演説した東京・渋谷のハチ公前広場を党員ではない聴衆が埋め尽くし、一万人を超えた。世論の支持を背にした「小泉劇場」の開幕だった。

「最大派閥の支援なく首相になった人はこれまで一人もいない。私が勝てば、それなくして誕生する初の総裁になる。自民党が変わろうとしないなら、私が自民党をぶっ壊す！」

四月二十一日、都内の有楽町マリオン前。小泉はこう叫んだ。二十四日の国会議員投票を前に地方組織が次々に予備選の結果を公表し、地方票百四十一票のうち百二十三票をさらう「小泉旋風」が吹き荒れた。議員投票はもはや形だけになり、亀井は立候補を取り下げる。永田町だけの「派閥の論理」では勝ち目の薄かった小泉が、世論の追い風で権力を奪取した。

政界で「変人」扱いを受けても「投票率が上がると選挙に勝てない自民党に未来はない。無党派層は宝の山だ」と永田町の外に目を向けてきた孤高の政治家の乾坤一擲だった。

†派閥衰微見抜き独断

「どうです。驚天動地の人事でしょう。これでよろしくお願いします」

四月二十六日午後、首相官邸。国会で第八十七代首相に指名された小泉純一郎は、自民党幹事長の山崎拓、参院議員会長の青木幹雄ら新執行部に組閣名簿を提示した。沈黙が支配した。文字通り「驚天動地」の布陣と独断専行の決定に、出席者は言葉を失っていた。

外相の田中真紀子ら女性が五人。経済財政相の竹中平蔵（慶大教授）ら民間人が三人。気心知れた森派から、官房長官の福田康夫を続投させ、財務相に長老の塩川正十郎を配したが、最大派閥の橋本派からは二人だけ。幹事長には小派閥の長に過ぎないが、絶大な信頼を置く盟友の山崎を据え、橋本派は三役から外す冷遇。長年の慣行だった派閥領袖からの入閣候補の推薦には一切、耳を貸さず、誰にも相談せずに派閥均衡の人事をぶっ壊した。

古巣の森派を率いる森喜朗などからの攻勢は凄まじく、構想を練る小泉は前日の二十五日、電話をした記者に「派閥からの圧力がすごい。プレッシャーが……」とうめいた。だが、憲法六十八条は閣僚の任免は首相の権限としており、独断専行は不可能ではなかった。

小泉は政治改革以降、空洞化し始めた派閥の実態を見抜いていた。一人しか当選できない小選挙区制では派閥の選挙応援より、党の公認が重みを増した。政治資金規正法の強化と政党助成制度の導入で、資金面でも求心力が派閥から助成金を配る党執行部に移った。

最大派閥の橋本派を見ても、実質的なオーナーで元首相の竹下登、首相在任中に病に倒れた小渕恵三、脱会した梶山静六が前年に相次いで死去。急速に実力者に駆け上がった野中広務と、竹下の秘書出身で参院のドンとなった青木幹雄の確執も表面化して、結束力に陰りを見せていた。一九八八年に竹下改造内閣で厚相として初入閣した小泉は「反経世会」を公言しながらも、竹下直系の青木とは長年の親交を結んでおり、首相登板後もパイプを維持した。逆に郵政族を牛耳る野中は徹底的に干し上げ、橋本派の分断を画策し続ける。

もう一つ、小泉が派閥秩序の衰微を確信したのは、二〇〇〇年十一月の「加藤の乱」だ。不人気な森への野党の内閣不信任決議案に、YKKトリオを組む元幹事長の加藤紘一と山﨑が倒閣を狙って賛成に走ろうとした。小泉は「財政出動などの政策では森首相を支えないが、政局では支える」と断言し、幹事長だった野中らと呉越同舟で加藤鎮圧に動いた。

野中は加藤派幹部の古賀誠と気脈を通じ、次の選挙での公認権を切り札に同派議員を切り崩した。「選挙、カネ、人事」で丸抱えされ、いざ権力闘争となれば、全員が「右向け右」で一致団結して親分に従うのがかつての派閥の本質。なのに、加藤派は真っ二つに割れ、「乱」は無残な腰砕けに終わる。所属議員から見て、選挙やカネで派閥はもはや絶対でも何でもなくなっていた。「乱」鎮圧から半年も経たず、小泉は世論の政治不信に再点火し、三度目の総裁選に勝利した。加藤とも小泉とも親しい山﨑はこう振り返っている。

「「加藤の乱」こそ小泉政権を生んだ、といえるのではないかと感じている。「自民党をぶっ壊す」きっかけを作ったのは加藤であり（中略）加藤は期せずして小泉の踏み台となった。その媒介をしたのが私、ということになるのもまた、事実だった」（『ＹＫＫ秘録』）

派閥の存在意義として、それでも根強く残る、と党内で信じられていた人事調整機能の破壊に手を着けたのが、小泉だった。それはあっけなく実現した。やれば、できたのだ。

✝構造改革の司令塔・竹中

「これから凄まじい戦いが始まる。戦場に行く決意だ。一緒に戦って欲しい」

小泉が構造改革の司令塔、経済財政相にこう口説き落としたのが、慶大教授の竹中平蔵だ。

この十年ほど前から小泉を囲む勉強会に加わり、総裁選でも政策作りなどを手伝ってきた経済学者。その脳裏に谷村新司が作詞・作曲した「階（きざはし）」の一節が鳴り響いた。

「時が来れば野を駆けても　行かなけりゃ行かなけりゃ　悔やむ気がする」

五月七日の衆院本会議。小泉は初の所信表明演説で「聖域なき構造改革」を打ち出した。「構造改革なくして日本の再生と発展はない」の信念のもと、経済、財政、行政、社会、政治の分野での構造改革を進めることで「新世紀維新」ともいうべき改革を断行したい」

構造改革の象徴として、長年の持論である郵政三事業の民営化にも意欲をあらわにした。橋本行革の方針に沿い、まず〇三年に公社化したうえで「その後の在り方は早急に懇談会を立ち上げ、民営化問題を含めた検討を進め、具体案を示す」と明言したのだ。

内閣が新たな政策を実行するため国会に提出する予算案や法案は、与党・自民党の政調会や総務会で事前審査・承認を受けるのが慣行だ。ただ、首相の国会演説はその対象外だった。小泉の指示で演説草稿に手を入れた竹中は「この演説草稿に何を織り込むかが、政策の方向性をまさに首相主導で決める際の決め手」だと気づき、以後もフル活用する。

「改革なくして成長なし」はバブル崩壊後の積極財政路線から、財政健全化路線への転換も意味した。「〇二年度予算では、財政健全化の第一歩として国債発行を三十兆円以下に抑える」と新規国債の三十兆円枠を掲げる。いずれも総裁選から主張し続ける公約だ。

小泉は五月九日の民主党代表・鳩山由紀夫への答弁で「改革には必ず抵抗勢力が出てくる。恐れず、ひるまず、断固として初志を貫きたい。私の内閣の方針に反対する勢力はすべて抵抗勢力だ」と宣言。同党の枝野幸男が「郵政三事業は民業圧迫では」と水を向けると、「商品券は民間企業が配達してよいが、地域振興券は民間企業が配達しちゃいかんという旧郵政省の訳の分からない論理は、小泉内閣には通用しない」と演壇を叩いて絶叫した。

小泉は政調会の各部会から政策論議を積み上げ、総務会の全会一致で決める自民党システムには頼れなかった。財政健全化路線への転換による公共事業費の大幅削減などには、最大派閥の橋本派を中心に党内の猛反発が必至。歳出削減のような「身を切る改革」は党内調整に委ねては埒があかない。しかも「抵抗勢力」は与党内論議に時間をかける、との口実で小泉の政策決定を立ち往生させ、直ちに倒閣運動に走りかねない不穏な構えだった。

†「お白洲」経財諮問会議

そこで小泉が着目した舞台装置が、〇一年の省庁再編で誕生した経済財政諮問会議だ。首相を議長に経済財政相、財務相、総務相、経済産業相、官房長官と日銀総裁、民間議員四名で構成する。首相主導で予算編成の基本方針を審議する権能を持つ。前首相の森喜朗は民間議員にウシオ電機会長の牛尾治朗、トヨタ自動車社長の奥田碩、大阪大教授の本間正明、東大教授の吉川洋を任命。六月に構造改革の「骨太の方針」を打ち出す予定だった。

小泉は組閣時の首相談話で「私は自ら経済財政諮問会議を主導するなど、省庁改革により強化された内閣機能を十分に活用し、内閣の長としての首相の責任を全うしていく」と指導力発揮に決意を示した。五月十八日、竹中が司会する最初の諮問会議でこう号令する。

「『構造改革なくして景気回復なし』、七日の所信表明演説に盛り込んだ考え方、大方針、これを肉付けしていただくための最も重要な会議と言っても過言ではない」

竹中は「骨太の方針」作りの流れを引き継ぎ、難題の金融機関の不良債権問題の解決や、小泉流の構造改革路線に沿う経済財政運営と成長力強化のシナリオを打ち出そうと構想した。パソコンを叩いて一枚紙の論点メモを作り、最初の会議の前に民間議員に見せた。たまたま、四人とも旧知の間柄。四人の後押しを受けた竹中は第一回会議でこう強調した。

「次回は私と民間議員で相談させていただき、皆さんのご意見を踏まえた「骨太の方針」の検討案、目次プラス、エッセンスを書いたようなものをぜひお出ししたい」

竹中は「竹中と民間議員」が「骨太」の原案を起草し、策定作業の主導権を握る姿勢を明確にした。各省からの議論の積み上げを待たず、小泉直結でトップダウンで事を運ぶ思惑だ。自らの記者会見やウェブサイトで議事内容や提出資料を素早く公開し、国民と対話するタウンミーティングなどで世論を吸い上げる「オープン・ディスカッション方式」も強調した。情報開示で、小泉改革のどこに誰が反対しているのか浮き彫りにする狙いだった。

竹中は経産省の岸博幸や財務省の高橋洋一といった「脱藩官僚」、政務秘書官の真柄昭宏ら側近グループとの「裏会議」で戦略目標を練る。それを基に、民間議員四人が連名で急進的な提言「民間議員ペーパー」を諮問会議に出す。一定の妥協は織り込んで七十～八十点での着地を狙う「高めのボール球」だ。民間議員と反対する閣僚らとの激論の末、最後は小泉の「首相裁断」で一件落着――竹中は会議の進行役として試行錯誤を重ね、「お白洲」と呼ぶこんな独特の舞台回しを築き上げていく。

†与党・財務省の右往左往

小泉と竹中が諮問会議で予算編成の指針ともなる「骨太の方針」作りを加速したので、脇に置かれた与党には戸惑いと反発が広がった。六月一日の自民党総務会ではこんな声が出た。

元官房副長官の鈴木宗男「諮問会議はどうも議院内閣制を理解していないのではないか」

元外相の武藤嘉文「基本方針を創るのは良いが、あまり個別問題に入るのはいけない」

内閣が政策で新機軸を打ち出すなら、まず与党自民党の事前審査を受けるのが、五五年体制以来の「双頭の鷲」型システムの常識。だが、小泉は「気にせずどんどんやってくれ」と竹中の背を押し、首相主導で突き進む。自民党は五日の政調幹部会議に竹中を呼びつけるが、竹中が「予想より紳士的」と拍子抜けするほど、戸惑いが先に立っていた。七月の参院選を前に、世論を背にする小泉と事を構えるのはためらわれた。「骨太の方針」の重みもまだ判然とせず、年末の予算編成で巻き返せば間に合う、と甘く見た向きもあった。

近年の比較研究によれば、財政改革のカギは政策決定プロセスの集権化と透明化だとされる（田中秀明『日本の財政』）。第三章で見た橋本内閣の財政構造改革会議も森内閣の財政首脳会議も、時の首相が、それまで密室に陣取ってきた与党の実力者を官邸の大会議という磁場に引き寄せ、トップダウンで事を運ぼうとした点は共通する。経済財政諮問会議も集権化と透明化を兼ね備えた舞台装置だが、与党統制策が欠けていることを財務省などは懸念した。だが、小泉は派閥の衰微も見て取り、いざとなれば与党を無視して強行突破する腹をくっていたのだ。

小泉は「骨太の方針二〇〇一」を六月二十六日に閣議決定した。真っ先に「不良債権問題を二、三年以内に解決する」とうたった。その「集中調整期間」は低成長も甘受するが、シュンペーター流の「創造的破壊」の論理に立って、経済資源を効率の低い部門から成長分野に回す構造改革の断行を打ち出した。「特殊法人・郵政三事業の民営化」や「国債発行を三十兆円以下に抑制」など小泉の看板政策も並べた。「官から民へ」や「国から地方へ」の哲学のもとに、公共投資の大幅削減、社会保障制度や地方財政の抜本改革を掲げた。

骨太〇一を「改革のバイブル」と呼ぶ竹中。諮問会議のスタッフ体制も手探りで、表の事務方の内閣府では、旧大蔵省出身の政策統括官・坂篤郎は遠ざけた半面、東大教授から政策統括官に就いた岩田一政（旧経済企画庁出身）を重用した。財務省に頼ると、財政再建至上主義に堕しかねない、と警戒したわけだ。経産省には密かに協力を求めたが、断られた。橋本行革の旗を振ったのは旧通産省なのに、経産省は竹中と諮問会議に背を向ける。〇二年に政策研究大学院大教授の大田弘子が内閣府に入り、統括官まで務めて実務スタッフの中核を担った。

七月の参院選で自民党を圧勝させた小泉。八月三日の諮問会議で、首相主導のアクセルを踏み込む。〇二年度予算の概算要求基準（シーリング）をトップダウンで決めたのだ。国債三十兆円枠を達成するには、三兆円の歳出削減が必要だと説く財務省にこう命じた。

「主計局長の話を聞いていると、財務省は相変わらず今までの慣例を踏むという考えだ。無駄な部門を五兆円削減して、必要な部門を二兆円増やすと三兆円削減できる」

民間議員提言の「無駄の五兆円削減＋重点分野の二兆円上積み」を小泉は丸のみした。自民党をカヤの外に置き、前例なき予算の組み替えの旗を振る諮問会議。財務事務次官の武藤敏郎が慌てて首相官邸に駆け込み、再考を促しても小泉は受けつけない。八月十日に閣議了解したシーリングで、公共投資や一般政策経費は前年度比一〇％の大幅減とした。この後、夏休みを神奈川県箱根町で過ごした小泉は、竹中とじっくり話し込むと「やっぱりあの諮問会議だよな、大事なのは」とつぶやく。諮問会議が「司令塔」の座を固めた瞬間だ。

†影の司令塔と「特命チーム」

小泉内閣は船出早々から外相の田中真紀子が資質を疑わせる言動を連発し、外交では官房長官の福田康夫が重みを増していた。経済政策では竹中平蔵が構造改革の司令塔を演じ始めた。その舞台裏で、政権運営の危機管理に腐心し、霞が関の官僚機構ににらみを利かせて、首相官邸を引き締める「影の司令塔」がいた。首席首相秘書官の飯島勲である。

長野県出身で、苦学して特許事務所に勤めた飯島。一九七二年の小泉の初当選直後に秘書に転じた。小泉が縁の深い旧大蔵省や旧厚生省など霞が関から、捜査当局やメディアまで人脈と情報網を張り巡らせた。小泉内閣の閣僚で政治資金などの不祥事で辞職を強いられる事例はほぼゼロ。入閣前に身辺を点検する飯島独特の「身体検査」が奏功したからだ。

小泉の与党内での権力基盤は極めて脆弱だった。飯島は「夏の参院選まで三カ月持つかどうか、必死だった」と長期政権など想定外だったと回顧する。小泉が毎日、テレビカメラの前に立ち、メディアのインタビューを受け続けたのも飯島の機略だが、世論の高い支持率が唯一最大の頼りだったからでもある。小泉は短く、歯切れの良い言葉遣いで単純明快なメッセージを発信して「ワンフレーズ・ポリティクス」や「小泉劇場」と呼ばれる。

飯島は組閣と並行し、官邸の事務方トップで、霞が関の官僚機構のドンともいえる官房副長官の古川貞二郎（元厚生事務次官）に官邸スタッフの増強策をこう直談判していた。

「首相の責任・権限は以前とは比較にならないほど大きくなり（中略）抵抗勢力を向こうに回して構造改革を断行しようとするときに、いかに一騎当千の人材を秘書官に揃えたとしてもわずか五人の首相秘書官体制というのはいかにも貧弱である」（『小泉官邸秘録』）

最初は財務、外務、経済産業、警察の四省庁から事務担当の首相秘書官を出向させる慣行を変えようかと思案した。結局、この慣行は維持したが、新機軸として総務、厚生労働、国土交通、文部科学、防衛の五省庁から、秘書官より年次が若い課長級を小泉直属の内閣参事官として官邸に常駐させた。通称「特命チーム」だ。どの役所にも小泉の意向を直接、浸透させ、官僚に官邸の方を常に向かせる狙いだ。文科省は後に農水省と入れ替える。

飯島は「首相は二十四時間、首相であり、秘書官・参事官はその首相を等しく支える「チーム」でなければならない。これは事務の仕事、これは政務の仕事などという「縦割り」では首相を支えられない」と説いた。官邸での昼食は秘書官・参事官全員で小泉を囲むように心がけ、宰相の気分や関心事を「特命チーム」にも本人の生の言葉で共有させた。

小泉は政権発足直後、ハンセン病訴訟で国に損害賠償を命じた熊本地裁の判決への対応に苦慮した。控訴期限が目前に迫った五月二十三日。患者救済を重んじた福田や古川の進言を踏まえ、厚労省など事務当局の既定方針だった政府による控訴の断念を決断する。

同日朝に古川から小泉の決断を耳打ちされ、「反省とおわび」を表明する首相談話の原案を急遽書き始めたのは「特命チーム」の厚労官僚、香取照幸（後に年金局長）である。

小泉が政府・与党首脳を集め、コペルニクス的転回を告げたのは夕刻。当時の厚労事務次官・近藤純五郎は「首相の心情をくみ、厚労省の事情も理解しながら、たった半日で方針転換を消化して歴史的な首相談話と政府声明を起草できたのは、官邸の空気を肌で感じていた香取参事官しかいなかった」と振り返っている。「特命チーム」の初陣だった。

財務省・旧大蔵省は長く権力中枢を占めた最大派閥の橋本派と密接な関係を築いた。財政規律に厳しい大蔵族ながら一匹狼型の小泉はさほど当てにしてこなかった。ただ、飯島は財務官僚にも人脈は広く、当時の現役で最も信頼したのが次官の武藤だ。財務省が首相秘書官に送った丹呉泰健も厚生担当主計官の経験者。旧知の小泉と飯島にぴたりと寄り添った。

飯島は、小泉と面会する際に人払いを求める竹中とは反りが合わなかった。財務省を筆頭に、小泉に直接は言いづらい竹中への不満や批判を抱えた各省の「駆け込み寺」となる。

✝「族の御三家」切り込む

ラルフ・ローレンの青いボタンダウンシャツにベージュのチノパンツ、足元は茶色のローファー。カジュアルな服装の小泉が、ワシントン郊外のキャンプ・デービッドにヘリコプターで降り立ったのは六月三十日のことだ。米大統領ジョージ・W・ブッシュは構造改革を叫び、圧倒的な高支持率を誇る小泉をいきなり自分専用の保養地へ招いてもてなした。

小泉「映画『ハイ・ヌーン（真昼の決闘）』をご存知か。ゲーリー・クーパーが演じた保安官は一人で四人の悪漢と対決した。米国精神の象徴だ。私も一人でも抵抗勢力と戦う」

ブッシュ「正しいことのために立ち上がり、難事を成しとげる精神は首相にも感じる」

一挙に意気投合したブッシュとの蜜月関係は、小泉の政権運営の強力な支えとなる。九月十一日に米同時テロが起き、ブッシュは報復としてアフガニスタン戦争を始めた。国内景気は悪化し、自民党から公共事業を含む大規模な補正予算の編成論が浮上する。竹中平蔵も「このままではマイナス成長になる」との危機感から「中規模補正」を主張した。

ただ、小泉は持論の国債発行三十兆円枠を〇一年度から適用すると明言していた。この枠を守るなら、補正で国債の増発は一・七兆円まで。その使い道も税収減の補填や災害復旧費が優先になる。財務相の塩川正十郎は既定の歳出削減で何とか一兆円を捻出し、雇用・中小企業対策や構造改革の後押しに重点配分する第一次補正予算の編成を主導した。

竹中はこれでは不十分だとして「金庫番的発想で財政健全化を貫けば、経済を失速させる」と財務省批判を強めた。直ちに二次補正を画策するが、肝心の小泉が三十兆円枠を断固、譲らない。自民党の「抵抗勢力」が景気対策に絡めてこの枠を突破させ、公約違反を言い立てて小泉打倒を狙う策略だと見たからだ。三十兆円枠は政局マターと化していた。

小泉は竹中に「武藤財務次官と相談してくれ」と耳打ち。財務省も知恵を絞った。武藤が竹中に示したのは、国債償還の原資として特別会計に積み立てた日本電信電話（ＮＴＴ）株の売却収入二・五兆円を補正財源に回す奥の手だった。小泉はこの後も竹中に武藤との意見調整をしばしば、命じた。二人の秘密協議は〇三年一月の武藤退官までの間に数十回も持たれる。小泉は表の竹中・諮問会議と裏の武藤・財務省を両輪として使い分けたのだ。

「これは権力闘争なんだ。角福戦争以来、橋本派に至る田中派系の派閥と一貫して戦ってきた政治家は俺しかいないじゃないか。連戦連敗だったが、今度は俺が権力を握ったんだから」

「自民党をぶっ壊す」と宣言し、国債三十兆円枠を譲らない小泉は、武藤らにこう闘争心を漏らした。「郵政、道路、厚生。既得権を守る族議員の力が最も強い御三家を変える」と語気を強める。最大派閥の橋本派の支持なしで総裁選に勝ち、組閣人事でも同派を黙殺した。道路族や郵政族は、議員立法で道路特定財源を編み出し、郵便局網の整備や電波行政を牛耳った田中角栄以来の同派の牙城。厚生族でも日本医師会と通じる第一人者を自任したのは橋本龍太郎だ。

「自民党をぶっ壊す」は「旧経世会をぶっ壊す」に直結した。

旧大蔵省が郵便貯金や年金から資金の預託を受け、高速道路を建設する日本道路公団などの特殊法人に流してきた財政投融資制度。小泉はこの財投が非効率な事業で不良債権化し、政官を増す保険財政の立て直しに向けて、三者三様で痛みを分かち合う改革だ。

き上げる。医療機関が受け取る診療報酬は引き下げる。高齢化による医療費の急膨張で厳しさ

リーマン本人の患者自己負担を二割から三割に引き上げる。企業も併せて負担する保険料を引

並行して小泉が〇二年度予算で切り込んだのが、医療保険の「三方一両損の改革」だ。サラ

省出身の道路公団総裁、藤井治芳の更迭など「小泉劇場」を象徴する騒動が続く。

敬や作家の猪瀬直樹ら有識者を集めた推進委員会が内部対立し、空中分解してしまう。旧建設

財政的な改革の大枠はこれで固まった。民営化後の経営形態を巡っては、新日鉄会長の今井

国土交通省が協議して国と地方の負担で取り組む新しい直轄方式を導入する。

する枠組みを固めた。高速道路の建設計画のうち、不採算路線は公団から切り離し、財務省と

道路公団への三千億円の国費投入も打ち切り、三十八兆円の公団債務は五十年を期限に返済

量税といった道路特定財源に余剰が生じると、すかさず一般財源化も指示した。

小泉は〇二年度予算で道路整備を含む公共事業費を一〇％削減。これで揮発油税や自動車重

ら、出口に居並んだ特殊法人改革の代表例が、道路公団の民営化だ。

へ」の構造改革の象徴として、郵政三事業の民営化を見据える。これが資金の入り口の改革な

場で小泉が粘った結果、郵貯の預託義務は〇一年度に廃止された。小泉はさらに「官から民

業一体の既得権の温床でもあると長年、問題視してきた。第三章でも見たが、橋本行革の土壇

診療報酬下げに医師会と自民党が総反発。身動きできなくなった厚労省に、小泉は「マイナスと言ったらマイナスだ！」と机を叩いて檄を飛ばす。前例のない二・七％の引き下げを首相裁断で断行し、三千億円の歳出を削減。国債三十兆円枠を辛うじて守った。

†膝打った内閣一元化

政治改革の旗を振り、「政治主導」を追求する「新しい日本をつくる国民会議（21世紀臨調）」会長の亀井正夫、代表幹事で国際基督教大教授の西尾勝（行政学）らが十一月十九日、小泉と面会した。持参したのは提言「首相主導を支える政治構造改革のあり方」だ。

小泉は族議員が跋扈する自民党政調会と霞が関の官僚機構が結託した「縦割り・積み上げ・全会一致」の与党事前審査を脇に置き、派閥のコンセンサスも無視して首相主導の政策決定を志向した。党内では「与党軽視は議院内閣制に反する」と反発が噴き出した。

21世紀臨調の提言は、与党事前承認とそれによる早期の党議拘束は議院内閣制の原則などではなく、日本独特の政治慣行に過ぎないと「廃止」を訴え、小泉に軍配を上げた。

「日本政治に求められている政治主導とは「首相を中心とする内閣主導」のことであり、政治家個人が個々の行政決定に介入する「政治家主導」でも、政権入りしていない与党議員や与党機関が内閣や省庁の政策を左右しようとする「与党主導」でもない」

提言はこう説き、内閣と与党が「双頭の鷲」のように二元化し、与党が内閣を左右してきた自民党システムを「責任の所在が曖昧になるなどの深刻な弊害をもたらしている」と断じた。英国やドイツなどに与党事前審査の慣行はないとして「政府と与党の指導体制を首相を中心とする内閣のもとに一元化する」のが議院内閣制の本来のあり方だと強調した。

与党の事前承認なしでも「内閣は独自の判断で法案を国会に提出できる」のが憲法の原則だとし、党議拘束の時期を遅らせて「与党議員も国民注視の国会の場で十分な審議をおこない、必要な修正を加えれば良い」と国会改革を促した。党政調会は議員立法の立案や「次の選挙に臨む党綱領や選挙公約の立案の場として、その役割を転換していく」とした。

臨調がかねて内閣一元化の象徴として提唱してきたのは、英国のように幹事長や政調会長、国会対策委員長ら与党幹部も無任所相や官房副長官など内閣の役職を兼務させる姿だ。今回の提言では閣僚だけでなく、副大臣、政務官の選任も派閥推薦をやめて首相が人事権を掌握し、内閣の方針の下で結束力の高い「政治家チーム」を各省に送り込むよう求めた。

これらにより、政策決定から国会対策まで、首相主導で内閣が切り盛りする。権限と責任を兼ね備える内閣に結集した政治家集団が、官僚機構を統御していく姿を描いた。政府の役職に就かない与党議員と官僚の接触は原則として禁止し、利権に絡む「口利き」などをなくす。与党事前審査と表裏一体で「縦割り・積み上げ・全会一致」システムを支える政府の事務次官等会議にも「法制上の根拠を何ら有するものではない」と見直しを求めた。提言を受け取った小泉は「実によいタイミングで力強い提言をいただいた」と膝を打った。

小泉は記者団に「与党の了承に法的根拠はない。私のやり方は政治学的にも問題がない」と「双頭の鷲」をぶっ壊す首相主導にお墨つきを得た、と胸を張る。すぐさま党総裁直属機関・国家戦略本部の事務総長・保岡興治を呼んで「党の歴史や慣行はあるが、過ぎたるは及ばざるがごとし。政策決定は内閣に一元化するべきだ」と具体策の検討を指示した。

党国家戦略本部は十二月二十六日、政治システムを巡る中間報告をまとめて「党の政策決定を内閣に一元化する」基本方針を打ち出した。「『党が決めなければ、内閣は何もできない』という現在のシステムは明らかに慣行に過ぎない」と認めたうえで「与党の事前審査手続き慣行については簡略化・合理化する新しいルールを検討する」と明記した。

小泉流の首相主導に押し込まれた自民党が、とうとう政策決定に非公式な権力を行使する源泉となってきた与党事前審査制の見直しを自ら口にしたのだ。同本部は翌〇二年三月十三日、これを具体化する最終報告を取りまとめる。「長年の慣行である事前承認制は廃止する」とうたい、首相が無任所の政策調整相を任命して政調会長を兼務させたり、副大臣・政務官を政調会の各部会長などを兼任させたりして、内閣一元化を目指すとした。

ただ、小泉はこうした党改革の機運を高めて「抵抗勢力」を揺さぶって見せたものの、国家戦略本部の報告書を党議決定へのプロセスに乗せるなど、制度化を一気に加速させる動きは取らなかった。政調会長の入閣は一向に実現しなかったし、副大臣・政務官人事では派閥均衡・順送りを容認し、むしろ党内に充満する反小泉ムードのガス抜きに使った。

小泉はこの先も郵政民営化などここぞという「抵抗勢力」との綱引きの場面で、与党事前審査をたびたびトップダウンで強行突破し、権力闘争に突き進む。半面、事前審査制を明示的に廃止し、内閣一元化をシステム化するような取り組みにはいまひとつ関心を示さなくなる。首相主導と言っても、英国型一元化を換骨奪胎した形で、小泉一人が屹立する「個人商店」にとどまり、内閣と与党の「双頭の鷲」は完全に死んだわけではなかった。

2　解散権と人事権の両輪

†郵政民営化の突破口

首相の小泉純一郎に最初の政権危機が訪れたのは〇二年一月だ。外相の田中真紀子が外務省事務当局と鋭く対立し、閣僚の資質を疑われるトラブルも頻発して迷走を重ねた。最後は外務省に強い影響力を振るい、真紀子とぶつかってきた衆院議院運営委員長の鈴木宗男と相打ちにする形で、小泉は真紀子更迭に踏み切る。だが、任命者としての責任論は免れない。日本経済新聞の世論調査で、前年十一月に七九％を誇った内閣支持率は、二月上旬には五五％へと急降下した。

政権に行き詰まり感が強まった四月の夜。小泉は行政改革相の石原伸晃、自民党行革推進本部長の太田誠一らを前に、ワイングラスを片手に「政局の話をしよう」と切り出した。

「俺は数など頼りにしない。皆、よってたかって俺を引きずり下ろそうとしているんだろう。内閣総辞職などしない。そこまで追い込まれたら、絶対に衆院解散・総選挙を打つ」

「小泉降ろし」には屈しない、と究極の「首相の権力」である解散権をちらつかせて見せた変人宰相。党内では政治的に追い詰められた証左とみなされ、「虚勢」「錯乱」などとまともには受け止められなかったのだが、真剣だった。争点は橋本行革に基づき、郵政三事業を公社に移行させるための法案。中でも小泉がこだわった郵便事業への民間参入法案を巡り、反小泉の急先鋒で元幹事長の野中広務ら郵政族議員との暗闘が激しさを増した。

郵政族は郵便への民間参入を認めれば、小泉が狙う郵政三事業民営化への「蟻の一穴」になる、と警戒した。法案を与党事前審査の最終関門である党総務会で承認せず、内閣が国会に提出するのを阻止する策動を見せる。すると小泉は幹事長の山崎拓にこう厳命した。

「これは党側も真剣に取り組んで欲しい。「小泉は本気だ」と言ってもらって構わない」

そのものズバリは言わなくても、「民間参入法案をつぶすなら解散」の腹をくっていた小泉。その強硬姿勢に押された総務会は四月二十三日、法案の内容は認められないが、国会への提出という手続きは了承する、と曖昧な形で道を渋々開けざるを得なくなった。

総務会長の堀内光雄は「内閣が勝手に出せ、と言ってしまうと、他の法案も与党にお構いなく提出するようになる。出すだけでも事前に党の了承を取らせた方が良い」と釈明したが、与党事前審査に風穴が開いた。半面、小泉にも誤算があった。郵便参入に意欲を見せてきたヤマト運輸が「全国に郵便ポスト十万本の設置」など法案の厳しい条件を見るや、実質的な民間開放効果が見込めない、と撤退してしまう。それでも小泉はこう譲らなかった。

「自民党が民間参入法案をつぶすならば、小泉内閣をつぶすのと同じだ。自民党が小泉内閣をつぶすか、小泉内閣が自民党をつぶすかの戦いになる。これは構造改革の本丸だ」

小泉は郵政公社化関連法案を「将来の民営化への一里塚」と位置づけ、この国会で何としても成立させる姿勢を鮮明にした。「小泉内閣をつぶすのと同じ」とは「小泉内閣の不信任と同じ」という意味で、これも与党に向けた解散の脅しだった。特に民間参入法案は無修正での成立に固執した。山﨑には「法案が行き詰まれば解散だ」とはっきり決意を伝えた。

土壇場で小泉は郵政公社の国庫納付金を減免するなど法案の一部修正には応じたが、四年間は民営化など経営形態の見直し論議はしない、との郵政族の要求は蹴とばした。政調会長の麻生太郎が小泉と郵政族の間で軟着陸に汗をかいた。七月三日、総務会は修正案を全会一致で了承し、法案賛成で党議拘束がかかる。郵政公社化法案は同月二十四日に成立した。

「支持率が高いから解散するとか、低いから解散しないとか言うが、関係ないんだ。支持率が一番下がっていた頃に、郵政関連の法案を通さないと言うから、これは真剣にやってくれ、と。解散するとは言わなかったけれども。そうしたら、抵抗勢力も分かったわけだろ、これは小泉は本気だなと。それで法案の優先順位で一番目になったわけだから」

小泉は約二カ月後、解散カードに手をかけた瞬間を旧知の記者に対しこう振り返った。

†電撃訪朝で政権再浮上

田中真紀子の外相更迭後、ジリジリ下がり続けて六月に四三%まで落ちた小泉の支持率。これをV字回復させたのは、国交のない北朝鮮への九月十七日の電撃的な訪問だった。

「先方に自分が訪朝するという意思を持っていることを、明確に伝えて構わない」

小泉が外務省アジア大洋州局長の田中均にこう告げたのは、日朝間の極秘交渉が行き詰まった六月だ。田中は〇一年秋から交渉を開始。日本人拉致を北朝鮮に認めさせて首相訪朝を実現し、共同宣言で核・ミサイル問題の解決や国交正常化への道筋も示そうと「大きな絵」を描く。

だが、首相訪朝前に拉致を認めよ、と迫っても北朝鮮は拒み続けた。その確約なしの訪朝となれば、小泉の背負うリスクが大きすぎるが、この好機は逃したくない。田中は思案の末、小泉に最終判断を仰いだ。小泉は賭けの要素を後にこう証言している。

「『オレが行くしかないなら、行こう』とかなり早い段階で決断した。行く場合、拉致問題はどの程度の感触なのかを詰めてくれ、と指示した。オレが行けば、最高指導者の金正日国防委員長も拉致被害者の情報を何がしかは出してくるだろう、という感触ではあった。でも、あそこまで出てくる（＝五人生存、八人死亡）というのは、実際に行ってからだ」

小泉は訪朝が実現したわけを「交渉を正規の外交ルート一本に絞り、他ルートを排除したこと、事前に情報が漏れなかったことだ。早くに漏れたら、つぶされていた」と語る。

情報を共有したのは首相官邸では官房長官の福田康夫と官房副長官（事務）の古川貞二郎。外務省でも新外相の川口順子、事務次官の竹内昭夫と田中らごく一握りだ。小泉自身が命じた厳格な保秘だ。田中は主に週末に第三国で二十数回の交渉に臨み、その前後に必ず小泉に面会して新聞の首相動静欄に自分の名前が載る工夫をした。小泉と田中がいかに一体かを北朝鮮に見せつけるためだ。やはり田中が手がけた一九九六年の沖縄県の米軍普天間基地の返還交渉と似た首相直結のトップダウン外交だった。これが激しい摩擦を生んだ。

カヤの外に置かれた官房副長官の安倍晋三や首席首相秘書官の飯島勲は、田中とその後ろ盾を自任した福田への不満を爆発させ、官邸内に深刻な亀裂が走った。外務省でも八月下旬、田中が北朝鮮側と極秘に練り上げた日朝平壌宣言の原案を初めて知らされた総合外交政策局長の谷内正太郎、条約局長の海老原紳らが「拉致事件への言及がぼかされており、不十分だ」「条約局に事前の相談がなかったのはルール違反だ」などと猛反発した。

八月三十日、福田が定例の記者会見で小泉訪朝を発表する直前、韓国メディアが先に速報を流した。叱責を覚悟して官邸に赴いた田中を、小泉は「よくここまで秘密が保てた」と労った。五年五カ月の政権担当中でも最大級の首相主導のサプライズの演出となった。

訪朝を前に「政治生命をかけるという言葉は、私は使わない。それほどリスキーなことだ」と山崎に漏らした小泉。九月十七日、リスク覚悟で日帰りで平壌に飛んだ。金正日は午後の第二回会談で拉致を認めて謝罪し、生存者の帰国と事実関係の調査を約束した。北朝鮮が通告してきた「五人生存、八人死亡」の情報で、国内世論には衝撃が走った。

訪朝に賛否両論が渦巻く中、十月の日経世論調査で内閣支持率は六一％へと急回復した。十月十五日には生存者五人が帰国。一時帰国の想定だったが、安倍らが政府の意思として北朝鮮に二度と戻すべきでない、と強硬論を主張し、五人はそのまま日本にとどまる。北朝鮮はこれに約束違反だと猛反発した。加えてブッシュ米政権は北朝鮮のウラン濃縮型核開発への疑惑を急速に強め、拉致事件の完全解決にも国交正常化交渉にも暗雲が垂れ込めた。

†閣僚に渡した「指示書」

訪朝の激震冷めやらぬ中、小泉が即応を迫られたのは、九月末の自民党役員の任期切れに伴う内閣改造・党役員人事だった。同月二十一日、次の外遊先のデンマークの首都コペンハーゲン。旧知の記者と向き合うと「人事は帰国してから考えるが、自民党が期待しているようにはなりそうもないな」とニヤリとした。核心に触れるようにこう語気を強めた。

「内閣改造はね、体制を強化するための改造なんだ！　構造改革を加速するためのものだ」

この場にいた首相秘書官の丹呉泰健は「構造改革の加速」と聞いて「首相は竹中平蔵経済財政相を代えるはずがない。塩川正十郎財務相も代えないだろう。となると、柳澤伯夫金融相を代えるのか」と直感した。かねて構造改革の急所として不良債権処理の加速を唱え、銀行が厳格な資産査定で自己資本不足に陥るなら公的資金の再注入も辞さない、と説く竹中と、これに否定的な柳澤の閣内対立が抜き差しならなくなっていた。だが、後任は誰なのか。

小泉の後見人を自任する前首相の森喜朗と、党内の最大派閥・橋本派にあって小泉との窓口となってきた参院議員会長の青木幹雄。二人の実力者は小泉に党内融和を説いていた。早い話が、派閥均衡を復活させる大幅改造の要求だ。特に構造改革を象徴する竹中の更迭と、小泉の盟友で幹事長の山崎拓の交代に照準を合わせた。だが、小泉は山崎に早くから「党三役は絶対に変えない」「幹事長降ろしのバッシングに耐えてくれ」と伝えていた。

森らの説得をよそに、小泉は改造待望論を逆手に取る。七月十日発行の月刊『中央公論』八月号のインタビューに応じ、構造改革に反対する「抵抗勢力」にこう宣戦布告した。

「夏から秋にかけて、小泉内閣の経済、財政、税制、(道路公団などの)民営化路線の基本方針を打ち出し、それに協力する勢力を大結集する。(自民党の)役員改選期になり、改造する場合は「この方針でいく」という旗を掲げて、役員はそれに協力する。反対してきた人も(閣僚や党役員になる場合は小泉に)協力する形にする方がすっきりする」

「抵抗勢力」との融和とは真逆の「改革勢力を結集するための内閣改造」を打ち出したわけだ。この『中央公論』には、政治改革と「政治主導」を追求する21世紀臨調とその主査である慶大教授・曽根泰教、政策研究大学院大教授・飯尾潤が連名で提言を寄せていた。

提言は、首相は閣僚に明確なマニフェストを提示し、支持を取りつけて入閣の「契約」を結べ、と人事権の戦略的行使を訴えた。これにより「閣僚は各省庁の代弁者ではなく、首相の方針を共有し首相の代理人たる「国務大臣」であることを徹底する」とした。英国型の内閣・与党一元化を推進するため、幹事長や政調会長らも入閣させ、与党事前審査制を廃止するよう重ねて求めた。小泉インタビューは、この提言に呼応した体裁を取った。

自民党には大幅改造への期待感がなお残るが、小泉は一顧だにしない。九月二十七日の党臨時役員会で山崎ら党三役の続投を宣言し、こんな内閣改造の「基本方針」を示した。

「これまでの経験と成果を踏まえて「改革なくして成長なし」との路線を確固たる軌道に乗せていく。このため以下の方針に基づき、構造改革を進める新たな体制を構築する」

デフレを克服し、〇四年度に不良債権問題を終結させる。道路改革や郵政民営化の準備など「官から民へ」「国から地方へ」の流れを加速する——こうした「基本方針」を内閣改造前に明示して、閣僚候補に「踏み絵」を迫る前例のない閣内ガバナンス（統治）の新手だった。

九月三十日の改造本番のサプライズ。小泉は柳澤を退任させ、金融相を何と柳澤批判の急先鋒だった竹中に兼務させた。党内で更迭論が強かった竹中を、あえて構造改革の「スーパー司令塔」に格上げする逆張りだ。財務、外務など重要閣僚は軒並み続投。新たな入閣は六人の小幅改造にとどめた。橋本派からは石破茂を防衛庁長官にしただけ。参院閣僚枠を一から二に増やし、青木系の額賀福志郎を幹事長代理にしたあたり、参院を牛耳る青木への配慮は示した。

小泉は全閣僚に一人ずつ「所管する政策分野に関する考え方」と表題をつけた指示書を手渡した。外相の川口順子には「省内人心の掌握」と「日朝正常化に向けたねばり強い交渉」。国土交通相の扇千景には「道路特定財源見直し」「土地流動化策」などへの取り組みを求めた。人事権者は派閥領袖ではなく、首相だ、とダメ押しする初めての試みだった。

†「陰謀は通用しない」

翌〇三年。九月の自民党総裁選で再選を目指した小泉は「抵抗勢力」と激突する。ここでも「小泉に陰謀は通用しない」と宣言。衆院の解散権と閣僚の人事権という憲法に由来する二つの「首相の権力」を最大限に駆使して権力闘争で一歩も引かない。舞台裏で政敵に頭を下げる、秘かに取り引きするなど根回しや懐柔による多数派工作には見向きもしなかった。

森と青木の実力者コンビが小泉に働きかけたのは、またも党内融和路線だ。通常国会が七月に閉幕した後、内閣改造・党役員人事で橋本派とも手打ちをして「挙党体制」を確立し、総裁選で円満な無投票再選を目指すべきだ、と繰り返し小泉に説いた。早期改造が嫌なら、せめて再選後に人心一新の大幅改造で「挙党体制」を構築すべきだと求め続けた。

片や小泉の盟友、山崎は連立を組む公明党と連携を深めていた。公明党は翌〇四年の参院選と、同年に任期満了を迎える衆院の総選挙が重なる衆参同日選を嫌った。支持母体の創価学会の意向だ。山崎は〇三年初、総裁選の前に衆院解散・総選挙に打って出て、そこで勝利すれば、総裁選も雲散霧消させられる、との戦略を進言するが、小泉は乗らなかった。

次に山崎らが画策したのは、九月の総裁選を前倒し実施したうえ、間髪入れず「十月解散――十一月九日投開票」で衆院選を断行する一手だった。政治日程を早めて、詰め込むことで総裁選での「抵抗勢力」の策動を封じ、小泉の無投票再選で押し切ろうというわけだ。

総裁選では、派閥単位の数合わせなら小泉が優位に立てるとは限らなかった。最大派閥の橋本派や亀井派、元幹事長の古賀誠が実権を握る堀内派などが大同団結し、反小泉統一候補を擁立すれば再選は危うい。だから、大幅改造を説く森―青木ラインも、総裁選前倒しを謀る山崎もどうすれば公選突入を回避し、無投票再選に持ち込めるかに腐心していた。

七月三日、小泉は与党党首会談で「衆院解散の時期は言えないが、連立の信義は守る」と公明党代表の神崎武法に告げた。同日選の回避と〇三年中の衆院選断行をにおわせた。山崎や神崎はここぞとばかり十一月九日投票説を流布し、早期解散ムードが強まった。

ただ、小泉は「総裁選は党の公選規程通りにやってほしい」と総裁選前倒し論はあっさり打ち消す。森―青木ラインとも山崎―公明党ラインとも全く異なる独創的な再選戦略を描いていた。切り札は解散権と人事権。その威力をぐっと増幅させるべく、第三のカードを繰り出そうとしていた。それが衆院選を見据えた「マニフェスト」という新兵器だった。

†新兵器・マニフェスト

前三重県知事の北川正恭と、政治改革の理論的支柱になってきた21世紀臨調が〇三年初め、英国にもならって「マニフェスト型選挙」の旗を振り始めた。従来の政党の選挙公約は「日本を改革します」「住みやすい街を創ります」といった曖昧でどうとでも読める美辞麗句が並びがちだった。それを止め、政策の数値目標や実行期限、財源などを互いに矛盾なく、後から検証しやすい形式で明示し、体系的な政策集として有権者に問う手法を提唱した。

四月の統一地方選挙で岩手県知事の増田寛也らが日本初のマニフェスト選挙を試み、勝利を収めていた。21世紀臨調はマニフェストを「政権公約」と呼ぶことにし、小選挙区中心の衆院選でもこれを広げて、政策本位の選挙に近づけようと狙った。そこへすかさず小泉が乗る。仕掛けの舞台はまたも月刊『中央公論』八月号の首相インタビューだった。

「総裁選で私が勝った場合は私の方針に従ってもらう。私の方針が国政選挙に臨む自民党の公約になる。（中略）私の方針に協力してくれる限り、従来の敵も抵抗勢力も関係ない。私の政策を支持し、改革に必要な人材には内閣で働いてもらいたい」

「私の方針」、即ち小泉マニフェストの柱が宿願の郵政民営化になるのは明らかだった。小泉は「横文字を使う必要はない。今まで通り選挙公約と呼べばいい」とか「有権者は詳しい公約など読まない。簡潔な一枚紙でいい」などと一見、気が乗らない素振りも見せた。

だが、「時の党首の方針に沿って党内の政策を統一する」や「マニフェストを通じて選挙で有権者と結んだ「契約」は、責任を持って実行しなければならない」といったマニフェスト型選挙の核心部分は直観でわしづかみにして、都合良く換骨奪胎したのである。

民間有識者で作る21世紀臨調は、政治改革から一貫して政党政治のインフラ整備を中立の立場から訴えてきた。自民党とも最大野党の民主党とも、マニフェストを議論してきたが、小泉とのコラボは三度目だ。内閣一元化。戦略的な人事権の行使。そしてマニフェスト。民主党への政権交代後、臨調は「野党時代の民主党は結構、21世紀臨調の考え方を評価していた。（中略）事実上、民主党のシンクタンク化した」（東大名誉教授の御厨貴、〇九年十一月十三日付の読売新聞朝刊）と思わぬ指摘を受けるが、臨調路線に先に乗ったのは小泉自民党だった。

旧・民間政治臨調が旗を振った衆院への小選挙区制導入を柱とする政治改革に、最も強硬に反対した政治家の一人が小泉だった。その小泉が小選挙区制がもたらした首相主導の潮流に乗り、臨調提言を政権運営のツールにフル活用する。皮肉な巡り合わせだった。

†胸に秘めた政界再編

衆院選初のマニフェスト型選挙に打って出る決意を明らかにした小泉。前年の内閣改造で入閣候補者に突きつけた構造改革の基本方針という「踏み絵」を、今度は自民党の公認候補者全員に踏ませようというわけだ。考えていた政権公約には「道路公団の民営化法案を来年の通常国会に提出する」「三年間で補助金を約四兆円削減し、税源を地方に移譲する」といった構造改革路線が並ぶ。中でも最重要政策として「郵政三事業の民営化を次期総裁任期の三年間で実現する」と宿願の郵政民営化に照準を合わせようとしていた。

案の定、郵政民営化を柱とする「小泉マニフェスト」という「踏み絵」方針に橋本派幹部で郵政族のドンでもある野中広務は「思い上がりもはなはだしい！　そういうことを言わない総裁を選ぶ」と激昂し、総裁選で反小泉統一候補の擁立を目指す策動を加速させた。それでも小泉は委細構わず、「抵抗勢力」に「踏み絵」を突きつける構えを崩さなかった。

「嫌だったら総裁を代えりゃいいんですよ。別の人にすればいいんですよ」

小泉が眺めていた風景は森や青木、山崎とはまるで違っていた。無投票再選などはなから望まず、「戦い」を求めていたからだ。むしろ進んで「抵抗勢力」を対抗馬擁立に追いやり、公選で正面から撃破した方が再選後の権力基盤はより固まると判断していた。「対決型の総裁選を恐れているのは俺じゃない。「抵抗勢力」の方なんだ」と見立てていた。

とは言え、必ず勝てる確信があったわけではない。そこで「抵抗勢力」の包囲網を打破するため、小泉が練った戦略は、派閥の合従連衡などとはまったく異次元のものだった。

まず九月に総裁選を予定通り実施し、再選すれば直ちに内閣改造・党役員人事に踏み切る。さらに間髪入れず十月に衆院を解散し、十一月総選挙を断行する。小泉は総裁選、内閣改造人事、衆院解散・総選挙という三つの大きな政治日程をこの順番で連結した。

この順序こそ小泉流の「可能性の技術」の極致だった。三位一体改革ならぬ「三位一体政局」だ。依然として高位安定の支持率を背景に、究極の切り札である解散・総選挙カードは先には切らず、最後に持ってくる。この三位一体政局を「政策本位」という大義名分を装い、串刺しにして貫く太い軸が、新兵器の「小泉マニフェスト」なのだった。

第一関門の総裁選で、自民党議員に劇薬の郵政民営化などマニフェストの「踏み絵」を踏ませる。そこで小泉を支持しなければ、第二関門の内閣改造で役職は与えない。さらに第三関門の衆院選でも反小泉勢力は支援しない、という二重三重の締め付け作戦。解散権と人事権という「首相の権力」を総裁選乗り切りに総動員するわけである。マニフェストは党首肝煎りの政策を党内に貫徹させ、実行体制を有権者に示すためのツールでもあった。

こうなれば、野中、元政調会長の亀井静香ら反小泉勢力は第一関門の総裁選で何が何でも小泉を倒すしかない。八月下旬、外遊先のチェコの首都プラハのホテル・ヒルトンのスイート。小泉は記者と向き合うと、勢いを増す対立候補擁立の動きを尻目に、こうつぶやいた。

「反小泉勢力は総裁選のことしか考えていない。総裁選で小泉を引きずり下ろしさえすれば、権力はオレたちのものになる、と。面白いよな。総裁選で小泉を倒した、やったやった、と権力の絶頂に立った気分になる。その次の瞬間、奈落の底に落ちるんだから」

小泉は八月七日、夏の全国高校野球の開会式で「勝ってよし、負けてよし、だ」と球児を激励した。総裁選も「勝ってよし、負けてよし」だと腹をくっていた。負ければ、総裁は退くが、首相をすぐ辞める必要はない、というのだ。山﨑には「万一、俺が負ければ政界再編になる」と漏らした。首相のまま、郵政民営化マニフェストを掲げて「小泉新党」で衆院解散・総選挙に打って出る——こんなまさかの秘策を胸の奥に秘めていたのである。

「みんな、なぜ総裁選の前に俺が衆院を解散しないか、分かってないんだよな。この前の通常国会の会期末だって、解散、解散と進言してくるけど、そうじゃねえんだよ」

小泉はこう解説した。総裁選前に衆院選を断行して自民党が勝利してしまえば、自民党はしばらくの間は「小泉人気」を必要としなくなる。そうなれば、安心した反小泉勢力はその後の総裁選で「小泉降ろし」をためらわなくなるリスクが高い、と踏んだ。だから、究極の「首相の権力」である解散権は最後の最後まで取っておく、というわけだ。

†派閥制圧の勝利宣言

ここでカギを握ったのは橋本派だ。野中は総裁選で小泉を倒すべく突っ走るが、参院をまとめる青木は動かない。青木も同調し、最大派閥が一致して反小泉に回れば、小泉を総裁から引きずり下ろせたかも知れない。ただ、森と並んで小泉に至近距離で苦言を呈しつつ、実力者の座を保ってきた青木は野中と違い、小泉の本気度を肌で感じ取っていた。

橋本派は創業者で元首相の竹下登が世を去った後、元首相の橋本龍太郎を会長に据えたが、実権は衆院の野中と参院の青木の両雄が分け合ってきた。小泉は青木に参院の支配権をゆだねるなど配慮を見せながら、野中は徹底して冷遇した。この見え透いた分断作戦を政権発足から二年半に亘って貫徹した結果、野中と青木は激しく反目し合うはめになった。

青木の目には、総裁選で小泉を倒せば、この変人宰相は本当に「自民党ぶっ壊し解散」に突入しかねないと映った。と言って、うかつに小泉支持に回れば、野中との対立は決定的になり、橋本派が分裂の危機に瀕する。進むも地獄、退くも地獄の岐路に立たされていた。小泉は青木にこんな究極の「踏み絵」を突きつけている意識を十二分に持っていた。

「青木さんはおそらく分かっている。心配しているんだ。反小泉勢力が暴走して、行き着くところまで行けば自民党が壊れてしまうと。だから逆に何とか総裁選で融和はできないものか、と考えている。だから、対決型の総裁選を恐れているのは向こうなんだよ」

結局、青木は「小泉でなければ、選挙に勝てない」を大義名分に小泉の推薦人に名を連ねる苦渋の決断を下さざるを得なかった。小泉と青木の凄まじい神経戦の実相が見えない野中には「経世会のユダ」青木の決定的な裏切りとしか映らない。橋本派からは元運輸相の藤井孝男が反小泉の立場で総裁選に出馬し、これを支援する野中は青木と不倶戴天の関係に陥った。そして野中は突然の政界引退を表明。橋本派は事実上の分裂状態となった。

総裁選は小泉と亀井、藤井、元外相の高村正彦の四人の争いとなり、反小泉票が分散して小泉の圧勝に終わる。小泉は記者会見で「派閥の機能が壊れた。この傾向は今後も続く。自民党が真の国民政党、改革推進政党になるための総裁選だった」と派閥制圧を宣言した。

その直後の内閣改造・党役員人事。小泉は総裁選で戦った亀井ら三人は冷遇した半面、青木に近い額賀福志郎を政調会長に起用した。橋本派を党三役を入れたのは政権発足以来初めて。もはや権威が失墜した最大派閥など恐るるに足らず、という姿勢が鮮明になった。

女性を巡る醜聞にまみれた山崎を副総裁に転じさせ、森や青木の「挙党体制」の要望に応えたかにも見えた。だが、後任の幹事長には、古巣の森派で衆院当選三回に過ぎない官房副長官の安倍晋三を大抜擢するまさかのサプライズ。ここでも、幹事長は総裁出身派閥からは出さない、という一九七〇年代半ば以降の総幹分離人事の不文律を破った。更迭論が根強かった竹中も構わず続投させ、誰にも相談しないワンマン人事をまたもや押し通した。

小泉劇場といえば、〇五年の郵政解散の残像が強烈だ。だが、新兵器「マニフェスト」も絡めて解散権と人事権を容赦なく行使し、橋本派を死に体に追い込んで総裁選を勝ち切った点では、この「三位一体政局」でも権力闘争家としての冷徹さは劣らず際立っていた。

「郵政事業を〇七年四月から民営化するとの政府の基本方針を踏まえ、日本郵政公社の経営改革の状況を見つつ、国民的論議を行い、〇四年秋頃までに結論を得る」

小泉は郵政民営化を見すえたこんな自民党マニフェストを掲げ、十一月九日投票の衆院選に打って出た。ただ、小泉・安倍の二枚看板にもかかわらず、自民党は解散時の二百四十七議席から過半数（二百四十一）を割り込み、二百三十七議席にとどまる。連立与党の公明党と保守新党を合わせれば絶対安定多数の二百六十九議席を得て、小泉は続投した。

✝福田・飯島暗闘の結末

「日本再生のためには、自民党内の首相交代でなく、政権与党と首相を代える本格的政権交代が何よりも急務である（中略）政権交代可能な小選挙区中心の選挙制度が導入されたが、二度の総選挙では野党間の選挙協力体制が構築できず、政権交代は実現していない」

衆院選の足音が迫り始めていた七月二十三日。民主党代表の菅直人と自由党党首の小沢一郎がこんな合併合意書を交わした。「小異を残して大同につく覚悟」をうたい、小沢が自由党をあえて解散し、民主党に合流する形で「民由合併」が実現したのは、一にも二にも、定数一の小選挙区中心の衆院選で自民党と互角に戦う野党勢力を結集するためだった。

これにより、十一月の衆院選は、二大勢力による政権選択選挙の緊張感がぐっと増した。合併後の民主党は曖昧な結党理念より、高速道路無料化などのマニフェストを求心力に自民党と対峙。百七十七議席を獲得し、本格的な二大政党時代への足がかりをつかんだ。

政権を維持した小泉だが、「自民党をぶっ壊す」勢いの首相主導にひずみも増す。環境相に入党間もない森派の小池百合子を一本釣りしたことに、同派から女性を登用するなら高市早苗が先だ、と森喜朗が激怒。首席秘書官の飯島を「自分で自分の首を切れ！」と罵倒した。

官邸内では外交を仕切る官房長官の福田康夫と飯島の確執が臨界点に達しつつあった。〇四年春。事態は決定的となる。小泉は〇二年九月の訪朝で五人の拉致被害者を帰国させたが、その子どもら家族は北朝鮮に残したままだった。北朝鮮の核開発疑惑の再燃で日朝協議は停滞し、これを打開するために正規の外交ルートに加え、副総裁の山崎拓や飯島がそれぞれ独自のルートで策動し始めた。最終的に小泉が選択したのは、腹心の飯島がおぜん立てした小泉自身の五月の再訪朝。夏の参院選前に家族の帰国を実現するプランだった。

小泉は首相執務室で福田、外務審議官の田中均と向き合うと「私が再訪朝すれば、拉致被害者の家族を帰国させるという話がある。この情報を確認し、準備を進めてほしい」と指示した。福田は血相を変えて「撤回してくれ」と小泉に迫った。「突然、こんな話はおかしい。誰を通じてやっているのか」と問い詰める。田中が「首相がそこまでおっしゃるなら、後はこちらで引き取ります」と取りなすが、福田は「君は席を外して、二人だけにしてくれ」と田中に告げた。だが、小泉は福田に飯島ルートの詳細を頑として明かさなかった。

暗闘に終止符を打ったのは福田だ。五月七日の記者会見で突如、官房長官の辞任を表明したのだ。表向きの理由は、与野党幹部にもこの頃、相次いで発覚していた国民年金保険料の未納問題での引責。小泉は後任に官房副長官の細田博之（森派）を昇格させた。未納問題の余波は大きく、民主党代表の菅直人も辞任に追い込み、岡田克也が新代表に就いた。

3 「首相の権力」と劇場政治

†幹事長に「イエスマン」

○四年七月、年金制度改革などに逆風が吹いた参院選を何とか乗り切った首相の小泉純一郎。宿願の郵政民営化を現実の政治日程に乗せる。自民党総裁の任期は○六年九月までだ。○五年の通常国会で関連法案を成立させて、○七年四月から民営化する想定だった。

まず、民営化の基本方針作りは経済財政相の竹中平蔵に委ねる。竹中が「郵政民営化は絶対に首相直轄の形でやってください」と自らが切り回す経済財政諮問会議で進めるよう直訴したからだ。これに先立つ道路公団改革。小泉は経団連会長だった今井敬を座長に据え、有識者でつくる道路公団民営化推進委員会に青写真作りを任せたが、委員同士が対立し、今井が辞任して混迷を極めた。その轍を踏んではならない、と竹中は進言したのだ。

竹中は参院選に自民党の比例代表候補として出馬し、七十二万票余りを獲得。特定郵便局長会を支持基盤とした自民党候補二人を併せた票数を上回って比例でトップ当選した。諮問会議ではその竹中が、日本郵政公社を所管する総務相の麻生太郎と民営化の制度設計を巡って綱引き。九月七日、郵政公社を郵便、貯金、保険と郵便局の窓口ネットワークという四つの新会社に分社化したうえ、貯金と保険の金融二社は株式を全て売却して完全な民間企業とする基本方針をまとめた。郵便の赤字を金融の収益で穴埋めさせない体制とした。

片や自民党では、政調会長の額賀福志郎が郵政改革特命委員会を新設。政府の急ピッチの動きに合わせて党内論議を始めるが、反対論が大勢で意見集約は進まない。小泉はコンセンサス方式では埒があかないと読み切っていた。額賀に「党が了承するわけないだろう。無理してまとめなくていい」と指示して驚かせる。党側の小田原評定をよそに九月十日、竹中主導の基本方針を粛々と閣議決定した。基本方針は国会提出案件ではないが、与党側は当然、事前審査・承認の対象と認識していたから、小泉の閣議決定「強行」に波立った。

小泉は九月二十七日、またも独断専行の内閣改造・党役員人事を敢行する。関連法案作りに向けて郵政民営化担当相を新設し、竹中を任命した。不良債権問題は峠を越えたと見て金融相は外したが、経済財政相は引き続き兼務だ。竹中が事務局としたのは内閣官房の郵政民営化準備室。内閣官房は橋本行革による内閣法改正で企画立案権を手にし、各省に頼らず、首相主導を補佐して自ら法案を作れる組織に増強されていた。竹中は郵政公社を所管する総務省や旧郵政官僚は自民党の「抵抗勢力」とつながっている、と見て遠ざけた。

竹中の人事以上に永田町を仰天させたのは、小泉が選挙対策や党の資金を握る幹事長に山崎派の武部勤を抜擢したことだ。第一次内閣で農相を務め、〇三年衆院選でもマニフェスト作成の牽引役だったとはいえ、まさかの大穴。山崎拓と安倍晋三に続き、幹事長には党内をまとめる剛腕や大派閥のバックを持つ実力者より、いざ政局有事で絶対に自分の寝首をかかず、忠誠を尽くすことが確信できる人材を充てる。この小泉流を貫徹した。

武部は後に自ら「偉大なるイエスマン」を名乗る。小泉は政調会長にも、若手議員の頃に郵貯改革に前向きな国会質問をした実績がある与謝野馨を起用した。与謝野は政策調整なら腕利きだが、無派閥で党内基盤は乏しい。これらは紛れもなく、持ち前の人事権を駆使した「郵政解散シフト」だった。この頃、小泉側近で国会対策委員長の中川秀直は「郵政民営化法案が来年の通常国会で否決されたら、解散だ」と宰相の覚悟を代弁していた。

✝「不成立なら解散」宣言

「残された大きな改革、すなわち「改革の本丸」が郵政民営化であります」

〇五年一月二十一日の衆院本会議。施政方針演説が宿願の件に差し掛かっても、小泉は低めの抑えた声で原稿を読み進めた。「郵政公社の職員が民間人となります」「窓口サービス、郵便、郵貯、簡保の四つの事業会社を設立する」と官営維持や一体的経営などの郵政族の主張を次々と否定する。自民党席で拍手したのは武部ら三人だけで「与党不在」の寒々しい光景。元々は小泉と親密だった旧橋本派長老で、民営化反対派の総帥として郵政事業懇話会長に就いた前衆院議長の綿貫民輔は「アホらしくて聞いていられるか」と途中で退席してしまった。

与党事前審査を慣例とする政策決定メカニズムにあって、数少ない例外が首相の国会演説だ。演説文は事前に閣議決定するが、総務会などに諮ったりはしない。年初から首相主導で決めた基本方針を譲らない強硬姿勢を打ち出すか。それとも融和的な構えをにじませるか。竹中と打ち合わせた小泉は「反対派は何を言っても反対なんだよな。結局、自民党はまとまらないんじゃないか」と割り切り、官邸の強い決意を打ち出す機会としたわけだ。

官房長官の細田博之から演説草稿を見せられた政調会長の与謝野は「こんな原則論を打ち出してしまったら、与党を決定的に刺激する」と止めたが、小泉と竹中は押し切った。

二月九日、小泉は内閣記者会とのインタビューで早くもこんな踏み込んだ発言をした。

「通常国会での（郵政民営化法案の）廃案は小泉内閣への不信任であり、退陣要求と同じだ。（次の国会への）継続審査も廃案と同じだ」

廃案でも継続審査でも、通常国会で不成立なら内閣不信任と受け止める——国会が不信任決議を可決した場合、憲法六十九条によれば、内閣総辞職するか、信を問うため衆院解散・総選挙に打って出るしかない。宿願の郵政民営化をつぶされた小泉が、むざむざ退陣するはずもない。明らかに解散の覚悟を宣言したのだが、党内では「まさかそんなバカなことはすまい」「解散などできるわけがない」とまともに取り合わない空気が大勢だった。

小泉が郵政民営化法案作りで一気呵成に動き出したのは、三月二十三日に〇五年度予算が成立し、通常国会前半のヤマ場を越えてから間もない三月三十一日の木曜日だった。

「一つの時期が来たなと。これは私の政治的なカンです」

突然、参院のドンである青木幹雄を個人事務所に訪ねると「担当閣僚が週末返上で作業し、日曜日までに政府の法案骨子を決める」と通告した。青木が「まだ時期尚早だ」と止めるのを押し切り、直ちに民営化相の竹中や総務相の麻生、官房長官の細田らを招集した。

四月二、三日、土、日曜のまる二日間、断続的に閣僚協議が続いた。竹中は四分社化や貯金と保険の株式の完全売却・完全民営化などの基本方針を譲らない。「あんたは霞が関に嫌われている」と毒づいた麻生は四つの新会社の「一体的経営」を求め、激論となった。

三日深夜、細田は東京・五反田の首相仮公邸で待機する小泉に裁断を仰いだ。小泉は「完全売却・完全民営化」と「その後の株式の持ち合いは容認」を決める。大筋で竹中の主張に沿った決着であり、麻生案は退けられた。小泉は「完全民営化」にこだわったのだ。

†総務会を強引に突破

政府側で法案骨子をまとめきった小泉は「四月中に国会に法案を提出する」と期限を区切って自民党内の調整を急がせた。党政調会の郵政関係合同会議では、開くたびに反対派が組織的に抵抗し、政調会長の与謝野は竹中ら政府側に繰り返し追加的な譲歩を求めた。

何とか党側の要望を吸い上げた形でこしらえた「政府・与党合意」は持ち株会社が貯金、保険二社の株式を完全売却するが「連続的保有を妨げない」などとし、早期の買い戻しによる持ち合いの容認をにじませた。竹中は「完全民営化」を見据えて骨格は譲っていないと説明し、与謝野らは反対派の要求を最大限反映したと説明できるギリギリの接点。情勢を慎重に見守ってきた青木も、ついに党内手続きを前に進めるゴーサインを与謝野に出す。

郵政関係合同会議は徹夜の協議を経て二日目の四月二十六日夕刻、怒号の飛び交う中で与謝野らが「了承」で押し切った。攻防の舞台は党議決定の場である総務会へ移る。翌二十七日、総務会長の久間章生は四時間弱の押し問答の後、討議を打ち切って「法案の国会提出についての了承」を求めた。法案修正が浮上すれば、改めて総務会に諮る含みを持たせていた。党議拘束がかかるかどうかは曖昧にしておき、ひとまず目前の事態の打開を狙ったのだ。

小泉は党内調整が遅れるなら、総務会をすっ飛ばしてでも、四月二十九日からの大型連休前に郵政法案の提出を断行する構えをのぞかせた。だから、久間ら党執行部も異例の手順で党内手続きを急がざるを得なかった。内閣による国会への法案の「提出」は了承するが、「中身」は別だ、という便法は〇二年の郵便事業への民間参入を認めた法案以来の異例の措置である。与党による事前審査・承認制を、小泉はまたも強引な首相主導で突破したのだ。

五月連休明け、小泉は立て続けの人事権の行使によって不退転の姿勢を示す。まず「抵抗勢力」と内通し、内閣の方針に反したとして総務省の旧郵政官僚二人の更迭を麻生に命じた。総務審議官の松井浩と郵政行政局長の清水英雄を郵政担当から外させたのである。

さらに郵政民営化法案を審議する衆院の特別委員会の小泉主導の人事が党内外を揺るがす。委員長に党総務局長の二階俊博、筆頭理事には前副総裁で四月の補欠選挙で復活当選を果たした盟友の山﨑拓を充てたのだ。小泉は二階を「腹の据わっている人」だと高く評価した。

二階が務める党総務局長は幹事長の武部を補佐し、選挙対策の実務を取り仕切る。小泉はそれを兼務のまま特別委員長に据えた。選挙公認でも実権を握る二階が郵政民営化法案もさばき、にらみを利かせる。「抵抗勢力」は嫌でも衆院解散・総選挙を意識せざるを得ない。小泉はここでも人事権と解散権をセットにして強烈な牽制球を投じたのである。

†『ラ・マンチャの男』問答

六月三日。民営化法案の審議が続く衆院郵政特別委員会で、こんな応酬があった。

小沢鋭仁（民主党）「あなたは空想と現実の区別が分からなくなったドン・キホーテだ」

小泉「ドン・キホーテは好きなんですよ。『ラ・マンチャの男』は大好きなミュージカルの一つであります。「夢みのりがたく、敵あまたなりとも、我は勇みて行かん」」

思い切り揶揄したつもりだった小沢は「ドン・キホーテが好きだ、それでいい、と言われたんでは……」とあきれ顔だったが、小泉はここぞとばかり偏愛する音楽に引っかけて切り返した。『ラ・マンチャの男』の劇中で歌われる名曲「見果てぬ夢」。小泉がそらんじて見せた「敵あまたなりとも……」はその冒頭の一節である。小泉は答弁をこう続けた。

「一つのあるべき姿でこれを実現させて、ああ、小泉はやはり先見の明があったな、と。そう言われるような民営化にしていきたい」

『ラ・マンチャの男』には「最も憎むべき狂気とは、あるがままの人生に折り合いをつけて、あるべき姿のために戦わないことだ」と言うセリフも出てくる。小泉は「あるべき姿」の郵政民営化を譲らない自分こそが「狂気」どころか「正気」なのだ、と主張した。

小泉と接する機会の多い青木や与謝野は、この頃には「不成立なら解散」は本気だと察知していた。小泉から法案修正を引き出し、反対派を説得して成立させないと、望みもしない解散に追い込まれる、と危機感を強めた。ただ、綿貫民輔、亀井静香ら反対派は「自民党が分裂選挙になり、民主党に負けるだけの解散などできるはずがない」とか「小泉も頼みとする公明党・創価学会が阻止するに決まっている」などと信じようとはしなかった。

小泉は土壇場で貯金、保険の株式の完全処分義務の緩和は退けるが、「連続的保有」など四月の政府・与党合意の骨格をほぼそのまま法案に盛り込んで法案を修正する。党執行部側は修正を勝ち取った、と「名」を強調し、反対派説得の錦の御旗にしようとした。竹中ら政府側は名目上は譲っても、民営化の「実」は変わらない、と小泉に説明していた。

六月二十八日。党総務会は郵政法案を修正する了承手続きを取った。総務会長の久間はこの場で自民党史上で初めての多数決を敢行する。党則四十一条は「総務会の議事は出席者の過半数で決し、可否同数の時は議長の決するところによる」と過半数による採決を明記するが、調整と妥協によって全会一致で党議決定を下す慣行を確立してきた。それを破ったのだ。

二十五人の総務のうち、反対の挙手をしたのは高村正彦、野田毅、藤井孝男、村井仁、後に衆院本会議で賛成票を投じ、自殺する永岡洋治の五人。亀井静香は採決自体に抗議し、棄権と見なされた。党執行部は法案の提出、修正と総務会に二度も諮って十分な党内手続きは踏んだとし、これで法案賛成の党議拘束は瑕疵なくかかった、との論法で採決の決戦場に向かうことにした。ただ、反対派は猛反発し、与党の荷崩れ状態は決定的となった。

八月十三日まで会期を延長した通常国会中の法案成立を断固として譲らない小泉。決戦場となる衆院本会議の採決は東京都議会選挙が終わった直後の七月五日に設定された。「否決なら間違いなく衆院解散だ。それでもいいのか」と反対派を説得に回る党執行部。「そんな脅しの強権政治に屈するわけにいかない」と反発を強める反対派。ギリギリの攻防が展開していた七月五日朝。小泉は「俺はどっちでも構わないんだよ」とつぶやいていた。可決なら宿願の郵政民営化が実現に向け前進する。否決なら内閣不信任と見なして衆院解散。小泉は解散を望んだわけではないが、票読みを甘くは見ていなかった。記名投票が進む本会議場で傍らの財務相の谷垣禎一に「解散なら四十日以内に総選挙だな」と漏らした。

結果は自民党から三十七人もの大量の反対と十四人の棄権・欠席が出た末に、薄氷を踏む五票差の可決だった。その瞬間、小泉は「ほおー」と頬を緩めた。

†参院否決で一気に解散

郵政法案は辛うじて参院に回った。小泉が突きつける解散カードも、参院議員には脅しになりにくい。反対派は「参院で否決したから衆院を解散する、など筋が通らない」と勢いづき、日に日に否決への流れが強まっていく。それでも小泉は七月二十日夜、都内の経団連会館でのシンポジウムで「過去、全政党が郵政民営化に反対してきた。それをどうして実現できるのか？　だから政界の奇跡なんです」と相変わらず強気の姿勢を崩さなかった。

これに先立つ七月十八日。小泉は赤坂プリンスホテルで森、青木と向き合った。参院で否決－衆院解散の事態は避けたい青木が、小泉に持ちかけた収拾策の一つは郵政法案を次の国会へ継続審査にすること。小泉がのまないと見るや、とうとう究極の一手を突きつける。

「私が参院議員会長を辞め、あんたも首相を辞める。それとひき換えに郵政法案を通す」

小泉はこんな取り引きは峻拒した。八月一日には、反対派にこう「最後通告」をした。

「郵政民営化法案の継続審査は形を変えた否決、小泉退陣せよということだ。そのぐらい分かってもらわなきゃね。政治家としてこの政局の重みはどういうものか」

「倒閣運動だということははっきりしている。そういう小泉降ろしに私は屈しない」

八月五日の参院郵政特別委員会。可決前の締めくくりの質疑でも小泉はまくし立てた。

「私は自民党を変える、この典型的なものが郵政民営化だと。自民党を郵政民営化に賛成させる、これが自民党を変える、という趣旨なんです。だから、これを変えないんだったらぶっ壊すと当時言ったんです。その基本的な考え方は変わっていない」

運命の参院本会議の採決は八月八日となる。六日の土曜日夕、否決の流れを見て最後の説得に押しかけたのは森だ。前もって面会を申し入れても小泉は断ると踏んで、首相公邸前まで車で乗りつけて電話を入れた。入浴中だった小泉は、この期に及んで長話など無用、と夕食で歓待などしなかった。ただ、風呂上がりのビールとつまみだけを用意したのである。

小泉と押し問答の末に公邸から出てきた森は、待ち受けた記者団に「俺が来たら、寿司でも取ってくれるのかと思ったら……」とぼやき、握りつぶしたタイ産ビールの空き缶と「硬くてかめない」ミモレット・チーズのかけらを見せて、緊迫のやり取りを明かした。

森「あなたの意見に賛成し、努力している人たちを苦しめて何の意味があるのか。（衆院解散・総選挙で負けて）みんなが路頭に迷うことになったらどう責任を取るのか」

小泉「信念だ。俺は非情だ。殺されてもいい。それくらいの気構えでやっている」

小泉にとって、この期に及んで「継続審査」「休戦」を持ちかける森すら倒閣運動と同じだった。森は後に「小泉とは打ち合わせ済みで、記者団に怒って見せたのは、反対派に解散は不可避だと警鐘を鳴らす演技だった」と取り繕う。だが、この時、小泉腹心の飯島は「森は郵政法案と小泉をつぶし、福田康夫暫定政権を狙っている」とすら疑っていた。

八日の採決は十七票の大差で否決。小泉は間髪入れず自民党役員会、与党党首会談、臨時閣議を立て続けに招集し、衆院解散の決断を示した。解散には内閣の全会一致による閣議決定が必須だ。小泉はあらかじめ「たとえ全閣僚が反対しても、全員を罷免し、首相が全閣僚を兼務して閣議決定する。各閣僚にそう情報を流せ」と指示していた。閣議で解散賛成を明言したのは竹中平蔵、外相の町村信孝、科学技術相の棚橋泰文の三人だけ。小泉は「誰が反対するかだけに全神経を集中していた。賛成者など覚えていない」と振り返る。

反対したのは総務相の麻生太郎、農相の島村宜伸、経産相の中川昭一ら四人。小泉は「別室へ」と促し、個別に説得する。麻生らは折れたが、最後まで「賛成できない」と主張する島村は罷免した。小泉と島村は十四年前、党総務会で衆院への小選挙区制導入にとことん反対した同志だった。島村は、小泉が「小選挙区制になれば、総裁や党執行部が公認やカネの配分で独裁的な力を持つ。それでいいのか」と熱弁を振るった姿が忘れられなかった。その小泉が最高権力者になり、かつての戦友を罷免してまで解散に突き進む。

小泉は「解散を望んでいたわけじゃない。法案が通ることを望んでいた。ただ、否決された場合、党役員会や臨時閣議など解散の決定までどう運ぶかは、前もって分刻みで決めてあった。閣議で閣僚の意見を聞いてから解散するかどうか決める、などと悠長に構えていたら、大半が反対してできなかっただろう」と一気呵成に押し切った舞台裏を明かす。

「本当に郵政民営化は必要ないのか、国民に聞いてみたい。今回の解散は「郵政解散」であります。郵政民営化に賛成してくれるのか、反対するのか、はっきり国民に問いたい」

八月八日夜の記者会見。小泉は教会の天動説に反して「それでも地球は動く」と地動説を唱え、罪に問われたガリレオ・ガリレイに自らをたとえて「もう一度、国民に聞いてみたい」とここから世論の追い風が吹く。実はこの直前、小泉は日本経団連会長の奥田碩らと会食し、「オレは顔に出ないから」と日本酒を二合ほど飲んでから会見に臨んでいた。

†「刺客」戦術は政党統治

小泉は「衆院選で自民党は郵政民営化に賛成する候補者しか公認しない」と明言し、造反組の現職がいる三十超の全選挙区に「刺客」を立てる非情な方針を打ち出した。一人しか当選できない小選挙区で造反組を公認しては「国民に賛否を聞く」構図にならない。環境相の小池百合子を兵庫6区から東京10区へ「国替え」したのを手始めに、財務官僚の片山さつき、エコノミストの佐藤ゆかり、警察官僚で首相秘書官の小野次郎ら新人を次々に擁立。地縁、血縁の薄い選挙区でも党主導で落下傘降下させた。こんな「小泉劇場」に有権者の関心も高まった。

小泉にとって、郵政解散は「マニフェスト違反」の結末だった。〇三年衆院選で郵政民営化を有権者に公約して勝利したのに、足元の自民党内の造反を統制しきれず、参院で法案の否決・廃案を招いたのだから、政党ガバナンス（統治）の明白な失敗だ。それを逆手にとって「もう一度国民に聞いてみたい」とアクロバット的な解散に打って出たわけだ。

幸か不幸か、最大野党の民主党も民営化反対の立ち位置から動けないでいた。本来は「自民党中心の政権か民主党中心の政権か」の政権選択選挙を「郵政民営化に賛成か反対か」の構図に持ち込んだ小泉。それはつまるところ「小泉か反小泉か」に行き着いた。究極のシングルイシュー選挙、との批判も根強かった半面、ここに至るマニフェスト型で首相主導の小泉政治そのものをトータルに問う衆院選、という性格をまとったと言える。

「一部の既得権を守れという勢力に政党全体が振り回されてきた。それを変える。これは政治の構造改革なんです」

小泉は選挙戦中の遊説で、郵政民営化は「経済の構造改革」にとどまらず、「政治の構造改革」だと繰り返し訴えた。医療、道路、郵政と派閥や族議員の秩序がガッチリ固めた既得権を揺さぶってきた小泉流の首相主導の到達点。改めて有権者の審判を仰ぐ以上、今度こそ選挙後に郵政民営化を実行する政党ガバナンスを担保しなければならなかった。自民党候補を賛成派一色で固める方針は、「非情」や「刺客」といった劇場的な評価をよそに、小選挙区中心で二者択一の政権選択選挙のセオリーにかなった決断だったとも言える。

かつて小選挙区制導入にとことん反対した小泉だが、後に「小選挙区制でなければ、郵政解散はありえなかった」と語っている。権力闘争の修羅場で、好き嫌いは別に、いま、そこにある制度を冷徹に利用しぬいた。民主党で郵政解散を読み通せなかった代表の岡田克也や小沢一郎ら小選挙区制導入を推進した面々は「歴史の皮肉だ」とうめいたのである。

投開票日の九月十一日夜。自民党の地滑り的勝利が確定的になっていた。最終的に単独で過半数をはるかに上回る二百九十六議席を獲得する。変人宰相の賭けは的中したのだ。

「私は首相に就任した時から、自民党内で私に造反して、退陣に追い込もうとする時には必ず解散すると決意していました」

くすんだブルー地に白い太めのストライプのボタンダウンシャツ。ひと夏を通したクールビズ姿の小泉は、テレビ東京の番組でキャスターの小谷真生子にこう熱弁を振るった。

「私は党内の引きずり下ろしによって総辞職するということは全く考えていませんでした。躊躇なくそれ（解散）を実行したんです」

「いかなる問題であれ、党内の問題で退陣することはない。国民が（総選挙で）私を必要ないと判断した時には退陣する。党内問題で身を引くことは考えていなかったんです」

小泉が吐露したのは「首相の権力」と政権選択選挙論。なかんずく、解散権への強烈なこだわりだった。

†与党三分の二・参院沈黙

郵政民営化法案が参院で否決されたのに、衆院解散・総選挙に打って出た小泉の手法には異論が噴出した。反対派は「国会と内閣の関係が異常になっている。憲法違反だ」（国民新党代表に就いた綿貫民輔）と反発した。衆院選の結果がどうあれ、参院の議席配置は変わらないので、再び否決するかも知れず、選挙の意味がない、との指摘も根強かった。

解散時の記者会見で「自民党と公明党で過半数の議席を獲得できなかったら、私は退陣する」と勝敗ラインを「与党で過半数」に置いた小泉。後に明かした本音はこうだった。

「郵政解散が非常識だったのは間違いない。反対派の方が常識的だった。もう二度とできないだろう。衆院選で国民が支持し、与党過半数の勝利となれば、参院の判断も変わるだろう、と一応は考えていた。それでも参院が変わらないなら、反対派を党から除名するなり、次の参院選で処断するなり、衆院選後の状況を見て判断していくつもりだった」

参院の反対派の姿勢が「変わるだろう」には小泉も確証があったわけではない。だが、乾坤一擲の大勝で、衆院の与党議席は三分の二を超えた。衆院が可決した法案で、参院が異なった議決をした場合でも、衆院が三分の二以上の多数で再可決すれば、成立させられる、とする憲法五十九条が使える環境になった。この瞬間、参院は一挙に無力化したのである。

憲法学の標準的な教科書、芦部信喜『憲法　第六版』は、郵政解散が合憲か違憲かは「見解が対立している」と述べるにとどめる。違憲説は参院の否決時に、小泉が憲法五十九条にある両院協議会の開催を求めるなどの手順を踏まずに解散したことなどを理由に挙げる。合憲説は、実質的には内閣の重要法案が衆院で否決された場合と同視しうる、と説く。前述のように、小泉は間髪入れず解散を断行しなければ、つぶされると確信していたので、成案がまとまる当てもない両院協議会に拘泥する余地などなかった。

樋口陽一『憲法　第三版』は参院否決時に、衆院で再可決できる三分の二以上の多数を目指す前提なら「解散することによって問題の解決をはかることも、可能と考えるべき」と強調する。ただ、郵政解散は「解散権を行使した側も、右にのべた論理に従ってのことではなかった」と指摘する。結果として与党勢力が三分の二を超えたことで、参院自民党の反対派は白旗を掲げて郵政民営化法案賛成に転じ、解散を巡る憲法論も吹っ飛んだ。

小泉自身も「異例中の異例」と認めた郵政解散。半面、時の首相が政権の命運を懸けた重要法案を、その首相を選出した基盤である衆院が可決したのに、その権能がない第二院の参院が否決した。この参院の行動も同じように「異例中の異例」と言わざるをえない。

郵政法案は与野党対決に加え、与党内の造反で参院での否決を招いた。だが、両院の議決が異なった点では、〇七年七月以降に出現する衆参ねじれ国会の先駆けともいえた。政権選択選挙のゲームが定着し、衆院選による政権交代を繰り返すようになれば、ねじれ現象はしばしば起きうる。「強すぎる参院」が政権の命運まで左右し、郵政解散のように衆院選で決着をつけるしかなければ、いずれ参院無用論にまで行き着きかねない。そんな芽ものぞいた。

マニフェスト型選挙の母国、英国には「ソールズベリー・ドクトリン」と呼ばれる不文律がある。下院総選挙で選ばれた政権党がマニフェスト政策を法案化し、下院で可決した場合、選挙で選ばれていない上院（貴族院）は、下院の意思を尊重してこれを否決しないのだ。法案の骨格や基本原理に踏み込んで抜本的に修正することも控える政治慣行だ。

これは小選挙区中心の衆院選で政権選択選挙のゲームを持続させるつもりなら、日本の第二院である参院にも示唆に富む。どの政党が政権に就いても、政局は「衆院選決着の原則」で臨むことを主要政党で「共通の基盤」とし、マニフェスト法案を巡っては「参院の自制」の慣行作りを探る――だが、現実の与野党にそんな機運はゼロだった。英上院と違って公選制の参院に「自制を求めるのは、筋違い」（大山礼子『日本の国会』）との指摘も根強かった。

†最後の人事「安倍後継」

十月三十一日。特別国会で郵政民営化法を成立させた後、小泉は最後の内閣改造・党役員人事に臨んだ。党則通りに〇六年九月末の総裁任期満了で退陣する姿勢は変えなかった。ポスト小泉候補に擬せられた「麻垣康三」、総務相の麻生太郎、財務相の谷垣禎一、前官房長官の福田康夫と党幹事長代理の安倍晋三をどう処遇するか。党内外の関心が集中した。

小泉が朝一番に呼び込み、官房長官への起用を告げたのは安倍だった。森前内閣から官房副長官、幹事長、幹事長代理と一貫して要職にあり、一気にポスト小泉戦線に躍り出た五十一歳の安倍を、最後の一年は内閣のかじ取り役で経験を積ませる。事実上の後継指名だ。安倍と同じ森派で六十九歳の福田からは、処遇を辞退する意向が事前に伝わってきた。

次に郵政民営化の実行に向け、竹中平蔵を日本郵政公社を所管する総務相に据えた。郵政民営化相と兼務だ。民営化の法整備の過程で竹中と総務相の麻生が再三ぎくしゃくしたのを見て、民営化までの最後の詰めを「竹中全権」で仕切らせる体制固めが狙いだった。麻生は外相に横滑りさせ、財務相を続投させた谷垣とともにポスト小泉候補には残した。

郵政民営化にとことん執念を見せ、竹中を総務相に回してしまうと、小泉改革のメーンエンジンだった経済財政相と諮問会議の切り盛り役は誰にするのか。小泉の選択は政調会長の与謝野馨をここに登用し、腹心の中川秀直を後任の政調会長に据えることだった。

衆院解散権と閣僚人事権を縦横に駆使して「自民党をぶっ壊す」を試み、諮問会議を舞台装置に郵政民営化などを断行した小泉流の首相主導。派閥均衡の党内秩序をガタガタにし、族議員が陣取る政調会と総務会の「縦割り・積み上げ・全会一致」の与党事前審査制も事あるごとに揺さぶってきた。だが、事前審査制そのものを廃止したわけではない。

十一月九日の諮問会議。小泉が号令したのは内閣・与党の「一体型」政策決定だった。

「抵抗勢力もだいぶ減ってきており、諮問会議と党が一体となって改革を続行していかなければならない。与謝野経済財政相は中川政調会長と一緒になってやっていただきたい」

郵政解散で先鋭的な反小泉勢力をパージし、政党統治を再構築した小泉。首相に与党が背を向けた非常時に、竹中と諮問会議に乗って突き進んだ「突破型」から、首相が内閣も与党もガッチリ統制下に置いた平時の「一体型」へのギアチェンジを試みたともいえる。

安倍を担ぐ竹中と中川は「小さな政府」「上げ潮成長路線」を標榜。与謝野は財政再建で谷垣と組み、小泉が凍結した消費税増税の地ならしに動こうとして路線論争が起きる。

小泉は「増税の前にまだやるべきことがある」と断じ、中川に党政調会主導で公共事業や社会保障などの歳出抑制策作りを指示した。中川は党内にくすぶる反対論を小泉の威光を背景に押さえ込み、〇七～一一年度で最大十六・五兆円の歳出削減計画を取りまとめる。

与謝野はこれを丸ごと取り込み、〇六年七月、プライマリーバランス（基礎的財政収支）の一一年度黒字化を目標として、増税も視野に入れて歳出歳入一体改革を推進する「骨太の方針〇六」を諮問会議主導で打ち出した。五年間の中期管理の枠組みを初めて採り入れた財政健全化計画だ。郵政解散後の物言えば唇寒し、といった「小泉独裁」ムードを背景に、首相主導のトップダウンで上からタガをはめる政策決定過程によって初めて可能になった。

†「どす黒い孤独」力と限界

小泉は歳出抑制策と景気回復による税収増にも乗り、〇七年度予算で国債発行三十兆円枠を六年ぶりに達成した。〇六年八月十五日の終戦記念日には、靖国神社に参拝した。

首相に就いた〇一年の八月十三日参拝から〇二年は春季例大祭中の四月二十一日、〇三年は一月十四日、〇四年は初詣よろしく元旦、〇五年は秋季例大祭中の十月十七日と終戦記念日を避けて参拝を続けてきた。退陣直前に、初めて八月十五日の参拝を敢行した。

小泉の政権運営は、最初の自民党総裁選での公約➡政策の実行➡事後の検証とサイクルを回す「マニフェスト型統治」の様相を帯びていた。郵政民営化、国債三十兆円枠、八月十五日の靖国参拝は、聖域なき構造改革、財政健全化、自主独立の対中外交を象徴する三大公約となり、「首相の権力」をとことん行使して、五年五カ月かけて全て達成した。それこそが有権者から見て山あり谷あり、高い内閣支持率を維持した「小泉劇場」の本質だったと言える。

ポスト小泉選びの自民党総裁選が告示された翌九月九日。小泉は外遊先のフィンランドの首都ヘルシンキで同行記者団と懇談し、「私の一票は安倍さんに入れる」と明言した。

「私の首相就任以来、一番身近にいて中から小泉内閣の進める改革を、傍観じゃなく推進してきた人だ。最も重要な職責を続けながら評価が下がるどころか高まっている。若くても将来を担う指導者としてよくやっているという評価を得ている。後継指名とは違う」

菅義偉や山本有二らが「脱派閥」と「世代交代」を安倍支持の旗印にして五月に旗揚げした「再チャレンジ支援議員連盟」を起爆剤に、安倍には所属の森派に限らず幅広い支持が集まる「雪崩現象」が起き、優位に立った。これを見た福田は「年も年だしね」などと出馬を見送る。

総裁選から派閥抗争の色彩が薄れた代わりに、「政権選択選挙の顔」となりうる世論調査などでの人気度に依存しがちな「雪崩現象」が発生しやすくなっていた。

小泉は解散権と人事権という「首相の権力」を非情なまでに駆使し、派閥秩序をガタガタにした。政策決定では経済財政諮問会議を舞台装置に首相裁断を演出し、族議員が既得権の調整を仕切る政官業の「鉄の三角同盟」に風穴を開けた。自ら「小選挙区制でなければ、郵政解散はありえなかった」と認め、抵抗勢力と対峙して「やっぱりあの諮問会議だよな、大事なのは」と頼ったように、派閥・与党主導から首相主導への「小泉革命」は一九九〇年代からの政治改革や橋本行革などの統治構造改革が整備したハードウェアなくして展開しえなかった。

改革の土台に小泉流の勝負勘と非情な権力操縦のソフトウェアを作動させたことで、五五年体制下のコンセンサス型デモクラシーから、多数決型デモクラシーへの移行がくっきり浮かび上がった。麻生太郎は総裁選の共同記者会見で、小泉を「敵味方をはっきりさせ、一人でいられるのはかなりの精神力。どす黒いまでの孤独に耐えるところは見習ってしかるべきだ」と評した。平成の統治構造改革と小泉という「ひと」が相まってもたらした、首相主導体制への不可逆な転換点だったと言える。

小泉は在任中から「政局を主導するのは首相だ」と言い切り、それまで自民党政権の常識ではなかった首相主導の統治を明確に意識していた。いざ政局有事では解散権と人事権を縦横に駆使して非情な権力者を貫徹した。半面、「権力半分、共感半分だ。いつでも何でも権力で押し通せばいいってもんじゃない」が口癖だった。竹中を使って改革路線を演出する裏で、飯島を通じて財務省など霞が関の官僚機構からも本音の情報をしっかり吸い上げ、首相主導が「首相孤立」にならず、内閣主導となるよう腐心した。リーダーシップの発揮に加え、フォロワーシップの確保にも目配りしたのだ。

だが、自民党には、「小泉革命」は小泉純一郎という孤高の権力者の特異な個性による特異な政治の時代だった、と早く記憶から消し去りたい気分が漂った。同じ総裁選会見で、谷垣が小泉を「壊す意味を国民に納得させるコミュニケーション能力があり、勝負師としてのたぐいまれなる勘は学ぼうとしても学びにくい」と敬して遠ざけて見せたのも、その表れだ。

「自民党をぶっ壊す」を実践して見せた小泉だが、派閥や族議員に代わる党内統治の新秩序は見えなかった。公募も含め党執行部主導で擁立し、多くが無派閥を選んだ八十三人の当選一回の「小泉チルドレン」はろくに議員教育も受けずに野放し。与党事前審査制に風穴は開けても、首相主導は「小泉個人商店」のまま、組織化・制度化に至らずにポスト小泉時代を迎える。

第五章

ポスト小泉三代の迷走

閣議に臨む左から高村正彦防衛相、安倍晋三首相、与謝野馨官房長官、鳩山邦夫法相
(2007年9月11日撮影　写真©時事)

第五章関連年表

2006年（平成18）	9月26日　第1次安倍晋三内閣が発足 10月9日　北朝鮮が初の地下核実験 12月4日　郵政民営化造反組の11名が自民党に復党 12月26日　佐田玄一郎行革相が辞任
2007年（平成19）	5月28日　松岡利勝農水相が自殺 7月3日　久間章生防衛相が辞任 7月29日　参院選で自民党が大敗し、与党過半数割れ。民主党が比較第一党に 8月27日　第1次安倍改造内閣が発足、官房長官に与謝野馨氏 9月12日　安倍首相が退陣を表明 9月23日　自民党総裁選で福田康夫氏が麻生太郎氏を破り、26日に福田内閣発足 11月2日　福田首相と小沢一郎民主党代表による大連立に向けた党首会談が不調
2008年（平成20）	3月20日　日銀総裁が空席に。白川方明副総裁が4月9日に総裁に昇格 7月7〜9日　G8洞爺湖サミット 9月1日　福田首相が辞意を表明 9月15日　米大手証券リーマン・ブラザーズが経営破綻、世界金融危機に 9月24日　麻生太郎内閣が発足 10月28日　日経平均株価がバブル崩壊後の最安値6994円に 11月14日　ワシントンで初のG20首脳会合
2009年（平成21）	1月20日　バラク・オバマ米大統領が就任 2月17日　中川昭一財務・金融相が辞任、与謝野馨経済財政相が異例の3閣僚兼務 5月11日　民主党の小沢一郎代表が辞任し、鳩山由紀夫氏が新代表に 5月21日　刑事裁判に一般市民が参加する裁判員制度が始まる 6月12日　日本郵政問題の混乱で鳩山邦夫総務相が辞任 7月21日　麻生首相が衆院を解散 8月30日　衆院選で民主党が圧勝し、政権交代へ

1　首相主導の継承と断絶

†「お友達補佐官」の誤算

「初めにはっきりと申し上げておきたい。五年間、小泉純一郎首相が進めてきた構造改革を私もしっかりと引き継ぎ、この構造改革を行ってまいります」

〇六年九月二十六日。五十二歳で新首相になった安倍晋三は就任記者会見で「小泉改革の継承」を明言した。現実には、ポスト小泉期の三代の首相は、小泉流の継承と断絶の狭間で引き裂かれていく。衆院で与党三分の二超の議席を持ちながら、〇七年の参院選惨敗が足かせとなり、首相主導の政権運営をこなし切れずに一年で次々に倒れるよもやの迷走が続く。

この安倍会見に先立ち、官房長官に指名を受けた塩崎恭久が閣僚名簿を発表。その会見は「はじめに官房副長官をご紹介したい」と慣例破りの流れで始まった。建制順で第一位の総務相から順次、閣僚名簿を読み上げる前に、まず傍らの下村博文（衆院）、鈴木政二（参院）、的場順三（事務）の内閣官房副長官三人が挨拶した。それだけではない。塩崎は「続いて、首相補佐官を発表したい」とさらに首相官邸スタッフのお披露目を続けた。

首相補佐官は小池百合子（国家安全保障）、根本匠（経済財政）、中山恭子（拉致問題）、山谷えり子（教育再生）、世耕弘成（広報）の五人。内閣法上の定員の上限まで任命したのはこの時の安倍が初めてだった。気心知れた「お友達」議員がほとんど（中山は〇七年に参院初当選）で、内閣より官邸の「チーム安倍」で政権運営を主導する意欲が塩崎の会見に表れていた。

憲法上、行政権は首相と閣僚で組織する内閣に属する。内閣が職権を行使するのは、合議制の閣議を通してだ。「首相－閣僚－霞が関の各省」とつながる縦の指揮命令ラインの統制こそ、首相主導で内閣に指導力を発揮し、内閣主導へと幅を広げるカギだ。では、首相補佐官の権能とは何か。この当時の内閣法は「内閣の重要政策に関し、首相に進言し、及び首相の命を受けて、首相に意見を具申する」と首相に助言する個人スタッフだと定めていた。閣議に列席する資格はなく、「首相－閣僚－各省」のラインに割り込んで官僚に指揮命令する権限もない。

前首相の小泉純一郎は政治家を補佐官職で重用しなかった。その理由をこう語っていた。

「国会議員は国民への説明責任を負っている仕事で、選挙区に帰れば選挙運動もしなければならないし、地元の有権者にアピールしなければならない立場だ。どこまでも首相の黒子に徹することが求められる補佐官に国会議員は向いていない」

閣僚を集めた「内閣チーム」より、政治家補佐官の「官邸チーム」を主役扱いした安倍。小泉流の首相主導を至近距離でつぶさに観察したはずなのに、肝心なところで「断絶」していた。閣僚と補佐官が仕事を奪い合う「二重行政」の混乱がすぐに始まったのである。

「経済財政諮問会議だけは私に仕切らせてください。でないと閣僚になった意味がない」と安倍に直訴したのは、政策研究大学院大教授から経済財政相に就いた大田弘子だ。安倍と初当選同期で首相補佐官の根本匠が財務省、経済産業省などから十数人の直属スタッフを集め、大田と競うように、対外成長戦略の柱として「アジア・ゲートウェイ戦略」を練り始めたからだ。科学技術相の高市早苗も「イノベーション25戦略会議」を立ち上げて走り出していた。「オンリーワンの司令塔」という諮問会議の看板がガタつき始めた。

安倍は首相補佐官の小池百合子に外交・安保公約の目玉だった国家安全保障会議（日本版NSC）の制度設計を指示した。小池は勇んで訪米し、安保担当の米大統領補佐官スティーブン・ハドレーと面会した。すると官房長官の塩崎が激怒して「私こそあなたのカウンターパートだ」とハドレーに電話でねじ込む有り様。側近同士のさや当てが激化した。

安倍は批判や混乱は覚悟で閣僚と補佐官を競わせ、出来のよい方の政策プランを採用すればよい、と目論んだ節もある。それは安倍自身に総合調整の過重な負荷を集中させ、政権の体力をじわじわ費消していく。新政権は首相主導のボタンを掛け違えて走り出した。

†政・官の調整弁失う

安倍が首相補佐官らに「お友達」を並べたのは、閣僚・自民党三役人事で総裁選の論功行賞や派閥の論理など多方面に目配りを強いられたしわ寄せでもあった。官房長官には盟友で政策通の塩崎恭久が初めから意中の人だった。幹事長には総裁選を戦う過程で意気投合した麻生太郎を据えようとしたが、安倍後見人を自任する元首相の森喜朗が待ったをかけた。政権運営の要である官房長官と幹事長のどちらかは総裁派閥の森派から採れ、との要求だ。

安倍はやむなく森に近い中川秀直を幹事長に起用し、麻生は外相で続投させた。安倍は総務相に据えた菅義偉らが仕掛けた超派閥の「再チャレンジ支援議員連盟」を起爆剤に、総裁選で「雪崩現象」を起こして圧勝した。経済産業相の甘利明、厚生労働相の柳澤伯夫、農水相の松岡利勝らのベテラン勢は、安倍との距離の近さより、総裁選で推薦人に名を連ねた論功行賞だった。小泉流の首相による派閥無視・独断専行人事の潮目が微妙に変わった。初入閣の塩崎にはこの閣内の統制も、中川ら与党執行部との綱引きも荷が重かった。

安倍は官邸の「チーム安倍」の編成で、補佐官以外にも新機軸を試みた。官僚機構のトップに立つ官房副長官（事務担当）として、小泉内閣の後半を仕切った二橋正弘（元自治事務次官）を更迭し、旧大蔵省出身で元国土事務次官、元内閣内政審議室長の的場順三を据えたことだ。

厚生、自治など旧内務省系の次官経験者を登用してきた長年の慣行を破った。財務・大蔵省は首相や官房長官に秘書官を送り込んでおり、官邸への影響力が突出しすぎないよう、官房副長官は旧内務省系に譲るのが霞が関の不文律だった。的場も財務省が推したわけではない。安倍が、父の晋太郎と親しかった年長の的場を独断で相談役として担ぎ出したのだ。

事務担当の官房副長官は政官関係を安定させる間仕切り役を担ってきた。官邸から霞が関ににらみを利かせる「政の下僕」であると同時に、時に政治の横車には体を張る「官の防壁」にもならねばならない。的場は十六年ぶりの第一線復帰で七十二歳。官邸勤務の経験は豊富でも、一回り以上若い各省の現役官僚に人脈もなく、情報も十分に入らなかった。

古巣の財務省にしてからが、この傍流OBをほとんど頼りにしようとはしなかったのだから、他省は推して知るべし。政官の調整弁も欠いた「チーム安倍」は安定しなかった。

官邸は、閣僚が同伴するのでない限り、安倍は事務次官以下の官僚に原則として会わない、とのお触れも霞が関に出した。「選挙で選ばれた政治家こそが政策決定の主たる責任者たるべし」と繰り返した安倍。官邸は政治家が支配すべき場所で、官僚は政治の決定事項を手足として粛々と執行せよ、という意味での「政治主導」の宣言だったと言える。

ある事務次官は「閣僚と次官は役割分担して動く場面も多いし、日程を合わせるだけでもひと手間だ。結局、官邸に重要情報が上がりにくくなる」と首をかしげた。安倍がその手腕を評価していた警察庁長官の漆間巌と外務事務次官の谷内正太郎だけは官邸に出入り御免だったが、霞が関から安倍に上がる情報が質量ともに細っていくのは避けがたかった。

✝確信犯の造反組復党

小泉の自民党総裁任期満了という与党の内輪の事情で登板した安倍。小泉が郵政解散で自民党にもたらした衆院の巨大議席の恩恵で首相指名を受けた。早期の衆院選で政権選択を問い直すのが筋道だが、当面はこの「数の力」を引き継ぐなら、小泉改革も継承するのが筋だった。だが、早々と訪れた「断絶」への決定的な転回点は、郵政造反組の復党だった。

〇七年参院選を見据え、地方組織立て直しを急ぐ森や参院議員会長の青木幹雄が「造反組の復党なしには戦えない」と安倍をせっついた。安倍自身も早くから秘書官に「復党を認めれば支持率は二〇%は落ちるだろう。それは分かっている。どうせ俺は守旧派だから」と復党容認を漏らしていた。造反組には元経産相の平沼赳夫や古屋圭司、衛藤晟一、城内実ら保守派の同志が少なくなかったからだ。「刺客」擁立への安倍の関与も限定的だった。

十月二十三日、安倍は中川秀直に復党問題の調整を指示すると、記者団にこう告げた。

「首相指名選挙で私を指名し、所信表明演説の方向性に対して同じ考えを持っている人たちにどう対応するか、幹事長をはじめ党本部で対応していきたい」

造反組の殆どが既に首相指名選挙で「安倍晋三」と書き、演説は「美しい国創り」「成長なくして財政再建なし」「主張する外交」など抽象的なスローガンの羅列である。低いハードルは、安倍の復党容認が確信犯だったことを物語る。安倍と小泉の板挟みとなった中川は、造反組代表の平沼に、復党願と郵政民営化公約の順守などの誓約書の提出を要求した。この「踏み絵」を拒んだ平沼を除く十一人の衆院議員がまず復党する運びとなった。

日本経済新聞の十一月下旬の世論調査で、内閣支持率は政権発足直後の九月末の七一％、十月末の六八％から五九％へとはっきり落ち込んだ。安倍の前途に黄信号が点滅し始めた。だが、十二月四日夜、自民党本部の総裁室。安倍は復党組の野田聖子らを温かく迎えた。

「お帰りなさい。新たな仲間として参加してもらい、大変心強く思っている」

小泉が造反組をパージし、容赦なく「刺客」を放ったのは、郵政民営化を掲げて「賛成か反対か、国民に聞いてみたい」と政権選択を仰ぐうえで、トップの主張する政策路線で党内を意思統一し、政党ガバナンス（統治）を担保するためだった。造反組が党公認候補に対抗して出馬したのは、定数一の小選挙区選挙では最大の反党行為とさえ言えた。その復党は有権者から見た政権選択選挙の枠組みをぶち壊し、政策なら右から左まで何でもありの融通無碍な「古い自民党」イメージに逆戻りさせた。ガバナンスが崩れ始めていた。

†閣僚失態ドミノで暗転

安倍をますます守りに回らせたのは、閣僚らの辞任や不祥事などの「失態ドミノ」だった。十二月二十一日、政府税制調査会長の本間正明（大阪大教授）が、公務員宿舎に適切でない形で入居していた、と報道され、辞任したのが第一号。安倍が「経済成長なくして財政再建なし」の成長重視路線の象徴として自ら委嘱した人事で、手痛い躓きとなった。

六日後の十二月二十七日、行政改革相の佐田玄一郎が、政治資金団体の不適切な会計処理の責任を取り、辞任に追い込まれる。小泉前内閣ではなかった「政治とカネ」を巡る閣僚更迭。首席首相秘書官の井上義行は旧総理府出身で、官房副長官時代の安倍に仕えて側近となったが、閣僚候補の「身体検査」や危機管理を巡る前任の飯島勲との力量の差は歴然だった。井上と官邸に陣取る塩崎、下村、世耕ら「お友達」議員との不協和音も公然の秘密となる。

年明けの〇七年一月二十七日。厚生労働相の柳澤伯夫が少子化対策に触れて「産む機械、装置の数は決まっちゃった。後は一人頭で（たくさん産むよう）頑張ってもらうしかない」と女性を「子供を産む機械」と見るかのように発言し、非難が集中した。農相の松岡利勝にも、国会内事務所に「『ナントカ還元水』とかいうやつをつけている」という巨額の光熱水道費の計上疑惑が紛糾したが、任命責任論を警戒した安倍は二人を切れずに続投させた。

五月下旬、柳澤が抱えていた年金事務を担当する厚労省・社会保険庁の組織改革法案の審議が暗転する。誰のものか分からない年金保険料の納付記録が五千万件にも上ることが問題化し、政府は時効を停止して全面調査に追い込まれたのだ。日本経済新聞が五月二十八日付朝刊で報じた世論調査の内閣支持率は、前月の五三％から四一％へと急落。小泉が一貫して維持した「四〇％の岩盤」割れが目前に迫った。そこへ同日昼、追及にさらされていた松岡が東京・赤坂の議員宿舎で現職閣僚のまま自死したのだ。政権に衝撃が走った。

七月の参院選に向けてドミノは止まらない。防衛相の久間章生が六月三十日の講演で、広島、長崎への原爆投下について「あれで戦争が終わったんだという頭の整理で、今しょうがないなと思っている」と漏らし、更迭。新農相の赤城徳彦にまで実態のない事務所費の計上疑惑が飛び出した。失態閣僚は「お友達」より論功行賞や実力で評価されたベテランばかり。これだけ連続しては、任命権者の安倍の求心力が地に落ちても仕方がなかった。

社保庁の「消えた年金記録」問題の打撃も深刻で、六月下旬の日経世論調査で、安倍の支持率は三六％と四割を割る。追い込まれた官邸は官僚の綱紀粛正に目を向けた。国会を短期延長し、各省による天下り斡旋を禁止する国家公務員法改正案の成立に血相を変えた。

社保庁の出先機関の職員は長年、人事権は国にあるのに知事の監督下に入る「地方事務官」だった。このねじれ構造を利して国の介入も知事の監督も押し返し、旧社会党を支えた精強な自治労が社保庁の労働組合を牛耳ってきた。行政機関として統制が利かない実態を、自民党長期政権は見て見ぬふりだった。それは旧社会党と舞台裏の国対政治で手を握り、高度成長のパイを福祉国家の名の下に分け合った一九五五年体制の暗部だったのだ。

社会保険事務所の「地方事務官」制度を解消し、名実ともに「国家公務員」としたのは二〇〇〇年の地方分権一括法の施行時だ。社保庁と年金記録の惨状も官僚だけの責任ではなく、政と官の積年の「共犯関係」のなせる業。安倍が公務員制度改革に躍起になればなるほど、まず自民党が半世紀を超す官僚の「使用者責任」を取れ、という力学が働かざるを得なかった。

✝退陣表明と権力の空白

「改革を続行し、新しい国づくりをすると約束した。約束を果たすことが、私の責任、使命だ。改革を止めてはならない。戦後レジームからの脱却の方向性を変えてはならない」

七月二十九日の参院選。自民党は改選議席百二十一のうち六十四を占めた選挙前から三十七に激減する大敗を喫した。安倍はそれでも深夜にこう続投を表明した。連立与党でも、非改選議席を併せて大幅過半数割れ。比較第一党は小沢一郎が代表を務める民主党が奪取した。

一九八九年に宇野宗佑が、九八年に橋本龍太郎が参院選敗北の引責で首相を辞任した。だが、〇七年二月に安倍と会食した小泉は「参院選は負けても政権選択の選挙じゃない。堂々と胸を張って、野党の主張にも耳を傾けます、と押し渡っていけばいい」と助言していた。

首相を指名するのは国会だ。衆院と参院で議決が異なれば、衆院の指名が優越する。その衆院が内閣不信任決議をすると、首相は内閣総辞職か、解散して衆院選で信を問うかを迫られるが、参院には不信任の権能も解散もない。小選挙区主体の衆院選を政権選択選挙として運用していくなら、参院選はその政権の中間評価の機会として位置づけ直す手も考えられた。

小泉は「衆院が不信任を決議しない限り、首相が辞める必要など全くない」と断じた。ただ、安倍は小泉の総裁任期満了による自民党内のたらい回しで首相に就いた。衆院選をくぐっておらず、有権者の最初の審判となる参院選は単なる中間評価とも言いづらかった。安倍自身も七月一日の小沢との討論会で、参院選での「首相の選択」をこう唱えていた。

「私と小沢さんのどちらが首相にふさわしいかも、参院選で国民の皆様にうかがいたい」

安倍は後に「参院選の結果を受けて辞めることはしないと決めていた」と振り返るが、小沢には負けないと過信して墓穴を掘った。七月三十一日の党総務会。石破茂らが「『私を選ぶか小沢氏を選ぶか』と訴え、小沢氏が勝った。挙党一致では説明にはならない」と退陣要求に動く。世論調査での人気から、党内の大勢が「選挙の顔」と期待して雪崩現象でトップに押し上げた安倍。その唯一最大の魅力を失った以上、求心力は回復しようがなかった。

首相に周囲から退陣を強いる手立てはない。進退は安倍の気力と体力にかかった、持病の潰瘍性大腸炎に加えて八月に機能性胃腸障害が悪化し、心身とも急激に衰弱していく。内閣改造で幹事長に麻生太郎、官房長官に与謝野馨を据え、お友達中心の「チーム安倍」からベテラン頼みに切り替えたが、体調も精神状態も限界に近づいた。衆参両院の多数派がねじれた臨時国会打開のメドも立たない九月十二日、突如退陣を表明して入院した。

それから一年半近くたった〇九年一月三十日。安倍は日本記者クラブでの会見で「首相臨時代理を置ければ、三週間くらい入院して治して戻ってくることができた」と明かした。退陣表明せずに首相臨時代理を置き、しばらく入院して復帰する案も考えた、というのだ。

内閣法九条は「首相に事故のある時、または首相が欠けた時」は、事前に指定した閣僚が首相臨時代理に就く、と定める。指定されていたのは官房長官の与謝野だ。だが、安倍は内閣法制局から「臨時代理は首相が死去した場合か、意識がなくなった、人事不省に陥った時しか置けない」との法解釈を聞いて、「一日も早く辞めざるを得ない」と決断し、退陣を表明した。

安倍の入院先には首相秘書官が常駐した。内閣総務官が安倍に事務報告をして閣議書に署名を受け、持ち回り閣議で必要最低限の行政事務を進めた。官邸の留守居役となった与謝野は心身とも弱った安倍と三度、面会して「話をすれば判断はしっかりしている」として、首相臨時代理に就こうとはしなかった。退陣表明から自民党総裁選を経て、新首相の福田康夫の就任まで二週間。最高権力は事実上の空白期間だったとも言える。

2　高まる政権交代の足音

†福田の使命「大連立」挫折

安倍が退陣表明した二日後の九月十四日朝。元官房長官の福田康夫はまず自民党本部に向かった。元幹事長の古賀誠、元副総裁の山﨑拓、元財務相の谷垣禎一の派閥領袖三人と「今後も皆さんと相談していきたい」と握手を交わす。続いて自らが籍を置く最大派閥の町村派（旧森派）の臨時総会で「平時ならやらない。緊急事態だから、やらなければならないのかな」と総裁選出馬を宣言した。既に前日、同派の実質的な領袖である森喜朗と、康夫の父・赳夫の秘書だった小泉純一郎が「福田後継」で一致し、流れは決まっていた。

これを見て、対抗馬となった幹事長の麻生太郎の派閥を除く全派閥が次々に福田を支持した。同じ勝ち馬に乗ろうとする「雪崩現象」でも、小泉を継いだ安倍の「脱派閥」「世代交代」とは真逆の派閥主導の決着だった。これで麻生に圧勝した福田は九月二十五日、首相指名を受けて「背水の陣内閣」を名乗る。外相だった町村信孝を総裁派閥の代表として官房長官に受け入れ、幹事長には伊吹文明を文部科学相から回した。この二人の後任を埋める最小限の新入閣以外は安倍改造内閣の顔ぶれそのままで、異例の「居抜き内閣」となる。

「衆院と参院で議決が異なる場合、新しい政策を進めていくことが困難になる。野党の皆様と重要な政策課題について誠意を持って話し合いながら、国政を進めて参りたい」

福田が十月一日の所信表明演説で真っ先にこう打ち出したのは、独自カラーの看板政策ではなく、参院で多数を握った民主党など野党勢力との低姿勢の「話し合い路線」だった。

居抜き内閣と話し合い路線には伏線があった。曲折を経て民主党代表の小沢一郎と元首相の森喜朗らの間で、政権を争う自民、民主両党による大連立内閣の工作が進んでいた。

衆参両院で二大政党化が進んだ矢先に両院の多数派がねじれ、大連立以外にこれを解消する枠組みが見当たらなかった。小沢は安倍退陣を前提条件とし、福田は大連立の実現を唯一最大の使命として担ぎ出されたわけだ。自前の組閣や独自の政策は不必要どころか、有害無益だった。福田は総裁選の討論会で、野党との「話し合い解散」にも触れていた。

「そういうことも大事な政治課題だから、色々な問題について話し合いをしている中で、解散のことも入ってくるかもしれない。例えば予算が成立したら解散、なんていう話も」

首相の衆院解散権の放棄に等しい「話し合い解散」論も大連立へのシグナルだった。なぜなら、福田が解散のフリーハンドを保持したままで、小沢が大連立に応じられるはずがなかったからだ。政権参画で責任も共有した末に、自民党に一方的に有利な時期に衆院選を打たれては、民主党が大打撃を受けかねない。政権を争う二大政党による大連立は「組む」時より「別れる」方が至難の業。事前に次期衆院選の時期を合意し、期間限定で政権を共有しながら、選挙準備はお互い独自に進める「一時休戦」方式しか考えられなかった。

福田は満を持して十月三十日、十一月二日と小沢との電撃的な連続トップ会談に臨んだ。だが、期待はあっけなく破られる。小沢が大連立の提案を持ち帰った民主党役員会は寝耳に水で、

首相指名後、国会内の民主党控室に挨拶に訪れ、小沢一郎代表（左）と握手する福田康夫首相（2007年９月25日撮影　写真 © 時事）

反対論が噴出し、小沢も説得しきれなかったのだ。政権交代を目指して福田を早期解散に追い込め、と前のめりの同党内世論は、自民党と政策協議に入ることすら拒んだ。

小沢は十一月四日に引責辞任を表明し、慰留を受けると三日後に撤回する大迷走を演じる。なぜ、政権交代より大連立に傾いたのか。苦渋の釈明のカギは「政権担当能力」だった。

「民主党はいまだ、様々な面で力量が不足している。国民からも「本当に政権担当能力があるのか」との疑問が提起され続け、衆院選での勝利は厳しい。この疑念を払拭するためにも、参院選で約束した我々の政策が採り入れられるならあえて政権の一翼を担い、政策を実行し、政権運営への実績も示すことが、民主党政権を実現する近道だと判断した」

†ねじれで日銀総裁空席

〇八年一月十一日。自衛隊によるインド洋での給油活動を再開するための新テロ対策特別措置法案は、衆院で与党多数で可決されたのに、野党多数の参院本会議で否決された。憲法五十九条によると、両院の議決が異なる場合、衆院で三分の二以上の多数で再可決すれば、成立させられる。与党は直ちに衆院本会議で再可決した。衆参ねじれで混迷し、年末年始をまたいだ異例の延長国会。参院否決後の衆院再可決による法案成立は五十七年ぶりの出来事だった。

衆院再可決は憲法の明文規定にある手続きだ。小泉の遺産である三分の二超の与党議席で何とかしのいだ福田。だが、民主党幹事長の鳩山由紀夫は「今の衆院の議席は〇五年の郵政解散によるものだ。もはや直近ではない民意で再可決した」と非難した。「直近の民意」は〇七年に選挙したばかりの参院にあり、衆院は「古い民意」だ、との論法だった。

「与党三分の二」が通用しない難題も出てきた。三月十九日で任期満了の日銀総裁・福井俊彦の後任を決める国会同意人事は衆参両院の可決が必須要件。福田は副総裁の武藤敏郎（元財務事務次官）の昇格案で小沢と折り合いを探る。だが、大連立で民主党を抑え切れなかった小沢は、ここでも仙谷由人、枝野幸男ら反小沢勢力が財政・金融分離を理由に武藤案に反発するのを見て、党内政局への波及を警戒。最後は武藤案に乗れなくなった。

武藤案は三月十二日、参院であえなく否決された。福田は展望が開けないまま武藤の二年先輩の元大蔵次官で、国際協力銀行総裁の田波耕治の起用を再提示するが、対決路線で固まった民主党は参院でまた否決。日銀総裁が空席となる異常事態が現実のものになった。

民主党はガソリン税の上乗せ暫定税率の期限が三月末で切れるのを視野に「ガソリン値下げ」も声高に訴えた。暫定税率を継続する税制改正法案など〇八年度予算の歳入関連法案を参院で採決せず、棚ざらし戦術に出る。四月一日午前零時をもって暫定税率は失効。ガソリン価格が一リットル当たり約二十五円急落し、各地の給油所に車が殺到して混乱した。四月九日になり、日銀生え抜きで副総裁に就いたばかりの白川方明の総裁昇格案に民主党がようやく同意する。この日、福田は小沢との党首討論で、感情を抑えきれなくなった。

「「やっぱりこれ、一緒になってやらなきゃできない」と考えて、あの（大連立に向けた党首）会談をセットされたと思っている。その気持ちは忘れてもらっちゃ困るんですよ」

「誰とお話をすれば、信用できるのか。大変苦労しているんですよ。可哀そうなくらい、苦労しているんですよ。日銀人事も正直言って、翻弄されました……」

大連立の残り火は消えた。四月三十日、衆院本会議場前で民主党議員らの「ガソリン値下げ隊」がプラカードを手に、衆院議長の河野洋平の行く手を阻んでいた。憲法五十九条は、参院が衆院から受け取った法案を六十日間議決しない場合、衆院は参院が否決したとみなすことができる、とも規定する。参院が歳入関連法案を採決せずに六十日が過ぎたので、与党は今度はこの「みなし否決」条項を発動し、衆院で三分の二以上による再可決で成立させる手続きを本会議で取ったのだ。暫定税率が復活し、ガソリン価格は急反転した。

「みなし否決」による衆院再可決は五十二年ぶり、二度目の異例でもあった。ねじれ国会の混乱に後期高齢者医療制度を巡る迷走も加わり、福田の求心力は極度に低下した。

†タカ・ハトまさかの相似

日銀総裁が戦後初の空席となった直後、三月二十日の首相官邸。春分なのに朝から冷たい雨が降り注ぐ中、福田が休日返上でまず呼び込んだのは前官房長官の与謝野馨だった。

「道路特定財源の一般財源化、どうだろうか？」と福田は首相主導のトップダウンで改革に踏み込もうとして相談を持ち掛けた。与謝野は「合理的な考え方だと思います」と応じた。〇七年暮れ、薬害C型肝炎訴訟への対応に苦しむ福田に、与謝野は行政責任を乗り越える「議員立法による患者全員救済」の知恵を授け、一日置かれた。与謝野と入れ替わりに官邸に駆けつけたのは、元幹事長の中川秀直である。「日銀総裁の空白は短い方がいい。できるだけ早く次の提案を」と財務省出身者にこだわらない早期収拾を進言した。

財政規律派の与謝野と上げ潮派の中川。水と油の両雄を、福田は用心深く政治的バランスを測って操ろうとし、同じ日に続けて面会した。無役の大物二人を重用すれば、「正規軍」の官房長官・町村信孝や幹事長・伊吹文明が心穏やかでないのは承知のうえ。それぞれの具申を「いいとこ取り」し、オンリーワンの司令塔は置かずに分割統治を試みる。

大連立と消費税増税を視野に立ち上げた社会保障国民会議（座長＝東大教授・吉川洋）。福田はわざわざ上げ潮派の中川側近で元金融相の伊藤達也を首相補佐官に据えて実務を仕切らせた。学者出身で経済財政相の大田弘子も休日に公邸や私邸に招いてワイン片手に話し込む相談相手。だが、大田が手掛けたいと心中に期した社会保障改革は、経済財政諮問会議には任せない。小泉内閣以来の自民党内の根強い反諮問会議ムードに配慮したからだ。

安倍晋三は官房長官の塩崎恭久、首席首相秘書官の井上義行、首相補佐官の世耕弘成らお友達で官邸を固めたが、司令塔はいなかった。各側近は安倍と直に結びつこうとした。自転車の車輪にたとえれば、安倍が中心のハブ。放射線状に延びるスポークで側近一人ひとりと等距離でつながる半面、縦割りの側近同士は連携を欠いた。対中国外交などで、タカ派の安倍とは党内で対極に位置したハト派の福田。大連立が挫折し、政権浮揚にもがけばもがくほど首相主導を演出せざるをえなくなり、その権力操縦は安倍そっくりに傾斜した。

与謝野、中川、伊藤、大田らステルスの「チーム福田」を構築し、有識者会議を次々に立ち上げる。側近とは携帯電話で直に連絡し、互いを競わせて出来の良い献策を採用する。政権運営の全体像は福田にしか分からない。官僚は誰が真の司令塔なのか右往左往した。

小泉官邸に仕えて急速に力をつけ、短期間で宰相へ駆け上がった安倍と福田。外相や財務相などの経験なしにいきなり総合調整役の官房長官を務め、官邸で「促成栽培」されて首相に就いた政治キャリアも相似形だが、小泉流とは似て非なる「首相孤立」を招いた。

†「共通の基盤」民主が布石

国会会期末が迫った六月十一日。民主党、社民党、国民新党が参院に福田首相問責決議案を提出し、野党の賛成多数で可決した。参院の首相問責決議は憲政史上初めてだ。参院民主党議員会長の輿石東は一月の代表質問で「首相の問責決議は極めて重い。首相が適切に受け止めるならば、自ら総辞職するか、衆院を解散せざるを得ないと思われる」と訴えていた。三野党は問責した福田の国会出席はもはや認められない、と残り会期の審議を欠席してしまった。

与党は十二日、対抗して衆院で内閣信任決議案を可決した。憲法六十九条で、衆院が不信任決議をすれば、内閣は総辞職か解散をするしかないが、信任したのでどちらも不要だ、との論法を取った。参院の首相問責決議は憲法に何も規定はない。六十三条は、首相や閣僚は「何時でも議案について発言するため議院に出席することができる」と定め、登院拒否にも法的根拠はない。「ねじれ国会の最大の犠牲者は私だ。しかし、もっと犠牲者は国民だ」と嘆いた福田は、それでも七月七〜九日の主要国首脳会議（洞爺湖サミット）に議長として臨む。

険悪なねじれ国会で、自民、民主、公明三党は政府が提出した国家公務員制度改革基本法案を修正して成立させる意外な結果も出した。主眼は縦割り行政の打破で、各府省の次官、局長、部長らの幹部人事を内閣に一元化し、首相主導を強めることだ。修正協議で自民党の宮澤洋一、林芳正と向き合ったのは民主党の行政改革調査会長だった松本剛明と同事務局長の松井孝治。公明党も加わって三党合意がまとまるが、隠れた主役は民主党だった。

政府案は幹部人事の「首相による承認」を明記し、新設の「内閣人事庁」から各省への助言や情報提供も定めて「共管」をにじませた。民主党は「各大臣に人事権がなければ、省を統制する力を持ちえない」と指摘。「各大臣が人事を行うに当たって、任免は首相及び官房長官と協議した上で行う」と人事権は各大臣に残したうえ、官邸の「拒否権」を担保する修正を提案した。第三章で見た官邸の人事検討会議の実態に法律を合わせたわけだ。

民主党は官邸から離れた新しい役所を創ったところで機能しない、と「内閣人事庁」もやめ、規模は小さくしてでも、内閣官房に「内閣人事局」を置く修正も要求した。何より首相のお膝元に置き、官房長官が直轄する組織にすることが絶対条件だと判断したからだ。松井は、首相や官房長官が重要政策を巡って指示したり、報告を受けたりして濃密に接触する各府省幹部の中核部分、政府全体では数十人規模の枢要ポストの人事を押さえれば、必要かつ十分だと考えていた。巨大な人事部局を創れば、逆に官邸機能が肥大化しすぎる弊害も懸念した。だから、内閣人事局による幹部公務員候補生の一括採用にも踏み込まなかった。

松井は旧知の首相秘書官に根回しし、福田から自民党に修正合意の指示を出させる工作までした。民主党は政権交代を見据えて「政治主導」を旗印とする政権運営の新システムを構想し始めていた。衆院選の政権選択で有権者から直接、選ばれたに等しい首相が強い指導力を発揮する流れは、自民党政権であれ、民主党政権であれ不可逆だと考えられた。

「政権交代に備え、ここは民主党の主張を盛り込んで修正合意すべきだと考えた。民主党が基本法を土台に政治主導の政権運営を加速すれば、自民党も反対できないはずだ、と」と松井は振り返る。首相主導の幹部官僚人事を法制化する公務員制度改革は、政権交代を超えた二大政党の「共通の基盤」になる、との潜在意識が、三党合意へと突き動かした。

†二人の宰相の「使命感」

福田が政権浮揚を懸けた洞爺湖サミットが終わると、〇九年九月の衆院任期満了まで一年余。年末の予算編成や〇九年夏の東京都議会選挙に支障を来さず、与党が追い込まれる前に「打って出る」衆院選の時期を探すなら、年内解散が望ましい。支持率が低迷する福田に居座られては手遅れになる——与党の公明党にこんな早期解散論と「福田降ろし」の機運が強まった。それを察するや福田を後押しし、叱咤激励したのは小泉純一郎だった。

「辞めたくても辞められないのが首相だ。解散して負けるか、内閣不信任決議で総辞職なら分かるが、それ以外で任期さなかに辞めるのは、責任を放り投げたと批判を受ける」

小泉は七月三日の講演で、首相職の投げ出しが二代続けば、自民党政権の危機は極めて深刻になる、とこう訴えた。言外に内閣改造で「自前の内閣」を組み、衆院選で勝負に出る腹をくくれ、と福田に迫ったのである。「自分の手で解散するなら」と小泉は続けた。

「何のために首相になったのか。任期までに何をやらなければいけないか。それを考え、使命感と情熱で国民に共感を得られるものを打ち出して（選挙を）やるのが一番望ましい」

小泉が郵政民営化に「使命感と情熱」を込め、〇五年九月の衆院選を断行したように、福田流マニフェストを掲げて打って出よ、という檄。「首相の権力の最大の源泉は解散権と人事権だ。これで失敗したら退陣するしかない」と持論を力説した。小泉は「〇九年に入れば、民主党は政権交代論を押し出して対決路線を徹底させる。与党がその流れを押し返すのは容易じゃない」とも漏らした。福田を巡って公明党と立ち位置は違えど、年内解散論だった。

だが、小泉流の「首相の権力」論は福田に届かない。八月一日、やっと内閣改造・党役員人事に踏み切った福田が幹事長就任を要請したのは、ポスト福田最有力と目された麻生太郎。小泉は「これじゃ自分の手で衆院選ができなくなってしまうじゃないか！」と叫んだ。禅譲を狙う麻生が、福田の解散を支持するはずがない。「首相の権力」であるはずの解散権も、党務を取り仕切る幹事長がとことん反対すれば、押し切って行使するのは容易ではない。

米国では、九月にリーマン・ショックに至る金融システム不安が既に深刻化。福田が経済財政相に据えた与謝野馨は就任会見で「景気は既に後退局面」と従来の政府判断を転換し、緊急経済対策作りを急いだ。だが、公明党が麻生と呼吸を合わせ、政権運営の主導権を福田から奪う。選挙対策を見据え、低所得層ほど恩恵が大きい定額減税をゴリ押しした。

公明党は福田が望んだ臨時国会の早期召集にも応じない。召集自体は内閣の権限だが、同党の支持なしには、ねじれ国会の切り札「衆院三分の二以上で再可決」が使えない。もはや退陣要求に等しかった。福田の眼前に、九月のカレンダーの空白の三週間が広がった。

九月一日夕。福田は麻生を呼ぶと「総裁選をやって欲しい」と後事を託した。緊急退陣会見で「私が続けて国会が順調にいけばいいが、そうはさせじという野党がいる限り、大変困難を伴う。国会に迷惑を掛けない時期に、私が辞意表明するのが一番いいと考えた」とねじれ国会の行き詰まりを理由に挙げた。二十四日の内閣総辞職の際の首相談話を「いま、何よりも大切なことは政治の安定だ。自らの使命感に基づき、首相を辞任した」と締めくくった福田。自民党政権を維持するには「選挙の顔」は麻生の方がよい、と解散権のバトンをリレーした。小泉が訴えた首相職を全うする「使命感」とは真逆の結末だった。

†「解散より景気」迷った麻生

福田の退陣表明を受けた自民党総裁選。最大派閥の町村派を実質的に動かす元首相の森喜朗は、地方組織で人気の高い幹事長の麻生太郎に「選挙の顔」として乗る。参院のボス、青木幹雄は経済財政相の与謝野馨を支持。元首相の小泉純一郎は、政権転落を防ぐ奥の手は「初の女性首相」しかない、と元環境相の小池百合子を支援する。「麻生最有力」ながら、実力者たちが割れた間隙を突いて防衛相の石破茂や石原伸晃も名乗りを上げた。

またも首相職を与党内でたらい回し。事の本質は、衆院選での有権者による政権選択やマニフェスト（政権公約）といった権力の源泉からの遊離だ。不信の視線をそらしたい老舗与党のあがきが「何はなくとも総裁選」。五人が競う一見、賑々しい舞台の演出だった。

この思惑を九月十五日、米大手証券リーマン・ブラザーズのまさかの経営破綻が直撃する。米国発の金融危機が世界の金融市場を凍りつかせ、実体経済に景気後退の大波が迫った。与謝野が危機対応で地方遊説の欠席を思案するなど総裁選のお祭り気分は吹き飛んだ。

麻生は総裁選で圧勝。九月二十四日に新内閣を発足させ、二位の与謝野を経済財政相に留め置いた。財務省と金融庁の分離後、初めて財務・金融相を兼務させたのは中川昭一。官房長官に河村建夫（伊吹派）、幹事長に細田博之（町村派）と選挙に強い二人を据え、就任記者会見で「このメンバーで選挙も戦う」と早期の衆院解散・総選挙に意欲をのぞかせた。

解散近しと見た小泉は翌二十五日、政界引退と次男の進次郎を後継者とする意思を後援会に伝えた。月刊『文藝春秋』が十一月号で麻生に寄稿を依頼した論文は九月末が校了だった。十月十日発行となるその文章も、こんな「国会冒頭解散」の宣言となっていた。

「私は決断した。（中略）国会の冒頭、堂々と私とわが自民党の政策を小沢（一郎民主党）代表にぶつけ、その賛否をただしたうえで国民に信を問おうと思う」

だが、国連総会出席のため、九月二十五～二十八日まで訪米した麻生は「金融危機の深刻さは日本で思っていたのとは次元が違う」と漏らし、早期解散か、本格的な景気対策を優先するかの板挟みで迷い始める。九月二十九日に金融危機対応法案を米下院が否決すると、ニューヨーク株式市場が史上最大の七七七ドルもの暴落。与党にも動揺が広がった。細田や国会対策委員長の大島理森、連立を組む公明党は既定路線の早期解散を主張したが、麻生側近として台頭していた選挙対策副委員長の菅義偉は「絶対にダメだ」と解散阻止に回った。

「うーん、迷うな」と漏らす麻生。米大統領ジョージ・W・ブッシュは先進国「G8」サミットを拡充し、中国、インド、ブラジルなど新興国首脳も加えた「G20」の十一月米国開催を提案してきた。十月二十三〜二十五日、北京でのアジア欧州会議（ASEM）首脳会合で危機対応の緊迫を実感した麻生は、記者会見でついに「解散より景気」に傾いた。

G20金融サミットでのブッシュ米大統領と麻生太郎首相（2008年11月15日撮影　写真©EPA=時事）

「解散時期は、様々な要素を勘案して決める。グリーンスパン（前米連邦準備理事会議長）の言葉を借りれば、百年に一度の国際的な経済危機だ。輸出に頼ってきた日本は内需喚起が必要。国内的な政局より国際的な役割を優先する必要性が大きいと感じさせられた」

麻生は目の前の景気対策を急ぐ半面、中長期的には消費税増税から「逃げない」蛮勇も振るって見せる。総裁選で戦った与謝野を経済財政相で続投させたのも、そのためだった。消費税を増税したうえで社会保障財源化し、財政赤字を穴埋めしつつ、給付・サービスも充実させる「静かなる路線転換」のバトンを福田から引き継いだのだ。「小泉元首相が在任中は消費税率は上げないと言ったのがいけなかった」と「脱小泉」意識をのぞかせた。

麻生は経済財政諮問会議で、トップダウンで消費税・社会保障改革の中期プログラムを打ち出す。前財務相の額賀福志郎を自民党の「交渉全権」に立て、渋る公明党と綱引き。与党合意にこぎつけた。与謝野はこれを「閣議決定するだけではダメだ。法律にして政府を縛るんだ」と「国会の意思」にしようと画策する。たとえ民主党に政権交代しても、消費税・社会保障改革を後戻りさせないためだ。〇九年の通常国会で成立させた税制改正法の附則一〇四条に、中期プログラムの核心部はこう書かれていた。これが結果的に与野党の「共通の基盤」となる。

「政府は（中略）〇八年度を含む三年以内の景気回復に向けた集中的な取組により経済状況を好転させることを前提として、遅滞なく、かつ、段階的に消費税を含む税制の抜本的な改革を行うため、一一年度までに必要な法制上の措置を講じる」

✝郵政民営化論議の再燃

日本経済新聞の世論調査で見る麻生の内閣支持率は、就任直後の九月下旬で安倍（七一％）、福田（五九％）の組閣時より低く、五三％。「選挙の顔」として総裁選の地方票で雪崩現象に乗って圧勝したものの、二代連続の首相投げ出しの後で、トップの人気頼みには陰りが見えていた。暗転も早かった。リーマン・ショック後の景気後退が加速度的に進む十一月下旬に早くも三一％まで下落。〇九年二月には一五％まで落ち込んでしまったのである。

安倍内閣以来の閣僚の失態・辞任ドミノも止まらない。福田の退陣間際に農相の太田誠一が失言で辞任。麻生内閣でも国土交通相の中山成彬が失言で就任五日目に辞任に追い込まれた。麻生側近で官房副長官の鴻池祥肇にも女性絡みの週刊誌報道が続き、〇九年一月に厳重注意の処分（五月に辞任）。自民党政権の統治能力そのものが疑われ始めていた。

麻生から政権を揺るがす答弁が飛び出したのは、〇九年二月五日の衆院予算委員会だった。「郵政民営化は、小泉首相の下に賛成じゃなかったので。衆院解散の詔書にもサインしない、とか言ってえらい騒ぎになった立場だったので。民営化担当相は竹中平蔵さんだったことだけはぜひ記憶をして。妙に濡れ衣を着せられると、俺もはなはだ面白くないから」

麻生は郵政民営化に「反対だった」と公言した。郵政事業を持ち株会社（日本郵政）の下で貯金、保険、郵便、郵便局ネットワークの四つの独立した会社に分割した制度設計にも「本当に効率がいいかどうかは見直すべき時に来ている」と疑問を示した。

小泉は二月十二日夕、党本部での「郵政民営化を堅持し推進する集い」で「怒るというよりも、笑っちゃうくらい、ただただ呆れている」と麻生に痛罵を浴びせた。釈明の電話をかけてきた麻生に対し「これから選挙を戦おうとしている人たちに、前から鉄砲を撃っているんじゃないか、発言は気をつけてくれ」と突き放した、と厳しいやり取りを明かした。

小泉発言は中堅・若手議員の「麻生首相では戦えない」の合唱に火をつけた。さらに小泉は麻生を「現在の衆院の議席がどういう形で得られたのかよく理解していない。三分の二の力を借りるのは当然だと考えているようだが、拠って立つ原点を考えてもらいたい」とも批判した。郵政民営化を骨抜きにするなら、〇五年衆院選の大勝の否定に等しい。ならば、衆院で三分の二を超す巨大与党の数の力も使う資格はない、と断じたわけだ。ねじれ国会で衆院再可決は政権維持の生命線。それを「使うな」とは倒閣宣言に等しかった。

小泉の論理にも弱みがあった。〇五年の衆院選中から公言したとはいえ、勝って一年後に総裁任期満了で首相を退任し、安倍を後継指名した。党則に過ぎない総裁任期を、有権者が政権を選択した衆院任期四年に優先させたところから、けじめなきたらい回しが始まったのだ。その果てに自民党が行き着いたのは、現首相と「変人」元首相の仁義なき非難の応酬だった。

「麻生政権は国民の審判に基盤を持たず、しかも、ほとんどマニフェスト抜きの自民党総裁選によって成立した政権の脆弱さを如実に浮き彫りにした。何をなすべきなのか、何をしてはいけないのか、その規律がはっきりしないままで出発した政権であり、(中略)政権のメルトダウンとともに政権党内部もメルトダウンの様相を呈している」

政治改革の推進役だった21世紀臨調は二月二十七日の「緊急アピール」で、人気投票で首相職をたらい回しし続ける自民党の政党統治の崩壊にこそ低迷の真因が潜む、と喝破した。

†「追い込まれ解散」の末路

自民党内が浮足立つ二月十四日。ローマ発でまさかの映像が世界を駆け巡った。七カ国財務相・中央銀行総裁会議に出席した財務・金融相の中川昭一が、泥酔状態かと見まがう「ろれつの回らない記者会見」をしてしまったのだ。統治能力を失った自民党政権を象徴する光景だった。麻生は中川を更迭し、与謝野に財務相と金融相も兼務させる異例の態勢を取る。

「戦後最悪、最大の経済危機だ」と認定した与謝野。三月に株価が七千円まで下落すると、史上最大の国費十五兆四千億円を投入する経済危機対策に全力を挙げた。麻生は解散をズルズルと先延ばし。六月十七日に「景気は一〜三月が底だった」と底打ちを宣言するが、実感は乏しく、支持率も二〇%台で低迷が続いた。政権ガバナンスもガタつき続けた。

三月には事務担当の官房副長官の漆間巌（元警察庁長官）が検察の捜査に関する発言で「政治の介入」と批判を浴びた。安倍がこの役職に的場を起用した後、福田は前任の二橋を復帰させ、麻生は漆間を登用、と首相と同じで一年での交代が続き、旧内務省系の次官経験者が座る霞が関官僚機構の最高ポスト、という重みと求心力は失われつつあった。

「かんぽの宿」の売却を問題にした総務相の鳩山邦夫と日本郵政社長の西川善文の対立も抜き差しならなくなった。六月十二日、郵政民営化を否定できない麻生は盟友の鳩山を更迭するほかなくなる。一方、党選挙対策委員長の古賀誠は宮崎県知事の東国原英夫を衆院選で目玉候補として擁立しようと画策するが、東国原から「自民党は私を総裁候補として戦う覚悟があるか」と条件を突きつけられる始末。自民党の落日はもはや隠せなかった。

七月十二日の東京都議会議員選挙。定数百二十七に対し、民主党は二十増の五十四議席で第一党に躍進し、自民党は十減で過去最低に並ぶ三十八議席と惨敗した。麻生に退陣を迫り、総裁選でせめて「選挙の顔」を代えてから衆院選に臨みたい、との声すら党内にくすぶった。与謝野と農水相の石破茂は七月十五日、辞表を懐に官邸を訪ね、麻生とやり合った。

与謝野「若い連中に余りに気の毒だ。ここは選手交代してから衆院選をやるべきだ」

麻生「誰が後継総裁なら今の情勢を好転させられるのか。誰もいないではないか」

「経済総理」として麻生を支えた与謝野までが退陣を要求する異常事態。麻生は峻拒し、七月二十一日に自らの手で衆院を解散する。政党ガバナンスが崩壊した自民党には選挙前に「顔」を代えるエネルギーすら尽き果てていた。選挙日程は「八月十八日公示－三十日投票」と〇五年衆院選に続く真夏の決戦となる。事実上、九月十一日の任期満了選挙に等しく、麻生の末路が「首相の権力」を行使しきれなかった「追い込まれ解散」だったことを物語った。

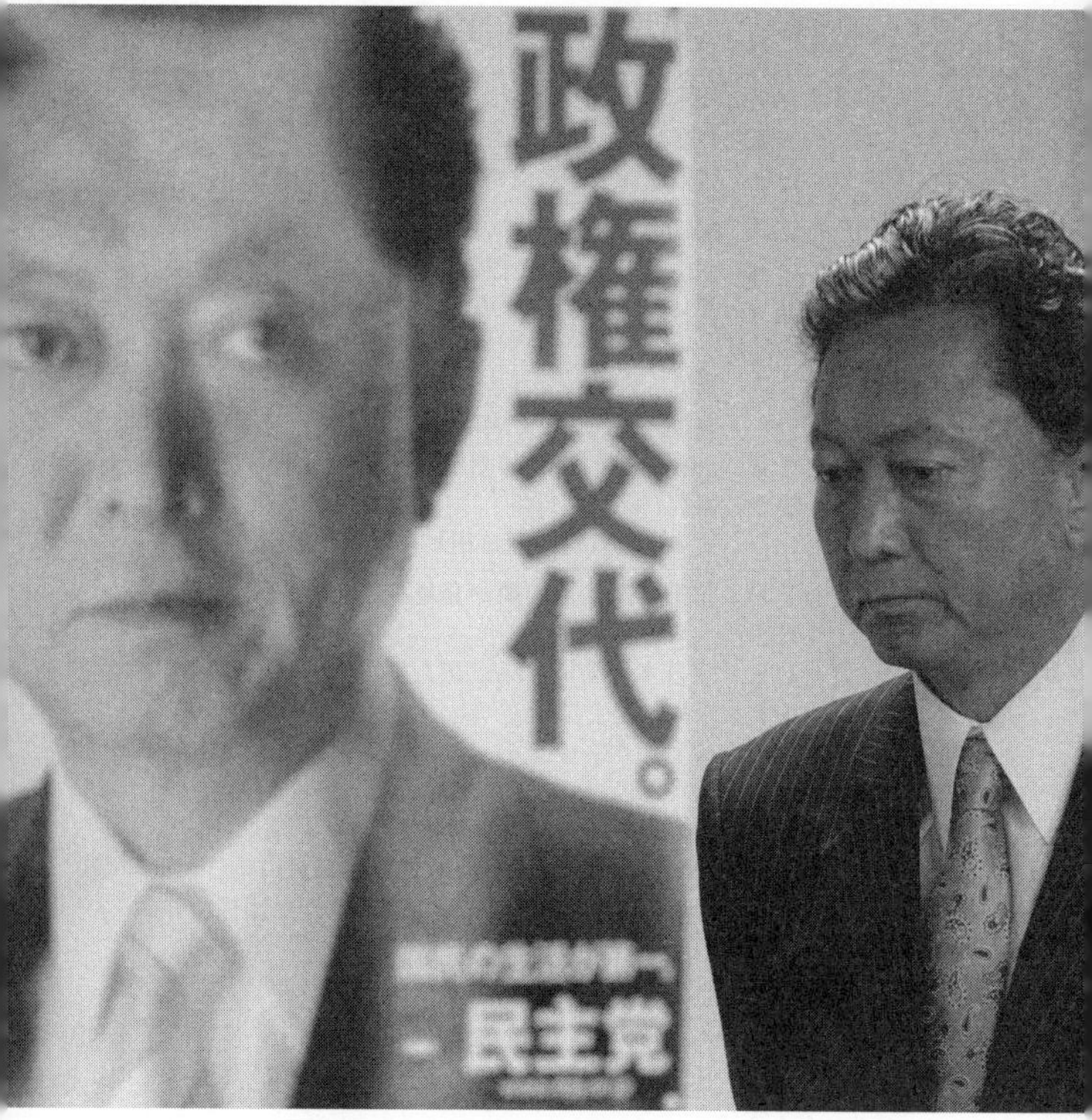

第六章

民主党政権の実験と挫折

新首相に内定した鳩山由紀夫民主党代表（2009年9月3日撮影　AFP=時事）

第六章関連年表

2009年（平成21）	9月16日　民主党、国民新党、社民党が連立して鳩山由紀夫内閣が発足 11月11日　行政刷新会議による「事業仕分け」がスタート
2010年（平成22）	5月28日　鳩山首相が沖縄県の米軍普天間基地を名護市辺野古崎へ移設する方針を閣議決定。社民党が連立を離脱 6月2日　鳩山首相が退陣を表明、小沢一郎民主党幹事長も辞任 6月8日　菅直人内閣が発足、官房長官に仙谷由人氏 7月11日　参院選で民主党が惨敗し、与党過半数割れ 9月7日　沖縄県尖閣諸島沖で中国漁船が海上保安庁の巡視船に衝突 9月14日　民主党代表選で菅首相が小沢氏を破り、再選
2011年（平成23）	1月14日　菅第2回改造内閣が発足。与謝野馨氏が経済財政相に 3月11日　東日本大震災と東京電力福島第1原子力発電所の重大事故が発生 6月2日　菅首相が「一定のメド」で退陣を示唆、内閣不信任決議案を否決 8月19日　円が対ドルで戦後最高の1ドル＝75円台に 8月30日　野田佳彦内閣が発足、民主党幹事長に輿石東氏 11月11日　野田首相がTPPで「交渉参加に向け関係国と協議に入る」と表明 12月29日　民主党が消費税率を2段階で10％まで引き上げる「素案」を了承
2012年（平成24）	6月15日　民主、自民、公明党が社会保障・税一体改革で3党合意 8月8日　野田首相が「近いうち」の衆院解散を表明 8月10日　消費税増税などの社会保障・税一体改革法成立 9月11日　政府が沖縄県尖閣諸島を国有化 9月26日　自民党総裁選で安倍晋三氏が石破茂氏を破り、返り咲き 11月15日　中国で習近平氏が最高指導者の共産党総書記に 12月16日　衆院選で自民党が大勝し、26日に第2次安倍内閣が発足

1　小沢・松井流「政治主導」

†「国家戦略局」構想の深層

政権交代と首相主導を両輪とする平成デモクラシーの「嫡流」は、自民党に対抗する政党を目指した民主党が継承するかにも見えた。一九九八年の結党時を振り返れば、自民党時代に小選挙区導入と政治改革の旗を振った羽田孜、鹿野道彦、岡田克也らがそろっていた。鹿野が委員長、若手の玄葉光一郎が事務局長で主導し、同年十二月にまとめた政権運営委員会の答申がある。英独の議院内閣制も視察し、自民党とはおよそ異質の政権のマネジメントを訴えていた。

例えば、自民党政権の代名詞とも言えた政策決定での与党事前審査制の廃止だ。英国をモデルにして「与党の党首、幹事長及び政調会長はすべて閣僚として入閣することとし、政府の外に与党が非責任主体のまま強力な政治的影響力を行使するという事態を避ける」と「政権党を内閣の中に統合」して、内閣・与党を一元化する新システムを掲げていた。

小泉純一郎が前例のない首相主導の政権運営を試み、内閣と与党に二元化した「双頭の鷲」

型自民党システムを揺さぶっていた二〇〇三年。民主党は菅直人が代表に返り咲き、小沢一郎率いる自由党を吸収合併。同年十一月の衆院選は、自民、民主両党がともに政策パッケージのマニフェスト（政権公約）を作成し、二大勢力による本格対決の構図となる。

民主党は内閣・与党一元化に加え、外相、財務相など主要閣僚の首相官邸常駐を提唱。さらに首相主導を目指して「内閣財政局を設置し、各省庁の省益を超えた大胆な予算配分の変更と、思い切った税制改革を推進する」と公約した。橋本行革で誕生した経済財政諮問会議の源流にもあった「内閣予算局」構想が、「内閣財政局」として復活した。これらの新システム構想には行政改革会議の事務局から〇一年に民主党参院議員に転じた松井孝治の影響があった。

同党代表が岡田克也に代わった〇五年の郵政総選挙。この時の公約では、首相と関係閣僚でつくる「国家経済会議」創設を掲げて「予算の大枠は首相のリーダーシップの下で決定し、各省庁はその枠内で予算の細目を決める」とした。ただ、惨敗して新構想も雌伏が続く。

〇九年五月。鳩山由紀夫の代表選公約でお目見えしたのが、「国家戦略局」創設構想だ。「天下り根絶だけでは公約として不十分だ。政治主導の新たな仕組みを打ち出したい」「やはり予算編成を財務省任せにせず、首相主導で進めることを基軸に据えるべきだ。「国家戦略なき日本」などと言われていることだし、名称は国家戦略局でどうだろうか」

鳩山側近で通産省出身の参院議員、鈴木寛が、遅れて陣営に加わった松井孝治に相談を持ちかけたところから「国家戦略局」が浮かんだ。やはり「内閣財政局」の流れをくみ、予算編成の基本方針などを官邸主導で策定するのが最大の狙いだった。第五章で見たように、〇八年には「内閣人事局」創設を盛り込んだ国家公務員制度改革基本法が、与野党共同修正で成立していた。首相のお膝元に「内閣財政局」と「内閣人事局」がそろえば、松井が橋本行革の初期に描いた予算と人事を掌握する官邸ビジョンに近づくはずだった。

名称を「国家戦略局」にしたのは、予算編成に加え、外交や文化戦略まで幅を広げたい野心の表れだった。実際、松井は政権交代で官房副長官に就くと、首相のスピーチライターも務め、助言役として劇作家の平田オリザを内閣官房参与に発令する。平田には新しい文化戦略を構想し、世界に発信する役回りも期待した。それも「国家戦略」だと考えた。

地味な「内閣財政局」ならメディアへの訴求力もそれほどでもなく、マニフェストの目玉扱いされたかも疑わしい。「国家戦略局」だったから、イメージが膨らんで独り歩きも始める。

✝「小泉個人商店」超え狙う

鳩山民主党が〇九年七月に発表した衆院選マニフェスト。「政権交代。」と大書された表紙をめくると、真っ先に掲げたのは新政権マネジメントの「五原則・五策」だ。党行政改革調査会長の松本剛明と同事務局長の松井が起草した「政治主導」システムは三本柱から成った。

第一は「官僚丸投げの政治から、政権党が責任を持つ政治家主導の政治へ」。脱官僚依存と狭い意味での「政治主導」だ。内閣に入り、権限と責任を伴って官僚機構を統制し、政策決定を進める閣僚、副大臣、政務官らを従来の約七十人から百人規模に増やすとした。閣僚ら政治家の「政務三役」がチームを組み、各府省で官僚と対峙する発想も自民党政権にはなかった。閣議案件を巡る各省調整の完了を確認する場だった事務次官等会議の廃止も打ち出した。

第二の柱として「各省の縦割りの省益から、官邸主導の国益へ」と脱縦割りの「官邸主導」をうたった。閣僚が各府省の省益を代弁すれば、縦割りは変わらない。そこで「各省の長としての役割と同時に、内閣の一員としての役割を重視する」と強調。予算編成や通商交渉、地球温暖化対策など懸案ごとに少数の関係閣僚を集めた「閣僚委員会」を編成し、首相が主導して「政治家自ら困難な課題を調整する」方針を掲げた。内閣の正式な意思決定機関である閣議に先立ち、実質的な方針を決するインナー・キャビネットの機能を期待した。

首相直属の「国家戦略局」は「官民の優秀な人材を結集して、新時代の国家ビジョンを創り、政治主導で予算の骨格を策定する」と明記した。「内閣人事局」を活用する幹部公務員人事、予算や制度のムダ・不正を排除する「行政刷新会議」設置も官邸トップダウン機能の強化だ。

民主党は特に小泉・竹中流の改革路線に新自由主義的だとレッテルを貼り、経済財政諮問会議の廃止を宣言して「断絶」を叫んだ。ただ、政策路線より政治主導の新政権マネジメントによく目を凝らすと、読み取れるのはむしろ小泉流の首相主導の「継承」だった。「個人商店」色が濃かった小泉流に対し、舞台装置の「閣僚委員会」やスタッフ組織の「国家戦略局」の整備を掲げる民主党には、首相主導を組織化・制度化する意欲が鮮明だった。「内閣財政局」から「国家戦略局」に至るまで、松井が一貫して提唱したのは、あくまで予算編成の骨格や基本方針を首相主導で創り上げるための補佐体制の強化だ。民主党内には財務省が担当する予算編成そのものの官邸移管論も根強かったが、松井は、財務省という防波堤をなくし、官邸が個別の予算項目の政治的な利害調整まで直接引き受ければ、混乱するだけだ、と説いた。橋本行革で新設した経済財政諮問会議を廃止する代わりに、「国家戦略局」と「予算編成に関する閣僚委員会」の組み合わせで首相主導の予算編成を推進しようと構想した。

政治主導の第三が「政府と与党を使い分ける二元体制から、内閣の下の政策決定に一元化へ」という脱与党主導だ。自民党型の与党事前審査制の廃止と内閣一元化を宣言したのである。

✝画竜点睛欠く内閣一元化

民主党は八月三十日の衆院選で圧勝し、歴史的な政権交代を果たした。九月十六日に鳩山が新首相に就任。松井孝治が官房副長官に就き、五原則・五策を新内閣の「基本方針」として改めて書き下ろし、初閣議で一気呵成に決定した。「内閣官房に国家戦略室を設置し、官邸主導で、税財政の骨格や経済運営の基本方針などを決定する」と明記。「政府・与党の二元的意思決定を一元化」する、と与党主導からの脱却と内閣一元化もうたっていた。

これを後押ししたのが幹事長として党務を一手に握った小沢一郎だ。九月十八日、民主党など連立与党の全議員の事務所に小沢名の「政府・与党一元化における政策の決定について」と題する文書がファクスされた。いきなり通達したのは、民主党政調会の廃止だ。「民主党の「次の内閣」を中心とする政策調査会の機能は政府（＝内閣）に移行する」

これに先立つ党役員会。代表代行の菅直人と前幹事長の岡田克也は政調会廃止に反対したが、鳩山と小沢、参院議員会長の輿石東が連携して三対二で押し切った。実は国家戦略相に内定していた菅は自ら政調会長を兼務し、内閣・与党を一元化する強力な政策調整権限を手にしようと目論んでいたが、小沢は「政調会は「影の内閣」だった。本物の内閣になったのだから、もういらないだろう」と一足飛びに政調会廃止まで踏み込んだ。

内閣一元化は英国型の政治改革を掲げた小沢の長年の表看板だ。このように一連の民主党の政権マネジメントの新構想は、小沢らが旗を振った政治改革と、松井が官僚時代に発案した橋本行革の官邸機能強化という九〇年代の統治構造改革が合流して形作られてきた。

英国型を貫徹するなら幹事長も無任所相などで入閣し、国会対策を指揮するなど内閣・与党一元化の調整の要となるはずだった。ただ、民主党は衆院選前から「政府の仕事もこなしながら党運営を充実させるのは厳しい」（鳩山）と選挙対策や連立与党協議も担う幹事長の入閣は見送りに傾いていた。閣僚が長時間拘束される日本の国会慣行も考えたためだ。西松建設からの不正献金疑惑の渦中の小沢が幹事長になり、入閣論は完全に消えた。

政調会廃止で、法案や予算案を国会に提出するまでは内閣に一元化できる。だが、それらを国会で成立させるには与党議員が賛成票を投じて多数を制する必要がある。そこは相変わらず幹事長ら与党執行部の采配頼み。法案や予算案が成立しなければ、マニフェストも実行できないのだから、政策決定の最終的な生殺与奪は幹事長が握るとも言えた。

菅や岡田が政調会廃止に反対したのも、小沢に党運営の実権が集中するのを危ぶんだからだが、鳩山は「権力の二重構造にはならない。それは皆さんの勝手な解釈だ」と説いた。

片や小沢は、幹事長の入閣見送りで、自分は内閣に一元化した政策決定から排除されたのだ、と後に主張するようになる。政策決定の内閣一元化に踏み込みながら、政権の頂点で首相と幹事長に権力が二元化し、画竜点睛を欠いた形で「小鳩」新体制は始動した。

小沢は政調会廃止を踏まえ、各府省に「政策会議」を設け、与党議員が足を運んで内閣で検討中の政策を議論する場とした。与党の政策関与は薄まると見られ、政務三役になれなかった議員には欲求不満がたまっていく。加えて目前の予算編成などにすぐ反映せずとも、政権党として中長期的な観点に立った政策ビジョンを議論する場がなくなった。次の国政選挙に備えてマニフェストの修正やバージョンアップを検討する場もどこか、分からなくなった。

†政権交代の目的と手段

鳩山新内閣が閣議決定した「基本方針」には「マニフェスト」の六文字がなかった。主要政策をどう実行するかにほとんど触れなかった。官房副長官の松井孝治は「内容が粗すぎ、そのまま内閣の方針にするわけに行かない」と漏らした。危ぶんだのは巨額の財源だ。

鳩山側近で官房長官になった平野博文や松井らは、衆院選前から政権の引き継ぎや組閣の段取り、政治主導の「五原則・五策」といった政権運営のロジスティクス（兵站）を担当するチームとして動いていた。片やマニフェストの政策のサブスタンス（実質）は政調会長の直嶋正行や政調会長代理の福山哲郎ら選挙のない参院議員が実務の中核を担った。

民主党内で並走した「サブ」と「ロジ」の二つのチームの意思疎通は円滑とは言いがたかった。マニフェストの工程管理に責任を持つ官邸の中枢は「サブ」チームではなく、「ロジ」チームの面々が占めた。基本方針がマニフェストに冷淡だったのもそのためだ。

中学卒業までの子ども一人に月額二万六千円（初年度一万三千円）の子ども手当（総額五・五兆円）。ガソリン税の減税（二・五兆円）。高校無償化（〇・五兆円）――。自民党のように中間団体を経由せず、家計への直接支援に財政支出を思い切って拡大するマニフェストは、小沢代表当時の〇七年の参院選から掲げてきたメニューが大半だった。

「政権を取れば、カネはいくらでも出てくる。財務省が何とかするから、大丈夫だ」

小沢は代表当時に菅直人らが財源確保を問うと、こう胸を叩いて見せ、消費税増税論は退けた。大筋で継承した鳩山マニフェストでは総額十六・八兆円。任期四年間の工程表も明示した。「コンクリートから人へ」を掲げ、公共事業費を手始めに公務員人件費や補助金などの歳出削減で九・一兆円、特別会計の「埋蔵金」や政府資産売却で五兆円を捻出するとした。

ただ、歳出削減に実行の担保はなく、「埋蔵金」は恒久財源たりえない。消費税増税にも触れていない。新規政策の財源対策のみで、歳出歳入全体への目配りも欠いた。年金・医療・介護など社会保障費の、高齢者の増加に伴う毎年度一兆円規模の自然増への対処が抜けていた。リーマン・ショックの影響で〇九年度税収は急減し、国債の大量増発が不可避だった。結果は終戦直後の一九四六年度以来の「税収（三十八・七兆円）＜国債（五十一・九兆円）」となるが、この経済状況も素通りしたマニフェストに持続可能性は乏しかった。

普通の政権交代なら政策の「サブ」の実現が目的で、政権運営の「ロジ」は手段に過ぎない。「平成デモクラシー」で最初のこの政権交代では、自民党流を否定する内閣一元化や政官関係の変革など新しい政治主導システムという「ロジ」の改革は、「サブ」の政策決定も一変させうる実験だった。つまり、「ロジ」の改革自体も政権交代のれっきとした目的だったと言える。

だが、経験不足の新政権には、「サブ」と「ロジ」の二兎を追うのは荷が重かった。

✝「ダブル司令塔」も火種に

「政調会長を国家戦略相と兼務とし、そこに政策の中心を置く。一方、官房長官の主たる役割は国会との間の運営がスムーズに行くよう心がけていただく」

鳩山は衆院選で政権奪取を確定した直後、首相主導を支えるこんな「ダブル司令塔」構想を掲げた。政調会は小沢が廃止したが、結党以来の盟友でライバルの菅直人を「政策の中心」と呼ぶ新設の国家戦略相に指名した。女房役の官房長官には腹心の平野博文を据えた。

内閣官房を統括し、官邸で首相と「同居」する官房長官。その職責は至近距離にいて首相を守る「官邸の防波堤」、閣内調整を取りしきる「内閣の大番頭」、平日は二度の記者会見をこなす「政権のスポークスマン」、さらに国会対策にも目を配る「与党との潤滑油」と多彩で重い。鳩山は、自ら抱えこんだ不正献金問題での「防波堤」役と、小沢との連絡を密にする「潤滑油」といった守りを平野の使命とした。攻めに出てマニフェストを推進し、政権を引っ張る「大番頭」役は副総理も兼務する菅、という新たな分担が想定された。

国家戦略「局」の新設には法改正が必要だ。鳩山官邸は九月十八日、立法ではなく、「首相決定」でひとまず国家戦略「室」を設置した。位置づけと権限はこう書かれていた。

「内閣官房に、税財政の骨格、経済運営の基本方針その他内閣の重要政策に関する基本的な方針等のうち、首相から特に命ぜられたものに関する企画立案並びに総合調整を行うため、当分の間、国家戦略室を置く」

そもそも内閣官房は首相の重要方針の企画立案と総合調整の権限を持つ。そこから「税財政の骨格」「経済運営の基本方針」などを切り出し、菅と戦略室に任せるように読めた。半面、官房長官の平野の閣内調整権限との線引きにはグレーゾーンが残った。内閣官房を統括し、職員を監督するのは内閣法上、あくまで官房長官だ。戦略室スタッフを官民から募る人事も、平野の了解なしに、戦略相の菅の一存では決められない。各府省に幹部人事を通じてにらみを利かせるのも官房長官だ。「ダブル司令塔」は指揮命令系統の混線を予感させた。

「国家戦略局」を発案した松井には、各省からエース格の幹部級官僚を選りすぐる腹案もあった。だが、菅は「戦略室は脱官僚依存の戦略本部だ。何とか庁みたいな「役所」を創るつもりはない」と官僚中心の設計に乗らない。民間人登用を探るが、思うに任せない。

結局、副大臣格の国家戦略室長に就いた大蔵省出身の古川元久が旧知の中堅・若手官僚を中心に官民から人材を探し、本格始動するまでひと月以上かかった。国家戦略局を創設するための政治主導確立法案を秋の臨時国会にすぐ出すべきだ、との松井の進言を、鳩山と平野は却下する。官邸の警戒感を見て取った菅も、予算の骨格作りにすらなかなか腰を上げない。政権交代の目玉になるはずの国家戦略局は、いつしか政権中枢の火種と化していく。

†官僚排除で調整寸断

政策決定の内閣一元化を目指した民主党政権。英国型を貫くなら、政調会廃止の延長線上には、行政に権限と責任を伴わない与党議員と、各府省の官僚の接触禁止すら想定された。小沢はまず与党議員が地元や支持団体から陳情を受け、官僚に口利きしたり、圧力をかけたりする慣行を止めさせ、陳情の窓口は幹事長室に一本化する新機軸を打ち出した。

逆に官僚の方から進んで上司の閣僚らと与党幹部のすき間を立ち回り、調整役となる「政官融合」も自民党政権では当たり前だったが、新内閣が申し合わせた「政・官の在り方」は、与党議員から官僚への働きかけは上司の政務三役へ報告を義務づけた。官僚から与党議員への根回しも、政務三役の指揮下で進める以外は「原則として行わない」とした。

各府省でも事務次官の記者会見を止め、閣僚らの「政務三役会議」で重要方針を決めることにした。権限と責任の伴う政務三役が官僚を統制し、使いこなす想定だったが、経験不足の政治家が「政治主導」にこだわるあまり、しばしば行き過ぎて「官僚排除」と化す。

国土交通相の前原誠司は組閣当日の九月十六日深夜、初登庁するなり、群馬県八ッ場ダムの公共事業を「マニフェストに書いてあることなので中止する」と事務方に事情を聞く前に宣言ないか、政務三役会議には同秘書官以外は陪席させない。した。旧知の国交官僚を政務秘書官に抜擢し、政務三役会議には同秘書官以外は陪席させない。事務次官、官房長、各局長以下の行政ラインを脇に置き、中堅・若手官僚だけで大臣直轄の「政策審議室」を新設して、そこを頼りに公共事業費の大幅削減に突っ走っていく。

厚生労働相の長妻昭は翌日の十七日、厚労省の講堂に職員を集めると、懐から折りたたんだマニフェストの冊子を取り出し、広げて高々と掲げて見せた。「これは国民と新しい政府の契約書だ。官僚の皆さんへの国民からの命令書だと言ってもいい。熟読するように」と訓示。官僚はマニフェストを字句通り機械的に実行すればよいはずだ、と言わんばかりだった。

「霞が関、米国、経団連。この三者との付き合い方を根底から変える」（長妻）と宣言した民主党。まず政と官の間合いが激変しようとしていた。決定打は事務次官等会議の廃止だ。九月十八日。鳩山は官邸に全府省の事務次官を集め、会議廃止を告げてこう訓示した。

「親父（鳩山威一郎）も大蔵事務次官を務めたことが人生の一番の誇りだった。国会議員にもなったが、尊敬する主体と思っていなかった。それが日本の病巣だ。政治家が尊敬されていない。優秀な官僚に丸投げしてしまう政治が、国民から信頼されなくなった」

官僚機構のトップである事務担当の官房副長官が主宰した事務次官等会議。縦割りの各府省にまたがる案件の調整が完了したことを次官レベルで最終確認し、翌日の閣議に上げる前さばきの機能を果たしてきた。実質的な対立は下の局長や課長のレベルで決着をつけ、この会議自体はほぼ「儀式」なのだが、菅は事務次官等会議に至る官の調整プロセスを「官僚主権国家の象徴」と位置づけて「絶対に廃止しなければならなかった」と政権交代の手応えを誇った。

マニフェストにも「事務次官会議は廃止し、意思決定は政治家が行う」と明記していたのだが、実は政権交代直前に「完全廃止」の断を下したのは小沢一郎である。鳩山、菅、輿石との協議の場でのことだ。実務者の松井孝治らは〇三年衆院選の政権公約で示した路線に沿って「閣議案件の事前審査機関としての」同会議は「原則として」廃止する、という意味でよいと理解していた。鳩山や菅も問題視したのは閣議の形骸化で、協議では「事務次官らの会議は形を変えて残せば良い」などと述べた。だが、小沢は歯切れの良さを重んじ、こう主張した。

「……分かりにくい。「何々として」とか「原則として」とか、まどろっこしいから、いっそのことなくしてしまえばいい。もし問題があれば、またその時に考えればいいじゃないか」

霞が関の官僚機構は熾烈な縦割りの省益争いを展開してきた皮肉な副産物として、各府省を横断して様々なレベルで情報をやり取りし、権限の境界をすり合わせる緻密な調整ネットワークも張り巡らせてきた。その頂点に位置したのが事務次官等会議だ。民主党は政治主導の勢い余ってそれを完全に廃止し、この官の調整ネットワークまで寸断してしまったのだ。

閣僚ら政務三役が府省間の調整も全て背負い込んだ。予算編成、地球温暖化など課題別の「閣僚委員会」や副大臣会議だけで官のネットワークを代替するには限界があった。フラットな人間関係が民主党の文化。派閥と族議員の秩序や当選回数の年功序列で互いの力関係が定まっていた自民党と異なり、閣僚や副大臣同士の調整はガチンコとなって容易にケリがつかない。閣僚委員会から官僚は排除し、議事録も残さないので誰がどう発言したかの検証も覚束ない。首相や閣僚の間で「言った言わない」が頻発したのも民主党政権の特徴だ。閣僚委員会はこれでは廃止を宣言した経済財政諮問会議並の求心力も発信力も持ち得なかった。

†「熟議国会」機運しぼむ

九月二十九日。民主党国会対策委員長の山岡賢次と、同党所属の衆院の常任・特別委員長たちの議論が白熱していた。財務金融委員長の玄葉光一郎がこう山岡に問いただした。

「政策決定を一元化し、政調会を廃止して、内閣が国会に出す法案を与党が事前審査する慣行もやめる。となれば、私たち委員長の手元に来た法案を与党は必ずしも承認していないのだから、与党議員も大いに質問をするし、法案修正もありうるわけですよね？」

山岡は「与党議員の質問時間も十分確保していく」と応じた。自民党政権では、内閣が国会に出す予算案や法案は与党の事前審査・承認を必須条件とした。与党議員はここで厳しく注文をつけるのと引き換えに、党議拘束に従った。審議の内容は二の次で、内閣提案のまま通すための「採決要員」に甘んじた。民主党が政調会をなくして事前審査をやめれば、党内論議はどこでして、党議拘束をいつかけるのか。大量の新人議員ら内閣や国会の役職に就けない与党のバックベンチャー（平議員）はどこで政策を勉強し、政治の訓練を受けるのかも課題だった。

日本と同じ議院内閣制の国のうち、英国では内閣提出法案のまま成立させる例が大半だ。野党からの対案提出や議会での修正は一般的ではない。総選挙で勝った政権党がマニフェストを貫くのが当然だと考える。議会は議員同士の「討論のアリーナ」と位置づけられ、特に野党が政府を追及し、次の選挙をにらんで世論に争点を発信する機会だともされる。

片やドイツでは与野党議員が自由な立場で国会審議に臨み、法案修正も珍しくない。「変換型議会」とも呼ばれる。委員会の結論が出る採決直前に党議拘束をかける。玄葉が提起したのはこのイメージに近い「熟議国会」だった。これだと、与党議員の役割は事前審査から、国会審議と与党修正を通じた「事後修正」に切り替わる。民主党流の政策決定は、国会提出までは内閣に一元化したうえ、国会審議の重みが増し、ドイツ型に近づく可能性も秘めていた。

政による官の統制、内閣一元化、首相主導の三本柱の政権マネジメントを構想した官房副長官の松井も「第四の柱として国会改革が不可欠だ」と漏らし始めた。政策決定からの疎外感が与党バックベンチャーに鬱積。そのガス抜きには内閣一元化や政官接触制限を進めつつ、党議拘束を遅らせて国会での与党質問や法案修正を活用するのも一案だと思い至ったのだ。逆に自民党出身で与党経験が長い衆院予算委員長の鹿野道彦は「法案修正など認めだしたらきりがない。国会が混乱して政権が立ち往生しかねない」と懐疑的だった。

政権交代後、本格的な最初の臨時国会は十月二十六日から十二月四日までの四十日間。幹事長の小沢は「国会は内閣と野党の論戦の場。与党質問は内閣の太鼓たたきが多い」と言い切り、国会で恒例だった衆院本会議での与党の代表質問も取りやめてしまった。長年の持論である英国型に沿った対応で、アリーナ型議会を念頭に置くのは明らかだった。

バックベンチャーは国会で「太鼓叩き」の質問をするより、次の選挙に備えて選挙区を隅々まで歩き、草の根から有権者の声を拾い上げてこい——これが小沢流の真髄だった。

玄葉は金融副大臣の大塚耕平に「財務金融委員会で与党質問も認め、内閣が出す法案次第で修正も考える」と耳打ち。債務返済を猶予しやすくする中小企業金融円滑化法案への民主党の新人議員の質問時間を確保するのに腐心した。だが、皮肉な役回りが待っていた。

窮屈な国会日程で法案成立が危うくなると警戒した小沢執行部の厳命に抗えず、民主党政権で強行採決の第一号になったのが、当の財務金融委員会だったのだ。さらに小沢側近の山岡は、野党時代は「次の内閣（ネクスト・キャビネット）」で党議を決めたのだから、政権を担当して小沢が言うところの「本物の内閣」に移行した今は、内閣が国会提出議案を閣議決定した時点で党議拘束がかかるはずだ、との見解も示した。これでは、与党議員による真剣勝負の質疑や法案修正に道を開く「熟議国会」への機運はしぼむしかなかった。

自民党流の党本部の密室での与党事前審査は廃止する。ドイツ型の議会での与野党協議――法案修正も採らない。あくまで英国をモデルに討論中心のアリーナ型議会を貫く、というなら、前提条件があった。英主要政党のように、選挙前に党大会などで政策論議をとことん戦わせ、後から議会で与党修正案など出にくいところまでマニフェストを詰めておくことだ。大きな政策論議は選挙で決着させ、政権が始動すれば迅速に実行に移すのが英国型で、選挙後の詳細にわたる連立政権協議から議会プロセスまで政策決定過程に組み込むのがドイツ型とも言える。

†仕分けイズムと小沢一元化

十一月十一日、東京・市谷本村町の国立印刷局市ケ谷センターの体育館。民主党政権が歳出削減の切り札と頼む行政刷新会議の第一次事業仕分けが始まった。なぜ、この場所だったのか。この施設自体が独立行政法人のムダの象徴として廃止の対象だったからだ。

行政刷新相の仙谷由人の指揮下で枝野幸男、蓮舫ら「与党仕分け人」が民間有識者と連携。財務省の主計官の助言も受けて、九日間で四百四十九の事業をヤリ玉に挙げた。「この補助金をつぎ込んだ効果は」「この財団に天下り官僚は何人いるか」と各府省の官僚に説明を迫り、説得力不足と見るや次々に事業や予算の「廃止」「縮減」を判定した。予算の公開査定の趣で、インターネットの生中継が反響を広げ、体育館の前に入場待ちの大行列ができた。

鳩山の支持率を底上げした政治的効果の半面、内閣一元化の下で「与党仕分け人」が何の資格で参加したのか曖昧だった。仕分けで捻出した恒久的な歳出削減額も六千九百億円にとどまった。独立行政法人や公益法人から返納させる基金総額一兆円を併せても、マニフェストの初年度分の実施に必要だと財務省がはじいた財源規模六・九兆円に遠く及ばなかった。

十一月二十九日の日曜日。予算編成閣僚委員会を構成する鳩山、菅、財務相の藤井裕久、仙谷、平野の五相と財務省主計局が首相公邸に集まった。マニフェストを前提に各府省が提出し直した一〇年度の概算要求総額は九十五兆円。リーマン・ショックの後遺症で税収は三十七兆円台まで落ち込みそうで、特別会計の積立金など十兆円超をかきあつめても、新規国債発行額は鳩山が目標に掲げた〇九年度補正後の四十四兆円以内に収まりそうになかった。

「公約の修正になるが、ガソリン税の暫定税率は維持する選択肢もあるのではないか」

こう提起したのは、マニフェストの実施では国債増発に頼らない方針を藤井と事前に確認した菅だ。暫定税率廃止による二・五兆円の減税見送りを説いたが、鳩山は「ムダな補助金を七兆円切ると公約したはずだ。仕分けでなぜ切れないのか」とのまない。四時間に及んだ「鳩首協議」は小田原評定に終わった。内閣中枢の視線が集中したのは、政官接触を制限しつつ、自治体や業界からの陳情を幹事長室で一手に受けてきた小沢の動向だった。

小沢が参院議員会長の輿石東、参院幹事長の高嶋良充、副幹事長の細野豪志ら党幹部を従えて官邸に乗り込んだのは十二月十六日。「政治家が責任を負う政治主導に本当になっているのか、疑問だ」と鳩山らに言い放ち、自ら集約した「予算重要要点」を突きつけた。

これは与党の要望どころか、財源に目配りし、公約の修正や優先順位まで示した「小沢裁断」だった。高校無償化、農家への個別所得補償、高速道路の無料化は「着実に実現」を要請。ガソリン税の暫定税率は廃止論を撤回し、子ども手当に所得制限の導入を求めた。地方財源の充実や高速道路、整備新幹線などの公共事業の推進を掲げたのは一〇年の参院選対策。農地整備など土地改良予算の「半減」は自民党の支持基盤への揺さぶりだった。

「小沢裁断」を受け、官邸から出てきた藤井は記者団に「これは天の助けだ」と漏らした。官房副長官の松井孝治と国家戦略室長の古川元久は「予算重要要点」を基に官邸スタッフに深夜まで歳出と歳入の帳尻を試算させた結果、こう顔を見合わせるしかなかった。

「これで予算を組めば国債発行額はピタリ四十四兆円だ。裏に財務省がいるに違いない」

小沢は輿石らに起草させた「要点」原案に土壇場で自ら筆を入れていた。土地改良予算に「半減」の断を下し、子ども手当の所得制限を巡っても反対する高嶋や細野と論争した。

裁断後もガソリン減税にこだわる鳩山に景気対策の追加措置の知恵を授けるなど、泥をかぶってまとめ役を演じた小沢。予算の年内編成が崩れれば、政権が信任を失うと見て危機管理に動いた。ただ、これで自らも推進した政策決定の内閣一元化を突き崩してしまった。「小沢一元化」でしか収めようがない民主党政権の実態を白日の下にさらけ出した。

✝普天間迷走で連立崩壊

鳩山の命取りになったのは、やはりマニフェストだった。民主党マニフェストに書いた政策を実行できなかったのではない。党としては明記しなかった沖縄県の米軍普天間基地の「国外、県外移設」を、〇九年の衆院選の際に自ら口約束していた。党首が政権公約を逸脱して踏み込んだ方針を公言してしまったのだ。それが自分の首を絞める結果になる。

「一番いいのは海外移設が望ましいと思っているが、最低でも県外移設が期待される」

衆院選公示直前の〇九年八月十七日、日本記者クラブで開いた与野党党首討論。鳩山はこう言明した。七月十九日の沖縄市での演説に続いて「最低でも県外移設」を口にしたのは二度目。もはや不用意とも、地元への単なるリップサービスとも言い切れなくなった。

マニフェストは党内論議を経て、事後検証もできるよう文書で公表するのが原則だ。そちらでは「緊密で対等な日米関係」の再構築を掲げ、米軍基地問題でも「日米地位協定の改定を提起し、米軍再編や在日米軍基地のあり方についても見直しの方向で臨む」と書くにとどめていた。だが、次期首相候補となる党首の発言も、有権者が投票行動の物差しにして不思議はない。だからこそ、マニフェストとの整合性を考えた慎重さも求められる。

「最低でも県外移設」発言は「鳩山のマニフェスト」になってしまった。政権交代後、鳩山がこの問題の泥沼化に苦しみ、致命傷と化す過程でも、遠巻きにしてお手並み拝見を決め込む空気が党内に漂ったのはそのためだ。官邸内で鳩山と官房長官の平野博文が対応を抱え込む。小沢や菅ら政権首脳の助太刀もない。鳩山は当初は「〇九年内」の結論を口にするが、年末には一〇年五月まで先送り。四月三日の衆院本会議で、こう退路を断った。

「全ての政策に職を賭す覚悟で臨んでいる。普天間移設先の問題も当然含まれている」

鳩山と平野が最後にすがったのが、鹿児島県徳之島への移転だ。四月二十日、徳之島の徳之島町、天城町、伊仙町の三町長に官邸から電話が入った。「先日の移転反対集会の様子も聞きたいので、平野長官と会ってもらえないだろうか」と連絡したのは、事務担当の官房副長官である瀧野欣彌（元総務事務次官）だった。それまで「徳之島の「と」の字も出ていない」と否定し続けてきた鳩山官邸からの打診を、三町長は即座に拒絶し、公表した。

鳩山は記者団に「どのような思いで電話をされたのか分からない。私が存じ上げる話ではない」と瀧野が動いた事情は関知しない、と言い放った。「政治主導」が「官僚排除」に転化した民主党政権で、霞が関がぶっ壊れかけている現実を、この一件は如実に示した。

事務担当の官房副長官は官僚機構のトップ。官邸で政と官の接点に立って両者をつなぐ間仕切り役を長年務めてきた。予算や業界との結びつきが薄い旧内務省系の事務次官経験者を充てる不文律を民主党政権も維持し、旧自治官僚の瀧野を起用したわけである。

だが、民主党は政治主導の旗印の下に事務次官等会議を廃止し、霞が関の府省間を横断する官の調整ネットワークも寸断してしまった。官邸で重要な政策や人事をさばく事務副長官も機能不全に陥った。ここで瀧野が動いた、と言っても、外務省や防衛省と密接に連携していたとは言えず、平野の代理として「アポ入れ」で電話したに過ぎなかったと言える。

進退窮まった鳩山は結局、沖縄県内の名護市辺野古崎の米軍キャンプ・シュワブ沿岸部への移設という小泉純一郎内閣からの日米合意を、工法などの微修正含みで容認する。五月二十八日、「辺野古崎」を明記して移設方針を示す閣議決定文書に、社民党党首で消費者・少子化担当相の福島みずほが署名を拒否。鳩山は戦後五人目となる閣僚罷免に踏み切った。

社民党は連立を離脱。与党は衆院で三分の二の議席を失い、参院でも過半数ギリギリの百二十二議席となった。鳩山は国会で直ちに立ち往生しかねない土俵際に立たされたのだ。

†参院選勝利へ鳩山退陣

幹事長の小沢一郎や参院議員会長の輿石東は、社民党との連立維持を重視してきた。国民新党を合わせた与党三党で衆院の三分の二以上を保持すれば、七月の参院選で仮に与党が過半数を失っても、憲法五十九条二項による衆院再可決で法案は成立させられる。それで鳩山政権は延命できると考えた。だから、輿石は普天間基地の辺野古崎移設に傾いた鳩山に「結論を五月末から再び先送りする方がよい」と説いたが、鳩山は日米合意に動いた。

社民党が連立を離脱した瞬間、政局は転換した。民主党政権の継続を最優先する小沢と輿石の立場からは、衆院の三分の二を失った以上は参院選での必勝、つまり与党の過半数維持が絶対条件となった。その参院で野党が鳩山首相問責決議案を提出しようとしていた。

民主党から数人でも造反して賛成に走れば、可決しかねない際どい議席配置。決議に法的拘束力はないが、政治的に「問責首相」が党の先頭に立って参院選を戦えるはずがない。事ここに至った以上、内閣支持率も低下した鳩山を降ろすほかない、と小沢らは引導を渡す。首相職の党内たらい回しで有権者の目先を変え、参院選に臨む党利党略を選んだのだ。

鳩山は六月一日夜、小沢、輿石との二度目の三者会談後、官邸に戻ると、官房長官の平野博文、官房副長官の松野頼久、松井孝治の側近三人に退陣の決断を告げた。衆院選で任期四年の有権者の負託を受けながら、八カ月半で鳩山が退陣し、後継首相を党内でたらい回し。自民党との差別化を狙った新政権マネジメントは早くも崩壊の危機に瀕した。「政治主導」を成り立たせる大前提は、首相の求心力と政権の安定だ。民主党への政権交代も、自民党の首相の立て続けの投げ出し辞任が統治能力の劣化を疑わせたからにほかならなかった。

「政策的に行き詰まったり、スキャンダルによって首相が内閣総辞職を決めた場合は、与党内で政権のたらい回しをするのではなく、与党は次の首相候補を決めたうえで衆院を解散し、野党も首相候補を明確にしたうえで総選挙に臨むべきだろう」

菅直人は政権交代直後に上梓した著書『大臣　増補版』でもこんな持論を展開していた。最も批判した首相の「投げだし」と「たらい回し」を民主党自身が演じる結果になった。

六月二日。鳩山が小沢も道連れに退陣を表明すると「首相の意向を体し、民主党政権を軌道に乗せられるのは俺しかいない」と代表選に打って出たのは、その菅だ。鳩山、小沢の順に出馬挨拶に出向こうとし、小沢から「挨拶だけなら意味がない」と断られると、すかさず「脱小沢」を旗印に掲げる。出馬会見で「しばらくは静かにしていただいた方が、本人にとっても、民主党にとっても、日本の政治にとっても良いのではないか」と小沢を痛罵してみせた。

小沢グループは自前の候補者を立てられず、自主投票。大半は世代交代を訴えて出馬した樽床伸二の支持に流れる。否定しがたい菅本命の流れ。だが、小沢は民主党の支持団体、連合会長の古賀伸明に「これで参院選はセーフだ。間に合った」と漏らした。「脱小沢」路線の憎まれ役を甘受してでも参院選に勝ち、政権基盤を安定させることが最優先だったわけだ。

†「二人の首相」統治の空白

この政権移行の裏で、民主党の統治能力に深刻な疑問符がつく。鳩山内閣は六月三日、金曜日となる四日の閣議で総辞職すると発表した。首相指名選挙の衆院本会議は四日午後。新首相が組閣し、天皇陛下による新首相の親任式と新閣僚の認証式を経て、新内閣が発足する。

陛下は四日に皇居を出発し、横須賀市での戦没・殉職船員追悼式にご臨席の後、葉山御用邸に入られて翌週の八日までご静養のご予定があった。小沢執行部の要請で、鳩山官邸は四日夕以降に皇居で親任式、認証式を円滑に取り運べるかどうか、ご日程変更を宮内庁と調整した。ここで「親任式、認証式が四日深夜から五日未明に及びかねない」との懸念が浮上した。新代表の選出から新内閣の発足まで一日で終える日程は異例。誰が首相になるかが当日まで確定せず、事前の準備が難しいため、この組閣は手間取りそうだったのだ。

宮内庁はご高齢の陛下のご体調も考え、深夜から未明に及ぶ公務はできる限り避けたいとの立場だった。通例では新内閣発足の翌日をメドに副大臣の認証式も必要になる。そうなれば、週末のご日程にも大きく影響する。そもそも、四日中の組閣では、新代表が人事構想を練る時間もほとんどゼロだ。「脱小沢」を旗印とする菅陣営には、この超短期決戦の日程は旧小鳩体制を「居抜き」で引き継ぐしかないように誘導する小沢の周到な仕掛け、とも映った。

新内閣発足の手順は退陣する首相が整えるべき統治上の最後の職責だ。国家戦略相の仙谷由人らは組閣を八日以降とするよう、鳩山に小沢との再協議を求めた。だが、鳩山は「新首相の判断に委ねてはどうか」。差し違えた小沢と向き合う意思はもはやなかった。

鳩山は組閣日程を投げ出したまま、四日に内閣総辞職。党両院議員総会での代表選で、二百九十一票を得た菅が百二十九票の樽床に圧勝した。菅は官房長官に内定した仙谷、新幹事長の枝野幸男と協議し、組閣の八日持ち越しを決める。首相指名を受ける衆院本会議の直前だ。天皇陛下はこの日のお泊まり先すら流動的なまま、神奈川県へ向かわれていた。

組閣日程の迷走の余波は続く。国会は菅を首相に指名したが、組閣も親任式もまだ。新内閣は六月八日まで発足させられない。この間に安全保障上の危機や大災害が起きたら、誰が最高責任者として国家の指揮を執るのか。憲法七十一条によると、総辞職した内閣でも「あらたに首相が任命されるまで引き続きその職務を行う」とある。これを「職務執行内閣」と呼ぶ。この五日間は既に総辞職した鳩山内閣が危機に即応するのが建前だった。

菅は同月五日夜、首相指名後に初めて官邸に入った。米大統領バラク・オバマとの電話会談で使ったのは、副総理室。任命前なので首相執務室は避けた。片や鳩山は四日、官邸玄関で職員から拍手で送り出されたが、その夜は隣接する居住空間の首相公邸に舞い戻って異例のもう一泊。翌五日も公邸に片付けに立ち寄った。官邸敷地内に「二人の首相」がいながら、肝心の首相執務室はこの間、がら空き。権力の実質的な空白を象徴した。民主党の「政治主導」は、同じ党内での首相の引き継ぎすら円滑に運べない惨状に行き着いたのだ。

六月八日の組閣後の記者会見。菅は仙谷由人を、閣内調整を一手に仕切る「大官房長官」と位置づけ、「首相にここはまずいですよ、と言える、そういう力のある人」だとかつての名官房長官、後藤田正晴にたとえた。仙谷は「代表選で菅氏に加勢しなかったこともあるし、怒鳴り合いはしばしばだ」と苦笑い。恩讐を超えた団塊世代の両雄の旗印は「脱小沢」だった。

続投した外相の岡田克也、新財務相の野田佳彦に加え、新政調会長の玄葉光一郎も脱小沢人事だ。玄葉は全党的な議論の活性化を大義名分に、小沢が廃止した政調会復活を提唱。菅と気脈を通じて財政再建の旗も振ってきた。公務員制度改革相を兼務して入閣もした。

政調会長が閣議に毎回出席し、閣議決定に署名するので、内閣の方針イコール党の方針となり、内閣一元化は維持される、との論法だ。玄葉は「政府・与党間の調整担当相」を名乗るが、「政調会はあくまで提言機関」にとどめて与党事前審査制は採らないと説いた。

日本経済新聞社とテレビ東京の八、九日の緊急世論調査で、内閣支持率は六八%。五月末の鳩山の支持率二二%から急上昇で、小沢に距離を置いた人事にも高い評価が出た。

2　真正ねじれと与党分裂

†消費税蛮勇で参院選惨敗

山口県出身の菅直人は幕末の長州の志士、高杉晋作に自らを重ね合わせて「奇兵隊内閣」を名乗った。言葉通りに、乾坤一擲のゲリラ戦法に打って出る。六月十七日の参院選公約発表の記者会見で、衆院選マニフェストでは素通りした消費税の増税に踏み込んだのだ。

「二〇一〇年度内にあるべき税率や逆進性対策を含む消費税に関する改革案を取りまとめたい。当面の税率は自民党が提案している一〇%の数字を一つの参考にさせていただきたい」

自民党がこの二時間前に消費税率を「当面一〇%とする」公約を発表したばかり。菅はそれを待って一〇%案を「参考」にし、超党派協議を呼びかける究極の抱きつき戦術に出た。仙谷や野田、玄葉、参院議員会長の輿石東ら政権中枢には直前に根回ししたものの、党内論議も、財務省の準備もなしのトップダウン。福祉目的化の理論武装も生煮えだった。

案の定、選挙戦で雲行きは怪しくなる。菅は低所得者への還付制度に触れたが、対象者が「年収二百万円や三百万円まで」とか「年収三百万円、四百万円以下」などと発言がブレた。非主流に転じたが、消費税増税への菅の蛮勇は「まさか」だった小沢一郎。六月二十八日、愛媛県大三島への遊説で、公約順守の「原理主義」を唱え、異例の党首批判を解禁した。「選挙で政権を取った（鳩山前）内閣で「四年間は消費税率を上げない」と言った。私個人は、国民の皆さんと約束したことは、どんなことがあっても守るべきだと思っている」

選挙戦終盤の日本経済新聞の全国世論調査で、菅の支持率は四五％に落ち込む。ひと月で二〇ポイントを超す異例の急落となった。慌てた民主党は投票日の七月十一日付の主要紙朝刊に菅の写真と「私の説明不足でご心配をおかけしたことを率直にお詫びします」と唐突な増税発言を謝罪する全面広告を打つ羽目に陥った。お詫びする選挙に勝った例はない。民主党は国民新党を併せた連立与党でも、参院の過半数を十議席超も割り込む惨敗を喫した。

民主党が政権交代から一年も経たずに直面した衆参ねじれ国会。与党は衆院の三分の二以上の議席も失っており、衆院再議決も使えない「真正ねじれ」だ。賭けに敗れた菅は七転八倒の苦闘が続く。憎まれ役を買って出た小沢にも、政権交代後の最大の誤算となった。

✝開店休業の国家戦略室

国家戦略室に動揺が走ったのは、民主党が惨敗した参院選直後の七月十四日のことだ。遅ればせながら、内閣の交代に伴う引き継ぎ慰労会。首相の菅直人、官房長官の仙谷由人と二代の国家戦略相経験者に、新戦略相の荒井聰や事務方スタッフが参加した。菅はこう切り出した。

「昨年五月に古川元久・官房副長官と英国を視察した。国家戦略室の原点は英首相官邸にあるポリシーユニット（政策室）だった。色々ご苦労をかけたが、そこに戻りたい」

戦略室を、霞が関とは視点の違う政策の「セカンドオピニオン」を具申する首相直属のシンクタンクに衣替えする、というのだ。財政健全化目標の設定や新経済成長戦略など戦略室が主導してきた重要政策の企画・調整は「官房長官のラインに一元化したい」と仙谷が指揮する内閣官房本体に移すと宣言した。政治家たちが立ち去った後、官民混成のスタッフから「シンクタンクに格下げとは何だ」「出身企業に帰らせて欲しい」と不満や不安が噴き出した。

菅が唐突な消費税一〇％の抱きつき戦術に出た際も、戦略室はカヤの外だった。首相や戦略相が代わるたび、戦略室のスタッフ体制や職責まで変わる。法整備も遅れ、ただでさえ不安定な位置づけを混乱させる属人的な手法が、民主党の宿痾のように繰り返される。

通常国会で継続審査となった「政治主導確立法案」では、「国家戦略局」を予算編成やマクロ経済政策の基本方針の企画・調整権限を持ち、首相主導の司令塔とすべく制度設計してあった。政策決定ラインから外し、首相直属のシンクタンクにするのでは法案の自己否定になる。法案作りを主導した前官房副長官の松井孝治。菅内閣では民主党政調副会長に転じ、これでは首相主導の放棄だと強く批判していた。八月十六日、首相執務室で菅と向き合った。

菅「財務省主導の予算編成に戻すつもりはない、戦略室の機能は変えたいが、その分は玄葉政調会長が大きな役割を担い、官邸主導、政治主導の予算編成ができる態勢を整える」

松井「きちんとした仕組み、組織を創らないと結局、昔のような予算編成に戻りますよ」

菅は官房長官と政調会長の連携を首相自らが統括して、内閣一元化は守る、と強調した。仙谷が戦略室に代えて重用し始めたのは、官房副長官補が統括する内閣官房の「補室」と呼ばれる組織だ。ここで政府内調整を仕切る内閣審議官の佐藤慎一（財務省）、佐藤文俊（総務省）、立岡恒良（経産省）の働きを評価した。三人を出向させたのは実は官房副長官時代の松井だ。最初は戦略室に集めようとしたが、初代戦略相の菅が実力派官僚の登用を嫌ったため、次善の策として補室に投入したのだ。皮肉な巡り合わせだった。三人とも後に本省次官になる。

政策決定ラインに入って企画・調整権限を持つのか。首相直属シンクタンクに衣替えか。六月後半から約三カ月、組織論で揺れた国家戦略室はこの間、開店休業状態が続いた。

✝菅続投もじわり自民党化

菅が六月に選ばれたばかりなのに、また九月に民主党代表選が巡ってきた。党規約により、代表の任期は二年。〇八年九月に再選された小沢一郎、次の鳩山由紀夫が相次いで途中辞任し、後継の菅の任期は前の二人の残任期間の一〇年九月までと定められていたからだ。

鳩山が代表に就いた政権交代直前の〇九年五月。党中央選挙管理委員長だった古川元久は代表任期を「衆院選から次の衆院選まで」とし、政権獲得後の代表選を止めて党内基盤を安定させる改革を進言した。だが、鳩山は「お手盛り批判を受けかねない」と動かなかった。

一〇年八月十四日夜。小沢は京都市内で前参院幹事長の高嶋良充の引退慰労会を催した。高嶋は「菅体制でねじれ国会は打開できない。一一年春に予算関連法案を成立させられず、政権危機で小沢待望論が出る。だから、九月の代表選は出馬見送りを」と自重を促した。小沢は「君らの見方はまだまだ甘い。菅との付き合いは短いが、俺には分かる」とつぶやいた。

菅は追い込まれて観念し、自ら首相退陣を選ぶような人物ではない。一か八かの衆院解散・総選挙に打って出て、民主党政権を崩壊させかねない――。小沢はそう危惧した。

「引きずり降ろされることはありえない、と決め込んでいる首相を代えるには、ルールに則った二つの方法しかない。一つは九月の代表選で対抗馬が正面から立って勝つこと。もう一つは衆院で内閣不信任決議を可決することだ。だから、俺は九月の代表選に出る」

鳩山も小沢陣営に加わり、「脱小沢」の菅陣営との巨頭決戦となった。九月十四日投開票の代表選。一般世論調査の傾向をそのまま反映し、党員・サポーター票では菅が小沢に大差をつけた。だが、国会議員の投票は真っ二つに割れ、菅が小沢を六票上回っただけ。菅が勝利を収めたものの、党内の断層はくっきり。敗れた小沢は菅降ろしの「第二の方法」を見据える。

菅は「党の全議員で創る四百十二人内閣」を実現する、と挙党体制を公約しながら、新幹事長に外相の岡田克也、新外相に前原誠司と脱小沢系を据えた。閣僚は原則、衆院当選五回以上に限る年功序列が露骨で、小沢グループはゼロ。政調会長の玄葉光一郎が国家戦略相を兼務し、国家戦略室に財務、経産両省の審議官級二人を補強した。二人をヘッドとする官僚中心の企画・調整部門（Aチーム）と、民間人中心の首相シンクタンク（Bチーム）に再編した。

代表選中に、沖縄県尖閣諸島沖で、中国漁船が海上保安庁の巡視船に体当たりする事件が起きる。この処理を菅は仙谷に丸投げするが、対中国で原則論を貫くか融和か、迷走を演じてしまう。求心力の回復を狙った菅は、十月一日の所信表明演説で「環太平洋経済連携協定（TPP）等への参加を検討し、アジア太平洋自由貿易圏の構築を目指す」と米国主導のTPP参加を成長戦略の新たな柱に掲げた。消費税増税に続く党内論議抜きのトップダウンだ。

菅は自ら復活させた党政調会で、党内合意を下から積み上げようと試みる。だが、小沢グループで前農水相の山田正彦らが農産物の市場開放による国内への打撃を訴え、反対の論陣を張る。十月二十一日には反対派が議員百十人を集めた集会に鳩山も現れて「むやみやたらに関税撤廃という話にはならない」と気勢を上げた。小沢や鳩山の影がちらつく政争の匂い。官邸と民主党の狭間に立った玄葉は「交渉参加」をぼかして「国内の環境整備を早急に進めるとともに、関係国との協議を開始する」という玉虫色の基本方針案をまとめた。

「こうするしかないのか」とうなった菅。十一月、米大統領バラク・オバマとの会談で「協議開始」を表明し、アジア太平洋自由貿易圏へのうねりに何とか歩調を合わせた。玄葉は国家戦略相として官邸主導の切り込み隊長になるより、政調会長として党内世論の流れを慎重に測り、まとめ役を演じた。十二月の予算編成でも、玄葉は党税制改正チームの提言を背に法人税の実効税率の五％引き下げを主張し、菅の裁断に持ち込んで財源難を説く野田を押し切る。「党を抑えているのが玄葉氏の力の源泉だ」（国家戦略副大臣の平野達男）との評価は、内閣と与党が二元化した自民党型の与党主導体制へじわじわ近づき始めた現実を物語った。

まさかの与謝野入閣

一〇年秋の臨時国会。参院の多数を失った民主党政権は「真正ねじれ」で塗炭の苦しみを味わった。菅が「大官房長官」と政権運営を頼む仙谷は、弁護士として持ち前の弁論術で国会論戦でも矢面に立とうとした。だが、「しなやかでしたたかな柳腰外交で中国と向き合う」「自衛隊は暴力装置だ」などの答弁が、野党の猛反発の火に油を注ぎ、紛糾した。

十一月下旬、仙谷は野党優位の参院で問責決議を食らってしまう。法相の柳田稔も国会軽視の放言で辞任し、政権基盤はガタガタになった。菅は何とか態勢を立て直そうと一一年が明けた一月十四日、内閣を再改造する。官房長官は仙谷から枝野幸男に交代させた。

民主党マニフェストの財源論を非現実的だと断じた元財務相の与謝野馨を「社会保障・税一体改革担当相」に迎えるサプライズにも踏み切る。自民党を離れた与謝野に長年目指してきた路線で消費税増税と社会保障財源化の成案を作らせ、同党に再び抱きつく戦略だった。

「社会保障・税一体改革の企画立案と、行政各部の必要な調整を命ずる」

菅が与謝野に手渡したこの補職辞令が波紋を広げた。内閣の重要政策の基本方針の企画立案・総合調整の権限は、内閣法で内閣官房に与えられ、官房長官が握る。民主党政権は国家戦略相を新設し、予算編成の基本方針作りなど権限の一部を官房長官から移した。ただ、法制化には至っていない。与謝野の辞令は、官房長官の枝野や戦略相の玄葉を差し置き、菅が一体改革を外様の元自民党大物議員に「丸投げ」したことを意味したのである。

この補職辞令は、厚労省出身で首相秘書官の山崎史郎が、与謝野の政務秘書官となる経産官僚の嶋田隆、厚労省政策統括官の香取照幸とも相談して捻り出した「官の知恵」でもあった。

菅は二十一日、全事務次官を官邸に集め、官僚ルートでの各府省間調整の復活を認めた。「政務三役主導のやり方に行き過ぎや不十分、反省は色々ある。府省間の調整は政務三役ルートと並行して、次官や局長などのレベルでの調整も必要なのは当然だ」

政権交代直後は「官僚は大バカ」と公言していた菅が、「日頃から皆さんに支えられて政権運営に当たっている。これからもよろしくお願いしたい」と低姿勢で協力を求めるに至った。

†三・一一で政治主導崩壊

三月十一日に襲った東日本大震災。地震や津波で一万八千人超の死者・行方不明者を出し、

2011年度予算案が参院本会議で否決され、立ち上がる菅直人首相（右）ら（2011年3月29日撮影　写真©時事）

東京電力福島第一原子力発電所で深刻な多重事故が起きた。誰が首相で、どの政党の政権でも未曽有の厳しい対応を迫られた国家的危機だったのは確かだ。ただ、既に綻びが隠せなくなっていた民主党流の政治主導システムの崩壊を満天下にさらした事実もまた、否定できない。

「皆さんは当事者だ。逃げても逃げ切れない。撤退はあり得ない。覚悟を決めてくれ」

三月十五日午前五時半過ぎ。首相の菅直人は東京・内幸町の東京電力本店に防災服姿で乗り込み、首脳陣にこう怒声を浴びせた。原発の多重危機が極限に達した十四日夜、官邸は東電が現場から「全面撤退」する腹だと受け止め、その阻止に動く。菅は政府・東電一体の事故対策統合本部の設置を突きつけ、首相補佐官の細野豪志を本店に常駐させたのだ。

理系の菅は十一日当日から、土地勘のある原発対応にのめり込んだ。原子力安全・保安院を所管する経済産業相の海江田万里から「原子力緊急事態宣言」発出の具申を受けても、細部にこだわって抱え込む。保安院も東電もろくな情報を上げてこない、と「イラ菅」は翌十二日未明に自らヘリコプターで現地視察に飛ぶが、同日午後に一号機が水素爆発。保安院が記者会見で「炉心溶融」に触れると「聞いていない」と激怒した。民主党の底流に鬱積した「反霞が関・反経団連」意識が、この局面で経産省・東電不信となって噴き出した。東電側が否定する「撤退」騒動も、官邸と東電が疑心暗鬼でまともに意思疎通できていなかった証左だ。

原子力緊急事態宣言を発した首相は、法律上、民間企業の東電に直接、指示が出せる。菅は細野を名代として東電を監視させ、福島から本店に届く一次情報を把握。逆に首相指示も伝えさせた。首相補佐官は内閣法上は首相の個人スタッフに過ぎず、内閣の指揮命令ラインに入らない。官僚を部下として使う権限もない。経産官僚は「細野氏が入って何とか原発危機対応が動き出した」と認めたが、細野自身も「越権行為も含めて物を申している」と自戒したように、働けば働くほど皮肉にも権限や立場の曖昧さが浮き彫りになった。

官房副長官の福山哲郎をヘッドに、細野が実質的に関係各省を束ね、当初はぎくしゃくした日米合同調整会議も軌道に乗る。前防衛政務官の長島昭久が裏でサポートした。危機対応で「今は誰がどのポストに就くかにさほど意味はない。どう結果を出すかだ」（細野）の論理がまかり通った面もあるが、大震災後に首相補佐官を外れた寺田学や加藤公一ら菅側近議員も官邸に自由に出入りし続けた。政策決定は内閣に一元化し、権限と責任を伴う内閣の官職に就かない与党議員は介入しないはずの民主党流の「政治主導」はもはや置き去りだった。

†中空に浮く孤独な宰相

菅は各省出身の事務担当の首相秘書官たちを遠ざけがちだった。公用車に同乗させるのは民主党政調会事務局出身の政務秘書官だけ。首相が秘書官グループと昼食を共にする慣行も止め、孤食が目立った。震災後、同窓の東工大出身の学者らを法律や政令に根拠のない内閣官房参与に次々に迎えたのも、官僚不信の表れだ。菅と参与の協議にも秘書官は入れない。政治主導と力んでも、首相の意向が秘書官経由で各府省に伝わらなければ、統治機構は動きようがない。

首相執務室の奥に、知られざるもう一つの首相専用の小部屋がある。菅は不眠不休の危機対応の間もしばしば、ここにこもった。その間は政務秘書官ですら、菅に声をかけたり、用件を取り次ぐことはタブー。官邸にいても、統治機構から宙に浮く宰相の姿を象徴した。

地震や津波による被災者への救援物資の輸送を巡り、霞が関から官邸に怨嗟の声が沸き起こった。各省から官邸危機管理センターに対策案が殺到するが、官房長官の枝野幸男も福山も原発対応に追われ、手が回り切らない。「政治主導」で決断を下すべき官邸の司令塔が不在で、後手に回った。見かねた民主党参院議員会長の輿石東が三月十七日、菅に「今の体制のままで良いのか」と前官房長官の仙谷由人を霞が関操縦に使え、と直談判した。

菅は仙谷を官房副長官として官邸に復帰させた。仙谷は三月十九日、原発から二十〜三十キロ圏の屋内退避地域への物資輸送を巡り、総務、経産、警察など関係省庁の事務次官・長官を集めた。「バスやタンクローリーは調達したが、運転者が確保できない」と聞くや「自衛隊に頼むしかない」と即断。防衛次官の中江公人を電話で呼び出し、協力を取りつけた。

「こうやって関係する次官で協議するのが良いか、全員で集まる機会がある方が良いか」

仙谷のこの問いに、警察庁長官の安藤隆春が「全員で集まる方が、その場で政府全体の協力を求められます」と答えた。仙谷は三月二十二日から全事務次官・長官を集めた「被災地生活支援各府省連絡会議」を隔日開催とし、官邸と各府省の意思疎通の円滑化を試みた。

閣議案件を事前にさばく事務次官等会議を「官僚支配の象徴」として廃止した民主党政権。崖っぷちで、霞が関を横断する官の調整ネットワークの再構築へと路線転換したのである。

「緊急災害対策本部」「原子力災害対策本部」「電力需給緊急対策本部」「被災者生活支援特別対策本部」「原発事故経済被害対応本部」「政府・東電原発事故対策統合本部」――。これらは

菅内閣が林立させた「対策本部」のごく一部だ。官僚すら全体像が把握しきれず、急ごしらえの組織図が出回る始末。業を煮やした財務省主計局幹部は言い放った。

「対策本部や会議をいくら開いても、民主党の政治家は重要な決断などできない。この大震災・原発事故対応は政治に余計な口出しをさせず、もう我々（官僚）でやるしかない」

ぎくしゃくした政官関係は臨界点を迎えた。経営破綻に瀕した東電を存続させて国の支援で支える損害賠償スキームをひねり出し、一気呵成にまとめた影の主役は財務省だった。

†不信任案へ小沢策動

三月十九日、菅は官邸から、自民党本部にいた総裁の谷垣禎一に「どちらにでも伺うので、二人だけで会いたい」と電話をした。用件を問う谷垣に持ちかけたのは大連立である。

菅「副総理・復興担当相で入閣してくれ。私が背負う責任の半分を分かち合って欲しい」

谷垣「政策協議なしに連立は唐突すぎる。自民党は組織政党。私の一存で判断できない」

渋る谷垣に菅は「会いもせずに断るのか」と逆ギレ。四月十四日、谷垣は「遅い対応が国際的な信用失墜を招いた。首相自ら出処進退を判断する時期に来た」と菅に退陣を迫る。

自民、公明両党は野党多数の参院で、法案成立の成否を握っていた。復旧・復興には反対できないが、民主党マニフェストの子ども手当、高速道路無料化、高校無償化、農家への個別所得補償を、財政事情を省みない「バラマキ4K」と決めつけた。これらを撤回しない限り、一一年度予算で三十八兆円超の赤字国債発行のための法案の成立に協力しない、と揺さぶったのだ。歳入の四割を超す赤字国債が出せないと、予算は円滑に執行できず、政権は行き詰まる。

だが、菅は容易に自公両党に歩み寄れない。公約撤回には党内で小沢一郎や鳩山由紀夫ら反菅勢力の猛反発が必至だった。小沢は代表選敗北後に政治資金規正法違反で強制起訴となり、一一年一月に判決確定までの党員資格停止処分を食らった手負いだ。それでも、四月十六日にインターネット番組に出演すると、菅内閣不信任決議案への賛成をちらつかせた。

「菅首相が思いきった政策転換をして、皆で頑張ろうというなら良いが、そうでない場合は政治家としてどうすべきか考えなければならない」

衆参のねじれと、党内の小沢ら非主流派とのねじれの二重苦で、菅は進退極まっていく。不信任案可決なら内閣総辞職か衆院解散だが、震災直後の解散は採りがたい選択肢だった。

小沢と参院議長の西岡武夫、元首相の森喜朗、元参院自民党議員会長の青木幹雄が密会し、小沢が「自民党が菅不信任案を出せば、造反して可決に協力する」と持ちかけた。菅が内閣総辞職すれば「後継は谷垣首相でいい」と自民党に連携を求めた――。財務省は五月後半、こんな情報をつかんだ。小沢は菅打倒の「第二の方法」をなりふり構わず実行に移した。

†「一定のメド」粘った菅

六月一日夕、自公両党は菅内閣不信任案を衆院に提出する。小沢グループの集会に議員が続々と集まり、七十人を突破。不信任案可決の公算も出てきた。菅と鳩山由紀夫の側近らが激突回避を探り始める。翌二日午前の官邸。鳩山が菅に自発的退陣を求めて一枚紙の「確認事項」を突きつけた。「民主党を壊さない」「自民党政権に逆戻りさせない」に加え「復興基本法案の成立」「第二次補正予算の早期編成のメドをつける」とあるが、「退陣」の文字はない。

だが、鳩山はこれを「退陣条件」と位置づけており、二次補正の段取りから見て六月中の菅退陣を想定した。菅は採決直前の党代議士会で、「一定のメド」に触れて微妙な挨拶をした。「この大震災に取り組むことに一定のメドがついた段階で、私がやるべき一定の役割が果たせた段階で、若い世代の皆さんに色々な責任を引き継いでいただきたい」

鳩山も発言して「首相と会談し、一定の仕事を果たした暁に職を辞してほしい、と申し上げた。復興基本法案の成立と、二次補正編成のメドをつけた暁に身を捨てて欲しい」と念を押す。代議士会は拍手で閉会。小沢は鳩山の詰めの甘さに苛立つが、菅を死に体に追い込んだと見て兵を引き、小沢グループに不信任案反対を指示。不信任案は大差で否決された。

その直後。菅は官邸で社会保障改革集中検討会議を開き、消費税率を一〇%まで引き上げて社会保障財源化する与謝野の改革案を了承した。これも「一定のメド」の一つだった。「不信任案は正面突破の採決でも、何とか否決して突っ切れると考えていた。しかし、党内で五十〜六十人も造反者が出れば、もう政権は動かない。積み上げてきた社会保障・税一体改革もご破算になる。それでは命懸けで努力してくれた与謝野さんに申し訳ない」

だから、鳩山の調停をのんでみせ、不信任案を無力化したというのだ。菅は与謝野案を基礎に消費税一〇％の政府・与党成案を決定したうえ、通常国会を八月三十一日まで延長。自然エネルギー推進法案と赤字国債発行法案の成立も「一定のメド」のうちだ、と粘りに粘った。最後に菅が退陣と引き換えにしたのは、赤字国債発行法案の成立だ。これを通さない限り、秋には国庫の資金繰りが枯渇し、予算の執行が止まりかねないと危ぶまれたからだ。

✝野田流の与党事前審査制

菅が「脱原発解散」すらちらつかせて政権維持に粘る間に、民主党は後継選びの代表選に動いた。「八月二十七日告示―二十九日投票」とまたも超短期決戦だ。菅が唱えた消費税増税の路線を継承し、小沢一郎ら非主流派に権力を渡さない――菅政権主流派のこんな思惑を満たす候補と目されたのが、財務相の野田佳彦だ。だが、松下政経塾の後輩で前外相の前原誠司が土壇場で名乗りを挙げ、主流派は割れる。小沢ら非主流派も有力な候補者を探しあぐね、担いだのは経産相の海江田万里。計五人が出馬し、本命不在の混戦となった。

第一回投票で首位は海江田。野田が二位に食い込み、前原は三位に沈んだ。すぐ決選投票に移り、各陣営で誰に入れるか改めて相談する暇はない。海江田先行を予測した野田・前原両陣営は小沢の復権阻止を合言葉に、決選投票での提携を事前に申し合わせていた。

カギを握ったのは、四位で農水相の鹿野道彦だ。党内融和を訴える中間派の代表。鹿野はやおらスーツの上着を脱いだ。陣営で決めてあった「二位の候補に入れる」シグナルだ。

鹿野は自民党時代、政治改革推進で小沢と意気投合した。自民党に対抗する政党作りを目指し、新進党結党まで足並みを揃えたが、小沢が自民党との保・保連合に走ったことで決別。民主党に参加して非自民を貫いた鹿野は、後に合流した小沢とは愛憎半ばする微妙な間合いだった。積年の因縁が小沢復権阻止の断を下させ、野田が逆転勝利を遂げた。

政権交代後、三年目で三人目の首相の誕生だ。自民党が統治能力を失い、権力から転げ落ちたポスト小泉期とまるで二重写しになった。野党の自民党が早期の衆院解散・総選挙を迫ったのも当然だが、最高裁は一票の格差を違憲状態とし、野田は解散権の行使もままならない。

野田が幹事長にサプライズ起用したのが、参院議員会長の輿石東だ。小沢と気脈を通じる参院の実力者をあえて充てたのは「ノーサイドにしましょう、もう」と党内融和を図る狙いと、ねじれ国会の参院対策だ。出身母体の日教組でもまれた輿石は、親小沢である前に「組織人」

の行動原理が持ち味。任命権者の自分の寝首をかく真似はしないと踏んだ。

政権交代後に財務副大臣、財務相を務めて一気に首相に駆け上がった野田。財務省から抜群の信頼を勝ち得た半面、他に頼れる政治的資産はない。消費税増税法案を推進するための「全員野球」へ打ち出したもう一つの手が、自民党型の与党事前審査制の導入だった。

「政府が政策を決定する前に、原則として政調会長の了承を得る」

野田は民主党の看板だった政策決定の内閣一元化を転換し、こんな新ルールも打ち出した。政調会に各府省に対応する部門会議を置き、与党内論議を重視。首相の野田、官房長官の藤村修、幹事長の輿石、政調会長の前原誠司、国対委員長の城島光力、幹事長代行の樽床伸二による「政府・民主三役会議」を政権の最高意思決定の場と位置づけ、政調会長にあらかじめ決定権を委譲できるとした。同会議には後に副総理となる岡田克也も加わる。

国家戦略相は古川元久で、政調会長職と切り離した。野田を議長に「国家戦略会議」を新設したが、長期ビジョン作りが主眼で、政策決定の司令塔扱いではない。「国家戦略局」創設のための政治主導確立法案も、菅が政権末期に撤回済み。与党主導に重心が傾いた。民主党政権は当初は与党の税制調査会は置かず、財務相を会長とし、各府省の副大臣で構成する「政府税制調査会」に税制論議も一元化した。与党事前審査制を復活させた野田は、消費税増税に向けて党税制調査会長のポストを重視し、税財政の指南役と仰ぐ元財務相の藤井裕久を据えた。

野田は十一月のホノルルでのアジア太平洋経済協力会議（APEC）首脳会合に向け、米国が自由経済圏作りで主導するTPP交渉参加を明言しようと前のめりになる。出発前の記者会見の前日、政府・民主三役会議で「会見は一日延ばした方がいい」と止めたのは輿石と前原だった。農産物も含む「聖域なき関税撤廃」を巡って党内は賛否両論で二分し、党経済連携プロジェクトチームは「政府は慎重な判断を」と自重を促す提言をまとめていた。

野田は同夜、首相公邸で輿石、農水相の鹿野と極秘協議して「交渉参加に向けて関係国との協議に入る」と玉虫色の表明にとどめる案で折り合う。トップダウンは押し返された。

†小沢が造反煽る皮肉

「社会保障・税一体改革の素案を年内をメドにまとめる。改めて協力をお願いしたい」

十二月一日の民主党両院議員総会。野田は「年内に素案」と期限を区切って消費税増税に不退転の姿勢を示した。同じ日、小沢を支持する議員グループが国会内で「新しい政策研究会」の設立総会を開き、百六人を集めた。鳩山由紀夫に近い議員も加わったうえ、小沢が自ら会長に就いた。挨拶で力説したのは「国民の不信感が増幅している。国民に約束して政権を与えられたことを忘れてはいけない」という〇九年マニフェストの順守だった。

消費税増税に触れていないマニフェストをタテに取っての党内政局の号砲。それにしても皮肉だった。小沢と鳩山が政治主導システムの核心として始めた政策決定の内閣一元化。野田は「全員野球」を重んじ、与党政調会に事前審査権を認める自民党型の内閣・与党二元体制に転換した。その途端、与党審査でバックベンチャー（平議員）による内閣の看板政策への造反を煽り、野田の行く手を阻んだのは、非主流に回った小沢その人だったのだ。

野田は十二月二十九日、党税制調査会などの合同会議に乗り込むと「消費税率の引き上げ時期を当初案より半年ずつずらし、十四年四月に八％、一五年十月に一〇％とする」などの譲歩案を自ら提示し、五時間を超す「大衆討議」の末に反対派から了承を取りつけた。

二〇一二年一月十三日。野田は早々と内閣を改造。兄貴分と頼む岡田克也を副総理に迎えた。社会保障・税一体改革と行革の担当相を兼務する「大司令塔」扱いだ。幹事長として小沢の党員資格停止を主導した岡田が政権中枢に復帰し、非主流派はますます身構える。岡田は首相執務室と同じ官邸五階の副総理室の大幅な拡張を要求。官邸の重要決定を下支えする実務の要で、国会や最高裁、皇室・宮内庁などとの調整窓口でもある内閣総務官室を別のフロアに追いやった。この「政治主導」には、総務官室の大事さを分っていない、とオール霞が関が鼻白んだ。

かつて元首相の竹下登が、旧大蔵省から予算の編成と国会審議の流れを軸に政治日程の基礎データを吸い上げ、自ら手書きで仕上げたのが「竹下カレンダー」だ。自民党政権で政局運営のファンダメンタルズ（基礎的条件）とされたこの政局カレンダーのたたき台を、財務省は当然のように持ち回る。すると民主党中枢は「こんなものは創るな。官僚の仕事ではない」（岡田）、「財務省はすぐギチギチの日程をこしらえて通そうとする。こういうことは止めろ」（輿石）と拒絶反応を示した。政官の力学には構造変化が起き始めていた。

国会内の自民党控室へ挨拶に訪れ、谷垣禎一総裁（左）と握手する野田佳彦首相（2012年3月8日撮影　写真©時事）

民主党は三月十四日から、消費税と社会保障関連の合同総会を再び断続的に開催。今度は政調会長の前原誠司が矢面に立ち、実質八日間、延べ約四十六時間のマラソン審議の果てに「皆さんの思いは受け止めた。一任をいただきたい」と論争を打ち切った。小沢は「昨今の民主党の運営は私を遥かに上回る強引なやり方だ」と野田を当てこすった。

野田は三月三十日、増税関連法案を閣議決定し、国会に提出した。党内が二分し、与党事前審査も荷崩れした危機的状況で、決戦場はねじれ国会に移った。「竹下カレンダー」なしでも、野田が三月末の法案提出にこぎつけたよりどころ。それは自民党政権が残した〇九年度税制改正法の附則一〇四条だった。第五章で述べた通り、消費税増税に向け、政府が「一一年度末までに必要な法制上の措置を講じる」ことが国会の意思とされていたからだ。

†幻の統治機構改革法案

野田の外国出張との兼ね合いで、実質的な国会会期末は六月十五日と目された。それまでに増税法案を衆院で可決し、会期延長して成立へと粘りたい野田。審議日程を逆算した輿石が野田、小沢と「腹を割って話す」と三者会談を設定したのは五月三十日だった。

会談で小沢は「消費税増税そのものに反対ではない。増税の前にやるべきことが三つある」と主張した。「国の統治を中央集権の官僚支配から政治主導、地方分権に変える約束がある。増税が前に出て、社会保障ビジョンを忘れている。欧州経済が深刻なうえに、震災復興やデフレ脱却も課題だ」というのだ。野田は心中で「増税そのもので平行線なら仕方がないが、時間軸の差なのか」と受け止め、統治機構改革で歩み寄りを探ろうと粘った。

小沢「民主党のイメージとして、統治機構の改革をきちんとやることが必要だ。一三年の通常国会に基本法案を議員立法で提出できるのなら、それで良いのではないか」

野田「政治改革も行革もやるつもりだから、時間をかけて次期通常国会なら統治機構改革基本法案もやれる。宿題として受け止め、具体案をまとめるのでもう一度お会いしたい」

再会談へまだ脈がありそうだと踏んだ輿石。側近で副幹事長の松井孝治に「これをやれるのは君しかいない。統治機構改革基本法案の具体案を書いてくれ」と密命を下した。

松井と前外相の松本剛明が起草し、小沢が裏打ちした民主党の〇九年マニフェストの政治主導システム。政権迷走と朝令暮改が続き、党政調会廃止と一体での政策決定の内閣一元化も、首相主導の予算編成を支える「国家戦略局」構想も撤回され、過去の話になりかけていた。それを党分裂も辞さない小沢を引き戻すため、再起動を試みようというのだ。

松井は「統治機構を思い切って変える」と法案骨子を書き出した。「政治主導の徹底」を掲げたうえで、首相主導体制を強化するための車の両輪を明記する。政策決定では「予算編成・税制改正の骨格を首相直属部局で抜本的に見直し、財政のムダを根絶する」仕組み。官僚人事では「一括採用を導入するとともに、各省庁の幹部人事は一元的に評価・管理する」仕掛けだ。橋本行革の源流でもあった「内閣財政局」と「内閣人事局」の二つの首相直属部局の創設を改めて提唱したのである。国の出先機関廃止、税源移譲など「地域主権の確立」も掲げた。

六月三日の再会談。野田は満を持して基本法案の骨子文書を小沢と輿石に提示した。だが、小沢は初回の会談とは違って素っ気なく、統治機構改革の先行実施もこのように要求した。

「大増税が先行して改革はいずれやる、では国民は納得しない。やるべきことをやって増税するなら分かるが、そうでないなら増税法案には賛成できない」

野田は「意図的にハードルを吊り上げてきた。自民、公明両党が与野党協議には乗らないと判断したのだろう」と見て取り、これ以上の小沢説得は無理だと腹をくくる。文書を引き取り、提案を「なかったこと」にした。野田は小沢に増税法案を巡る自民党との修正協議に入る方針を通告し、再会談は物別れ。仲裁役として腐心した輿石も万策尽き果てた。

†三党合意、「壊し屋」再演

会期末が迫る六月八日、民主、自民、公明の三党協議が動き出した。消費税率一〇％への引き上げでまず合意する。次に自民党は、年金や医療の改革は「現行制度を基本」とする「社会保障制度改革基本法案骨子」の丸のみを民主党に迫った。これは最低保障年金の導入や後期高齢者医療制度見直しなど〇九年マニフェストの看板政策の撤回を意味した。「公約原理主義」の小沢ら非主流派の切り捨てを、野田に決断させるためのハードルだった。

これを見て鹿野道彦ら中間派も、自民党案丸のみや「話し合い解散」では、党分裂は必至だと浮足立ち、野田に党内融和を迫った。小沢と因縁のある鹿野は、かつて小沢が「壊し屋」を演じた旧新進党解党の二の舞いになりかねない民主党分裂だけは避けたかった。

すると自民党総裁の谷垣禎一は土壇場で公約「撤回」の要求を緩め、有識者による社会保障制度改革国民会議を新設して議論する実質的な「棚上げ」論で一気に合意に転じる。野田を追い詰めすぎると、民主党がかえって固まりかねない。分裂させ、早期解散に追い込むにはここ

たのは何と手負い猪の小沢だった。野田は八月八日の党首会談で、谷垣に「増税法案が成立し

らだが、谷垣自民党は猛反発。すかさず中小野党をまとめて野田内閣不信任案を衆院に提出し

輿石は参院に回った増税法案の審議を八月までズルズルと引っぱる。党再分裂を警戒したか

党」で飛び出す方が生き残りに有利だ、とのあらぬ議員心理に乗った形だ。

「壊し屋」を再演した。野田の支持率が二〇％台に低迷し、次の選挙では民主党公認より「新

沢。民主党に合流し、政権交代の立役者となったのに、政治的には不合理極まる与党大分裂の

一」を立ち上げる。自民党を飛び出して新進党を創りながら、保・保連合に走って解党した小

グループの衆院三十七人を除籍し、参院十二人の離党を認めた。小沢は新党「国民の生活が第

輿石は小沢と三度、会談するが、党分裂回避の妙手は浮かばない。民主党は七月三日、小沢

はその一線を超え、野田の死に体化を意味する致命的な数字だった。

席で、五十四人が反対に回れば少数に転落し、内閣不信任決議案も可決されうる。「五十七」

党は五十七人が反対し、十六人が棄権・欠席。国民新党を含む連立与党は衆院で二百九十二議

鳩山由紀夫や元官房副長官の松野頼久らも続く。法案は圧倒的多数で可決されたものの、民主

記名投票の点呼が始まると、民主党議員が次々に反対票を投じた。小沢グループだけではない。

会期延長後、消費税増税法案を採決する決戦場となったのは六月二十六日の衆院本会議だ。

が潮時と見た。公明党も消費税の軽減税率導入を掲げて追随。三党合意が十五日、成立した。

た暁には、近いうちに信を問う」と表現はぼかしつつ、首相として異例の衆院選時期への言及に踏みこんだ。これで三党合意は維持され、増税法案は成立する。だが、明確な解散時期の言質が欲しい谷垣は、またも小沢が参院で仕掛けた野田への首相問責決議案に乗ってしまう。

参院は八月二十九日に問責決議を可決。野田は態度を硬化させ、谷垣とのホットラインは途絶した。解散要求を野田にのませられない谷垣の求心力も地に落ち、再選を目指した党総裁選出馬の断念に追い込まれる。五人が立った自民党総裁選は九月二十六日、国会議員票に地方票を併せた第一回投票で前政調会長の石破茂が首位に立つ。しかし、二位で元首相の安倍晋三が議員票のみでの決選投票で強みを発揮。逆転勝利で五年ぶりの復権を果たした。

✝赤字国債法案がとどめ

政権交代とねじれ国会による混乱期に、熾烈な権力闘争の末、消費税増税で三党合意が成ったという逆説。元自民党税制調査会長で消費税一〇%を最初に構想した一人、柳澤伯夫は「菅、野田と財務相が二代続けて首相に就いたうえに、最大野党党首の谷垣も財務相経験者だったからこそ、できたことに違いない」と喝破して見せた。二人の首相主導の蛮勇が不可欠だったのは確かだが、消費税増税の政治的厄介さのあまり、超党派合意で政権選択選挙の争点から外すという「平成デモクラシー」の「共通の基盤」と言うべき重みを備えた結論に行き着いた。

だが、野党の自公両党は消費税増税に三党合意で決着をつけた後も、ねじれ国会で野田に解散を迫る切り札をもう一枚持っていた。一二年度予算の歳入の四割を超す三十八兆円強の赤字国債発行法案だ。これを成立させなければ、年度途中で国庫の資金繰りが危うくなり、九十兆円超の歳出予算の執行が止まりかねない。前年、政権維持に執着した菅直人が最終的に退陣を決意せざるを得なかったのも、自公両党にこの法案を「人質」に取られていたためだ。

財務省は九月から行政経費、地方交付税、補助金などの執行を一部停止した。それでも十一月末には財源が枯渇するうえ、同月中に法案を成立させて赤字国債を順次、発行しないと年度内に三十八兆円超を市場で円滑に消化しきれない、と「財政の崖」を訴えた。

さらに一三年度予算編成を終えてから衆院選を実施するのも望ましくない、との立場だった。民主党の凋落で政権の枠組みが変われば、予算編成をやり直さざるをえず、成立が大幅に遅れるからだ。つまり、赤字国債発行法案の成立と引き換えに、自民党が望む年内の衆院解散・総選挙に応じるしかない、と野田に迫ったも同然だった。ズルズルと政治日程を引き延ばした野田は十月十九日、やっと安倍、公明党代表の山口那津男との党首会談に応じた。

「「近いうちに信を問う」との言葉の重みと責任は自覚するが、様々な環境整備をしなければならない」と強調した野田。「環境整備」で挙げたのは、赤字国債発行法案の成立、衆院の一票の格差の是正と定数削減、社会保障制度改革国民会議の委員の人選の三つだ。

野田は赤字国債を巡っても、ねじれ国会でもう政争の具としないよう複数年度に亘って発行を認める法整備を提案した。仮に自民党が政権に復帰し、ねじれ国会が続いても、野党・民主党はこの法案の成立阻止で倒閣を狙う戦術は採らない、との「武装解除」宣言に等しかった。

早期解散を迫る安倍と山口は「肝心の解散について新提案がない」と怒るばかり。危機感を強めた財務省の「ご説明」に十一月初旬、自民党政調会長の甘利明がはたと気がついた。「この赤字国債発行の複数年度化は、自民党が政権に戻った後で楽になる話じゃないか」

野田も十一月二日夜、副総理の岡田克也、官房長官の藤村修と協議し、解散・総選挙の腹をくくる。民主党からさみだれで離党者が続き、内閣不信任案が可決されるリスクも出てきた。大阪市長の橋下徹が率いる日本維新の会など「第三極」新党が離党者を吸収し、態勢を整える前に選挙する方が傷が浅いと判断した。野田は十一月十四日の党首討論で解散を宣言。赤字国債発行法案とゼロ増五減の一票の格差是正法案が成立したのは、解散当日の十六日だった。

✝自民利した第三極乱立

「十二月四日公示―十六日投票」となった衆院選。離党者が相次ぐ民主党は何とか過半数の候補者を立て、連立する国民新党との協力を継続した。自公両党も小選挙区で共倒れを避け、ガッチリ選挙協力して連立枠組みを示した。両陣営は大半の小選挙区でぶつかり、有権者から見て直接、選べる政権枠組みは結局のところ、このどちらかという構図だった。

二者択一型の政権選択選挙のゲームを分かりにくくしたのは、第三極の乱立だ。小沢は「卒原発」論で滋賀県知事の嘉田由紀子を代表に担いで日本未来の党を旗揚げ。橋下・維新は太陽の党と合併し、石原慎太郎を代表に据える。渡辺喜美が率いるみんなの党も含め、どこも過半数の候補者を立てる力量はない。政権獲得へ連立の枠組みを示すわけでもない。党首討論となれば与野党から総勢十人が一堂に会し、政策論争は拡散するばかりだった。

「選挙前に新政権の枠組みなど示せるわけがない。小選挙区で他党と激しく戦っているのだから。与党と野党に分かれて、は古い政治だ。政策ごとに協力できるかどうかで行く」

維新代表代行の橋下は民放テレビ番組でこう言い放った。結党前は「国政は小選挙区制で、政党間の対立軸が見える中で、有権者が選んで大きな方向性を決める」と政権選択選挙に理解を示し、過半数の候補者擁立も明言していたが、態勢が整わずに戦略転換した。

第三極は党首の「顔」で売り込み、政党名投票の比例代表で風に乗りたい。比例票を掘り起こそうと、小選挙区にも候補者を立てる戦術を採った。このため、三百小選挙区のうち、第三極同士で競合したのが八十六。自公協力を横目に、民主党と第三極が潰し合ったのが二百六に上った。中小政党でも生き残りが可能な比例代表の事情が、政権を目指す二大勢力の一騎打ちに収束しやすい小選挙区でも多党を乱立させてしまう。複数制度の組み合わせによる「汚染効果」だ。岡田克也は「反自民票が分裂し、自民党が漁夫の利を得ている」とうめいた。

投票率は戦後最低の五九・三二%。小選挙区でも比例でも、自民党の得票数は下野した〇九年を下回った。だが、組織票の重みが増し、人為的な多数派形成力を持つ小選挙区中心の選挙制度の下で、民主党の分裂と第三極の乱立が、自民党に二百九十四議席の大勝をもたらした。党青年局長の小泉進次郎は「そよ風も感じない無風だった。民主党がひどすぎ、新党が新党に見えなかっただけ。有権者が自民党を評価した結果ではない」と自戒を込めて語った。

民主党は野党第一党に踏みとどまるのがやっとの五十七議席の惨敗。二大政党に割って入り、双方を批判した第三極の維新が比例を中心に五十四議席と躍進した。小沢・未来は九議席に沈んだ。内閣一元化をはじめ、自民党とは異なる政権マネジメントの選択肢を示そうとした民主党の「政治主導」の実験は、与党としての意思決定システムを確立しきれないまま、最後は大分裂で統治能力を決定的に疑わせ、三年三カ月で終止符を打った。

第七章

再登板・安倍晋三の執念

第48回衆議院選挙から一夜明け、記者会見で質問する記者を指名する安倍晋三首相
(2017年10月23日撮影　写真©時事)

第七章関連年表

2013年（平成25）	1月16日　アルジェリア人質事件が発生。邦人10人が死亡 3月20日　日銀総裁に黒田東彦・元財務官が就任 7月21日　参院選で自民、公明の連立与党が過半数 10月1日　安倍内閣が14年4月から消費税率の8％引き上げ実施を決定 12月4日　首相が主宰する「国家安全保障会議」が発足 12月26日　安倍首相が靖国神社に参拝
2014年（平成26）	5月30日　内閣官房に「内閣人事局」を新設 7月1日　安倍内閣が集団的自衛権の行使を限定容認する閣議決定 9月3日　第2次安倍改造内閣が発足、過去最多タイの5人の女性閣僚 11月18日　安倍首相が消費税率10％の実施延期と衆院解散を表明 12月14日　衆院選で与党が大勝し、第3次安倍内閣が24日に発足
2015年（平成27）	6月4日　衆院憲法審査会で長谷部恭男・早大教授ら3名の憲法学者が「安全保障関連法案は違憲」の見解 8月14日　安倍首相が戦後70年談話を閣議決定 9月19日　参院本会議で安保関連法案が可決、成立 10月7日　安倍自民党総裁の無投票再選を受け、第3次安倍改造内閣が発足
2016年（平成28）	3月27日　民主党と維新の党が合流して「民進党」結成 5月26〜27日　G7伊勢志摩サミット、オバマ米大統領が広島市を訪問 7月10日　参院選で自公与党が勝利し、衆参両院で与党が3分の2超す 7月31日　都知事選で無所属の小池百合子氏が初当選 8月8日　今上天皇がビデオメッセージで生前退位のご意向を示唆 9月15日　民進党代表選で蓮舫氏が当選
2017年（平成29）	1月20日　ドナルド・トランプ米大統領が就任 6月9日　天皇の退位等に関する皇室典範特例法が成立 10月22日　衆院選で自民党大勝。第4次安倍内閣が発足へ

1　安保も税制も首相主導

†経験者集め背水の陣

「どうしてこんなにこの数年間で首相が代わったのか。私は最初に一年間で終わらざるを得なかった政権の担当者として、大きな責任を感じる。挫折の経験を生かしていきたい」

一二年十二月二十六日。首相に返り咲いた安倍晋三は第二次内閣発足にあたっての記者会見で、自民党「安定政権」再構築の決意をこう誓った。第一章で紹介したように、民主党から取り戻した権力を二度と手放すまい、との強烈な執念をまず示したのは組閣人事だ。

大黒柱の官房長官に据えたのは、総裁選への出馬をためらった安倍の背中を強力に押した菅義偉だ。第一次内閣では総務相。当時はまだ「遅れてきたお友達」で、官邸には入れなかったが、退陣後も安倍と絆を深め、「何としても安倍さんをもう一度、首相にしたい」と安倍に町村派を割らせてまで総裁選に担ぎ出した。最強の参謀として、文句なしに官房長官に座る。

菅は秋田県の農家に生まれ、上京して様々な職を経験しながら大学を出た。元建設相の小此木彦三郎の秘書、市議を経て、小選挙区制になった一九九六年の衆院選から、横浜市を地盤に連続当選。「小選挙区世代」を名乗り、脱派閥と世代交代を旗印に台頭した。都市部無党派層の動向に鋭敏で、郵政民営化など小泉内閣の構造改革をいち早く支持した。半面、総務相として「ふるさと納税」を発案するなど、地域振興にも心を砕く「たたき上げの都会派」だ。

安倍は同じく第一次内閣以来の盟友の麻生太郎を副総理・財務相、甘利明を経済再生相に迎えた。菅を加えた「四人組」は派閥の論理を超えて堅い結束で結ばれていた。安倍の初当選同期で外相の岸田文雄を加えた五人は長期在任し、実質的なインナー・キャビネットを形成していく。総裁選で争った石破茂は幹事長に据えたが、安倍は警戒して党務の全権は与えない。副総裁に高村正彦、幹事長代行に細田博之とベテランを党執行部の重しとした。

官邸スタッフにも挫折を分かち合う「リベンジ組」や「経験者」をずらりとそろえた。安倍事務所に首席首相秘書官（政務担当）の適任者が見当たらず、経産省資源エネルギー庁次長の今井尚哉を充てた。第一次内閣で経産省出向の首相秘書官を務め、気脈は通じていた。その経産省枠の秘書官には、麻生内閣でも首相秘書官だった柳瀬唯夫がこれも異例の再登板（一五年七月まで）。財務省枠の中江元哉、外務省枠の鈴木浩も安倍が官房長官時代の秘書官だ。

安倍最側近を自任し、経産省を知恵袋に経済重視の外交戦略や大きな政策構想を練るのは今井。菅も訪日観光客へのビザ発給緩和、ふるさと納税の拡充、携帯電話料金の引き下げなど、成果が見えやすい「タマ」を次々に繰り出すが、本領は政策にはない。与党と霞が関の隅々まで人脈と情報網を張り巡らし、政権維持と官邸の危機管理で鉄壁の守りを請け負った。

菅の右腕となる事務担当の官房副長官は杉田和博。警察庁出身で公安畑の警備局長を務めた。官房長官・後藤田正晴の秘書官や、内閣危機管理監を歴任し、官邸経験が豊富だ。インテリジェンス担当の内閣情報官は、北村滋が野田前内閣から続投した。やはり警察庁の公安畑の出身。第一次内閣で首相秘書官を務めて安倍の信任が厚いのは今井と双璧だ。

政務の官房副長官には加藤勝信（衆院）と世耕弘成（参院）。加藤は元大蔵官僚で社会保障・税一体改革に関わった政策通議員。安倍と加藤は父親の代から家族ぐるみで交遊がある。世耕は第一次内閣でも広報担当の首相補佐官を務めた。このように気心が知れ、官邸の舞台回しも手慣れた直属スタッフを結集したのは、安倍の背水の陣の決意の表れだった。

安倍、菅、今井と三副長官は毎日、短時間でも「正副官房長官会議」と称して集まり、意思疎通にズレが出ないよう腐心した。多忙に追われていると、意識して定例化しなければ、この顔ぶれが一堂に会する機会は実は少ない。ここが官邸の最高意思決定の場となる。

菅はさっそく、各府省の事務次官らの連絡会議の設置を決める。閣議案件の事前審査のためでなく、官邸の意向を霞が関に浸透させる狙いだ。特にこだわったのは各府省の幹部人事の統制だ。一三年一月十一日の連絡会議で、菅は杉田を傍らに従えて「官邸に事前に相談せず、各府省で勝手に幹部人事案を決めて持ってくることは許さない」と厳命した。

✝隙間埋める「官邸官僚」

新安倍官邸には、表舞台には出ないが、縦割りの霞が関のすき間を埋める「官邸官僚」と呼ばれるスタッフが他にも何人も加わった。例えば、第一次内閣で務めた内閣広報官兼首相補佐官に復帰した元経産省中小企業庁長官の長谷川栄一。安倍は官邸五階の首相執務室の隣の秘書官室に机を置かせた。退陣後、失意のどん底を彷徨っていた安倍を東京郊外の高尾山に登ろうと誘い出し、心身ともに元気を取り戻すきっかけを作った「お友達」だ。

今井、柳瀬、長谷川と三人の経産省出身者が首相秘書官室に陣取る内閣は初めて。菅に規制改革の推進など経済自由化の路線を進言した慶大教授の竹中平蔵は「これは経産官僚内閣だ」と補助金など行政裁量による産業政策への傾斜を警戒した。「経産省内閣」と呼ばなかったのは、組織としての策動というより、安倍や麻生、甘利に近い経産官僚たちの個人プレーの色彩が濃いと見たからだ。長谷川は安倍の外遊に多数の経済人を随行させ、その人選を経団連を経由せず、各省を通して自ら仕切った。これで対ロシア経済外交などで発言権を増す。

代々、首相の演説や談話を下書きする若手経産官僚のポストである内閣副参事官。今井は第一次内閣で首相秘書官補佐を務めた佐伯耕三（九八年入省）を官邸に復帰させた。佐伯は前例がないほど安倍と今井に日々密着して行動し、一心同体の専属スピーチライターとして、演説や記者会見の草稿作りを担う。一七年に異例の若さで首相秘書官に昇格した。安倍が英語で演説するなどグローバルな発信を狙う場合は、慶大教授で内閣審議官の谷口智彦（後に内閣官房参与、元日経ビジネス編集委員）が英語の表現に心を砕いた草稿を準備する新体制を敷いた。

安倍は同じ五階に、信頼する二人の内閣官房参与の執務スペースも設けた。外交・安全保障で安倍の密使も演じる谷内正太郎は第一次内閣の外務事務次官。後に新設する内閣国家安全保障局長含みの人事だった。静岡県立大教授の本田悦朗（後に駐スイス大使）は消費税増税に反対し、リフレ政策で安倍と意気投合した異端の元財務官僚。国際畑で在外勤務が長く、本流の主計局や主税局の経験がないので、省内では「本田って誰だ？」と戸惑う声が漏れた。

菅の信頼が厚く、「懐刀」とも呼ばれる首相補佐官の和泉洋人（元国土交通省住宅局長）も見逃せない。元建設技官として土地勘のある国土強靭化、東北の復興を含む社会資本整備、地域活性化から、健康・医療分野の成長戦略、さらに鉄道などのインフラ輸出まで幅広く政策調整を受け持った。官邸四階に陣取り、霞が関の隅々まで目配りし、重要情報を吸い上げて菅に耳打ちする。各府省の幹部人事にも隠然たる影響力を持つ「裏の官房副長官」となっていく。

第一次内閣では首相主導に力むあまり、権限のない首相補佐官に「お友達」政治家を並べ、手柄を閣僚と競わせて二重行政の混乱を招いた安倍。再登板後は内閣・与党全体ににらみを利かせる菅、安倍を至近距離で支える今井という二枚の官邸司令塔を軸に、前述のインナー・キャビネットを権力中枢とした。谷内、長谷川、和泉、本田らは出身省の省益を離れ、専門分野で安倍と菅に直結する政治任用の「官邸官僚」グループを形成する。発言力の大きさがはっきりしてくると、各府省も根回しや報告に出向かざるを得なくなった。

†非対称的な政権交代

〇九年九月の民主党への政権交代と、一二年十二月の自民党への政権再交代では、およそ非対称的な光景が政と官の間で展開した。安倍は首相に再登板した日の会見で「内閣の総力をあげ、大胆な金融政策、機動的な財政政策、民間投資を喚起する成長戦略の三本の矢で力強く経済政策を進めて結果を出す」と看板政策となるアベノミクス「三本の矢」の推進を宣言した。この仕込みは衆院選で大勝するはるか以前から、政官一体で進んでいた。

自民党がまだ野党だった一二年九月の総裁選。安倍は本田らの助言で、デフレ脱却に向け日銀に二〜三%の物価上昇率目標の設定と「思い切った金融緩和」を迫った。このリフレ路線に市場が政権再交代への「期待」を強め、米欧の景気回復も手伝って円安株高の風が吹く。金融緩和の「一本足打法」では不十分だ、と財政出動を勧めたのは積極財政論者の麻生だ。日銀が国債を大量購入し、財政ファイナンスに堕したと市場に見られてはまずい、と危ぶんだ財務省や日銀は、潜在成長率を底上げする成長戦略もセットで必要だと安倍周辺に働きかけた。

十二月の衆院選での自民党公約。「日本経済再生本部に「産業競争力会議」を置き、成長産業の育成に向けたターゲティング・ポリシーを推進する」と成長分野に狙いを定めた産業政策を掲げた。首相と全閣僚でつくる「日本経済再生本部」の下に、有識者を集めて成長戦略を調査審議する「産業競争力会議」を置く構想だった。公約を取りまとめた政調会長は、第一次安倍内閣から二年間、経産相を務めた商工族の有力議員、甘利明だ。経産省製造産業局長の菅原郁郎ら旧知の経産官僚と成長戦略の推進に向け、額を寄せ合った。

甘利は経済再生相に就くと、政務秘書官に経産官僚の野原諭を据え、公約通りに「日本経済再生本部」や「産業競争力会議」を立ち上げる。安倍は総裁選中から、民主党政権が廃止を宣言しながら、法律上は存続していた経済財政諮問会議の再起動も唱えていた。日銀総裁が常勤議員になる慣例だったので、金融政策を点検し、マクロ政策を巡る政府・日銀の協調を確保する枠組みに使えると踏んだのだ。経産官僚たちが安倍や甘利に食い込み、政策決定の主導権を狙うと見た財務省は、諮問会議を拠点に巻き返そうと策動する。

十二月二十六日の安倍再登板の瞬間、アベノミクス「三本の矢」の推進態勢の構築に向けた新内閣の助走と、「経産官僚内閣」を巡る暗闘はもうここまで進んでいた。民主党は〇九年の政権交代前、官僚機構からろくに情報提供も受けずに巨額の恒久財源を要するマニフェスト

（政権公約）作りに走った。「政治主導」を掲げた勢いも手伝い、政官関係はぎくしゃくし、「官僚排除」に至った。安倍再登板の滑り出しはそれとは様変わりだった。

当時、内閣官房の補室に出向していた元経産官僚は「経産省は政権再交代に備えて新たな成長戦略パッケージを準備し、安倍自民党の中枢と非公式に調整していた。官僚機構との断絶を前面に出した民主党への政権交代とは違い、長年の政権担当で築き上げた政官連携の人脈が生きていた。自民党への政権再交代の方がはるかに円滑だった」と振り返る。

この証言は、民主党への政権交代が、衆院への小選挙区制導入でその可能性を制度的にビルトインした「平成デモクラシー」の試みの中で初めて起きた「特別な政権交代」（東大名誉教授の佐々木毅）だったことを改めて物語る。政治的中立を標榜する日本の官僚制だが、五五年体制から長期政権を築いた自民党と濃密な「共犯関係」を実際は築いてきた。自民党は下野してから三年三カ月で復権し、政官の人的ネットワークもほとんど温存されていた。

衆院選で政権を奪還した手ごたえから、安倍自民党は「政」が選挙の洗礼を経ない「官」に優越する意識に目覚め、厳しい官僚統制に乗り出す。この点は民主党の「政治主導」と通底するが、自民党は「官僚排除」ではなく「官僚を使いこなす」姿勢が違っていた。

✝TPP交渉で「甘利全権」

ここで場面は一二年十二月の衆院選に遡る。自民党の政権公約は、米国が主導して関税撤廃による自由経済圏を目指す環太平洋経済連携協定（TPP）に、こう言及していた。

「「聖域なき関税撤廃」を前提にする限り、TPP交渉参加に反対します」

民主党政権は交渉参加に踏み切れなかった。自民党でもTPPと農業自由化に反対して選挙を戦った議員は数知れず、参加を主張した小泉進次郎は「党内のほとんどは反対だった」と振り返る。安倍は自由貿易に加えて投資、知的財産などの共通ルールに基づく経済圏を日米主導で築き、中国と対峙する戦略を描いた。公約の「参加に反対」は前提条件つき。関税撤廃で一定の例外を勝ち取る余地があれば、参加もありうる、と読める仕掛けになっていた。

一三年二月二十二日。安倍はワシントンで米大統領バラク・オバマと初めて会談し、TPPを巡る日米共同声明の発表にこぎつける。日本が参加する場合は「全ての物品が交渉の対象」で「包括的で高い水準の協定」を目指すことや、米国の関心が高い自動車や保険の分野で日米の事前協議を急ぐことをうたった。同時に「一方的に全ての関税を撤廃することをあらかじめ約束することを求められるものではない」と確認した。安倍はこれを「聖域なき関税撤廃」に例外がありうることを確かめた、として党内調整を加速する。

「本日、TPP交渉に参加する決断をした。アジア太平洋の未来の繁栄を約束する枠組みだ。この機会を逃せば、世界のルールづくりから取り残される。今がラストチャンスだ」

三月十五日。安倍は記者会見で「国家百年の計と信じる」と交渉参加を明言した。経済再生相の甘利明にTPP担当を兼務させ、交渉の全権を与える一元体制も決断する。従来の通商交渉は外務、経産、農水の三閣僚が縦割りで対応。「農業自由化で譲る代わり、相手国の自動車市場を開放させる」など国益を総合的に見渡した分野横断的なディールは難しかった。米国が以前から通商代表部（USTR）に交渉窓口を一本化してきたのとは対照的だった。

甘利を三閣僚より格上とし、総合調整と交渉の全権を与えて、USTR代表のマイケル・フロマンと一対一で包括的なディールを目指す新体制。甘利を本部長として内閣官房にTPP政府対策本部を新設し、各省から出向者を集めて統合司令部とした。交渉で甘利を補佐する首席交渉官に外務審議官（経済担当）の鶴岡公二、国内の対策に目配りする国内調整総括官には業界の利害が絡む経産省や農水省ではなく、関税制度を所管する財務省の出身で、官房副長官補の佐々木豊成を充てた。ここにも安倍流の首相主導の新機軸があった。

†内閣・与党「穏健な二元化」？

安倍はこの間、自民党農林族の説得に自ら動き、渋々でも容認させる線まで切り崩した。党TPP対策委員長に親交のある西川公也を据え、抑え役と頼む。「族を以って族を制す」作戦だ。衆院農水委員長の森山裕、農水副大臣の江藤拓のキーマン二人は一度は離党した「郵政造反組」で、復党させたのは安倍。その縁を背景に本気度を伝え、軟着陸を求めた。

アジェンダ設定から決定期限まで、実態は完全な首相主導だった。ただ、安倍は小泉純一郎と違い、反対論を強行突破する形は好まなかった。自民党の「無形文化財」とも言える与党事前審査手続きの体裁は維持して決着させる。高い内閣支持率と衆院選で自民党を大勝に導いた恩義などを背に、反対派を説き伏せ、圧力をかけ、ギリギリのところで兵を引かせた。さらに農林族が反乱を自制した背景には、党内ガバナンスが崩れて政権を失った民主党を反面教師とする空気もあった。安倍とは疎遠な幹事長の石破茂の口癖もこうだった。

「政権党がバラバラで、首相がコロコロ代わる政治はもう止めてくれ、が支持者の声だ」

これは衆院選の大勝と高支持率が安倍のリーダーシップの後ろ盾になった半面、自民党議員が安倍を強いリーダーに見せて押し立てるため、フォロワーシップを発揮し始めたことも意味した。若手議員にも「総務会で決めるまでは激論するが、ひとたび党議決定したら結束して従う。それが政権与党の責任だ」（小泉進次郎）と胸を張り、民主党にはない自民党のアイデンティティはこれだ、と与党事前審査制を伝統として受け継ぐ意識が芽生え始めていた。

「政権交代前は、閣僚より族議員のボスの方に力があり、改革推進の壁になった。族ボスは閣僚経験者が多く、自分の時代の国会答弁を変えさせまい、としがちだからだ。だが、民主党政権で政策の継続性が断ち切られ、族ボスの多くも落選した。第二次安倍内閣では、野党時代を生き延びて閣僚になった我々の方が力関係で優位に立ち、改革も進めやすくなった」

有力閣僚の一人は、政権交代が内閣と党政調会の力学をこう変えつつある、と証言した。

「政治に国民の生の声を反映させるため、与党の政府からの「相対的独立」を前提とした「穏健な二元化」は維持するべきだ。その際、縦割り構造による硬直性の弊害に批判があったことの反省に立ち、案件に応じて、関係部会を横断したPT（プロジェクトチーム）による審議・検討等の機動的・総合的な政策形成及び政策監視を行う」

これは野党時代の一〇年六月、林芳正が座長を務めた自民党の「政治主導の在り方検証・検討PT」の提言の一節だ。民主党が試みた政調会の廃止や政策決定の内閣一元化には距離を置き、内閣と与党の「穏健な二元化」による与党事前審査制の維持を訴えていた。

安倍再登板後、自民党が首相主導の政策アジェンダ設定に歩調を合わせて林立させたのは、党則七十九条に基づく総裁直属機関だ。霞が関に合わせた政調会の縦割り型部会では受け止めきれない分野横断的な政策論議の受け皿とした。「日本経済再生本部」「教育再生実行本部」「国土強靭化推進本部」「安全保障法制整備推進本部」などを次々に立ち上げる。

†金融政策を人事で転換

「物価安定の目標は二％」「達成期間は二年」「マネタリーベースは二倍」――。

四月四日。安倍が任命した新日銀総裁の黒田東彦は記者会見で、デフレ脱却に向け、これら三つの「二」をカギとする異次元の金融緩和政策の始動を宣言した。このため、日銀による市中からの長期国債の購入量も二年で百九十兆円と倍増させる、と表明した。

安倍は前総裁の白川方明の任期満了を捉え、内閣が持つ正副総裁の人事権を行使して金融政策のリフレ路線への転換を日銀にはっきりと求めた。リフレ派の経済学者からの新総裁登用も考えたが、麻生が大組織の運営の経験者でないと無理だ、と反対。アジア開発銀行（ADB）総裁で、国際的な知名度も高い元財務官の黒田に落ち着いた。黒田は財務省在籍時からデフレ脱却を優先して大胆な金融緩和を説き、当時の日銀を強く批判してきた。

副総裁にはリフレ派の代表格で学習院大教授の岩田規久男と日銀生え抜きの中曽宏。自民党が野党だった一二年九月に一ドル＝七十円台だった円ドル相場は、安倍が総裁になって金融緩和をぶち上げるとともに円安に向かい、再政権交代後は九十円を超えて下落。異次元緩和の発動で百円を超える。輸出企業の業績好転を期待して日経平均株価も大幅に上げた。安倍官邸は日銀政策委員会を構成する審議委員にも時間をかけ、リフレ派を次々に送り込んでいく。

一方、持続的な成長へのカギを握る成長戦略はもたついた。官邸に有識者を集めた政策会議が林立した。経済財政諮問会議は税財政改革や金融政策の点検などマクロ政策、産業競争力会議は農業、雇用、医療介護など分野別のミクロ政策、規制改革会議は「岩盤規制」見直し、と住み分けが説かれたが、「法人税改革はマクロでもミクロでもある」（競争力会議議員で慶大教授の竹中平蔵）などと交通整理を求める声が出て、主導権争いも起きた。

路線対立も始まる。甘利傘下の経産官僚たちは予算や税制など裁量的政策手段で、有望産業に狙いを定めたターゲティングポリシーに動く。竹中らは「企業に自由を与え、筋肉質にする規制改革こそ一丁目一番地」だと「岩盤規制」改革による経済自由化を訴えた。

結局、竹中は経産官僚主導の競争力会議に見切りをつけ、独自の「国家戦略特区」構想を提唱し始める。首相主導で特区を指定し、岩盤規制を地域限定などの形で実験的に取り払って改革の突破口とする手法だ。単なる地域振興ではなく、外資の誘致など成長戦略の牽引役を期待して、東京都や大阪府など大都市圏にも特区の活用を促す。竹中の策動から首相を議長とする国家戦略特区諮問会議は法制化され、竹中は民間議員として旗を振り続ける。

片やTPPや規制改革などグローバル競争も意識した新自由主義的な路線。こなた経産省流の産業政策や、自民党伝統の公共事業などの財政出動頼みが影を落とすパターナリズム（家父長主義）路線。アベノミクス「三本の矢」を掲げた安倍はどちらも否定せず、渾然一体で推し進める。両者がはらむ矛盾や政権内の対立を、円安株高の勢いが覆い隠した。

†内閣法制局の自律破る

「人事権は大臣に与えられた大きな権限です。（中略）効果的に使えば、組織を引き締めて一体感を高めることができます。とりわけ官僚は「人事」に敏感で、そこから大臣の意思を鋭く察知します」（菅義偉『政治家の覚悟　官僚を動かせ』）

これは菅が野党時代の二〇一二年に上梓した著書で説いた人事による官僚操縦術だ。一三年六月下旬の各府省の恒例の夏の定期異動でも、安倍と菅は随所に首相主導色をにじませ、霞が関は揺れた。人事権は各閣僚にあるとは言え、官房長官を議長に、三人の官房副長官が加わる官邸の人事検討会議の事前承認を得ねばならない。官邸に実質的な拒否権がある。これは、安倍や菅と官僚機構の攻防に加え、官邸と各閣僚の力関係をも示す場面と言えた。

まず二年は務めるのが慣例だった外務事務次官。安倍官邸は一二年九月に就任した河相周夫を一年もたたずに勇退させ、北朝鮮による日本人拉致事件への対応を評価した外務審議官の斎木昭隆を昇格させた。厚生労働事務次官には社会・援護局長の村木厚子を抜擢。「女性の活躍推進」路線の目玉人事で、省内秩序からはおよそ想定外だった。国土交通省のキャリア官僚が長く務めてきた海上保安庁長官に、初めて現場出身の佐藤雄二を据えた。

総務事務次官にも、本命視された総務審議官の大石利雄を次に回し、「上がりポスト」と見られた消防庁長官で、入省同期の岡崎浩巳を充てる逆転人事。岡崎は菅が師と仰ぐ元官房長官の梶山静六が自治相の時の秘書官なので、かねて親しい間柄が知られていた。

これらは前奏曲に過ぎなかった。安倍は八月八日、内閣法制局長官に駐フランス大使の小松一郎（元外務省国際法局長）を登用する異例のトップダウン人事に踏み切ったのだ。

憲法によれば、法令などが「憲法に適合するかしないかを決定する権限」は最終的には最高裁にある。ただ、戦後司法はこの違憲立法審査権の行使に慎重で、日米安保条約や衆院解散権は、高度の政治性を考えて司法審査の対象から外す「統治行為」論も展開してきた。

内閣法制局は内閣が立案する法令案が憲法や既存の法律から見て問題がないか審査し、首相や閣僚に意見を述べる役回りだ。各府省から法律に詳しい官僚を出向させ、堅固な「霞が関法学」を構築。最高裁を差し置いて「憲法の番人」とさえ呼ばれがちだった。

長年、長官職は総務（旧自治）、法務、財務、経済産業の四省出身者に限られ、憲法解釈を担当する第一部長から法制次長を経て長官に内部昇格する人事慣行だった。憲法上、集団的自衛権の行使は禁じられている、との政府見解も、自民党政権が長く続いた中で、歴代内閣が法制局を使って積み上げた論理だ。安倍はこの解釈変更を目指し、国際法に精通する外務官僚を長官に据える、という人事権の行使で強烈なメッセージを放ったわけだ。

「統治の安定を確保するため、内閣の中にも（法令解釈で）一定の自律的秩序を持つ組織がないといけない。こんな考え方で内閣法制局はきちんと動いてきた。その人事に政治が手を突っ込むとは、戦後の（統治の）仕組み自体が変わろうとしている」

八月二十六日、民間シンクタンク・構想日本の討論会。憲法学者で学習院大教授の青井未帆は、小松起用にこう疑問を呈した。だが、法制局設置法によると、長官の任命権は内閣にある。国家公務員法の身分保障や政治的行為の制限などの対象にならない政治任用的な特別職だ。

実は政治主導を掲げた民主党政権も、内閣法制局の統制を巡っては試行錯誤した。最初の鳩山由紀夫内閣では、幹事長だった小沢一郎が議員同士の国会論戦を重視し、法制局長官の答弁をやめさせた。脱小沢に転じた菅直人内閣も、弁護士の仙谷由人や枝野幸男が官房長官などと「法令解釈担当相」を兼務し、憲法解釈には政治家が責任を負う、と位置づけた。最後の野田佳彦内閣は軌道修正し、法制局長官の国会答弁を復活させた。

安倍は一四年二月の衆院予算委員会で、内閣法制局に執拗に答弁を迫る民主党議員を制して「(行政府の)最高責任者は私だ! 政府答弁にも私が責任を持ち、選挙で審判を受ける。審判を受けるのは法制局長官じゃない。私だ」と言い放つ。衆院選で勝利し、政権を獲得した重みを、政が官に優越する根拠とする「国民の信任」論は、民主党政権と通底した。

平たく言えば、「我々は選挙で勝ったのだから、公約した通りにやりたいことをやらせてもらう。官僚は政治家の命令に従って動けばいい」という論理だ。二度の政権交代で、政官関係には多数決型デモクラシーがもたらす構造変化の波が押し寄せていた。日銀総裁と内閣法制局長官では法的な位置づけも異なるが、どちらも一定の「独立性」を認められて職責を遂行するイメージを持たれ、それが政治慣行ともなってきた。だが、安倍は慣行にとらわれず、法律で定められた内閣の人事権を遠慮会釈なく行使した。「独立性」の内実が問われていた。

†「聖域」自民税調も脇役に

七月二十一日の参院選。自民、公明両党はアベノミクスによる円安株高の勢いで大勝し、与党で過半数を制してねじれ国会を解消した。国政選挙で連勝した安倍の求心力は増し、首相主導の政策決定を加速する環境が整った。麻生は九月のロシアでのG20首脳会合で中期財政計画を提示するとした国際公約から逆算し、自公民三党合意に基づく一四年四月の消費税率八％への引き上げを八月前半にも決断すべきだと訴えた。だが、安倍は秋まで時間をかける。

予算編成などから政治日程を逆算して組み立てる作業は「竹下カレンダー」と呼ばれ、旧自民党政権が財務省に求めた政権運営のファンダメンタルズ（基礎的条件）だった。民主党政権はこれを官僚の出過ぎた政治関与として嫌った。安倍官邸にも日程から外堀を埋め、早期の決定へ誘導する財務官僚の手には乗らない、と振り払う人物が出てきた。官房長官の菅だ。

菅は「官僚は既成事実を積み上げ、（早期の増税決定という）判断を迫る仕組みを作っている。私がいま、それをぶち壊している」と公言し、「首相は白紙だ」と言い続ける。中期財政計画を「増税を決め打ちする内容にはしない」として増税は織り込ませず、閣議決定も秋以降に先送りさせた。財務省が具申した「竹下カレンダー」を破り捨てたのだ。

安倍は九月三日に麻生と甘利を前に「増税判断は十月上旬にする。一日の日銀短観（全国企業短期経済観測調査）を最後の指標として確認したい」と熟慮を強調した。増税の決断と引き換えに、五兆円規模の万全の経済対策と、成長戦略の目玉として法人税の実効税率の引き下げを模索し始めた。九月十一日、自民党税制調査会長の野田毅らを官邸に呼んで「税制でもレジームチェンジ（体制転換）が必要だ。今までになかったことを考えてほしい」と懇請した。

ドンと呼ばれた山中貞則ら専門議員の威光で、財源調達に責任を負う税制改正を「専権事項」とし、首相の介入も許さない高度な自律を伝統として誇ってきた党税調。「インナー」と呼ばれ、実権を握る幹部会には会長の野田、顧問の町村信孝ら財政規律派が居並んだ。

片や官邸に陣取る安倍や菅は党税調が置かれる党政調会とそもそも縁が薄い。安倍は当選二回で旧厚生省の政策を扱う社会部会長を務めたが、それ以上の政調会の要職は知らない。古い自民党流の与党主導型の政策調整の経験は乏しい。菅は部会長にすら就いていない。

党税調と財務省が「聖域」として差配してきた従来型の税制改正を突き崩し、政策決定に「首相支配」を貫徹したい――消費税増税で「私が決断」の演出を目論んだ安倍は、法人税減税を主戦場に政権内での権力闘争を仕掛ける。九月十八日、麻生を呼び出すと、一四年度まで続く予定の復興特別法人税を一年前倒しで廃止し、実効税率下げにも道筋をつけたいと迫った。

官邸側はこの日、事務次官の木下康司ら財務省事務当局の同席を拒んだ。

党税調の脇役扱いに怒った町村信孝は九月二十日、単身で官邸に乗り込んだ。同じ派閥の安倍に特別税廃止の再考を説くが、安倍は譲らない。野田は現れず、党税調の足並みの乱れものぞいた。党税調が抵抗を続けるなら、野田を更迭して安倍と親しい党政調会長代理の塩崎恭久を後任の会長に据える。この時、官邸からはこんな揺さぶりの情報も漏れていたのだ。

安倍・麻生会談は二十日も続開し、法人税減税の大枠が固まる。二十六日には麻生と甘利がそろって党税調インナーに出席し、協力を要請した。消費税増税と経済対策を巡る重要決定は、専ら安倍、麻生、菅、甘利の内閣中枢「四人組」の密室協議で事が運ばれた。

「私は、消費税率を法律で定めた通り、現行五％から八％に引き上げる決断をした」

十月一日、安倍は記者会見で「私が決断」を力説した。「経済政策パッケージ」の柱は復興特別法人税の廃止。さらなる課題となる実効税率引き下げは「与党で速やかに検討を開始していただく」と強調した。「聖域」党税調を押し込む首相主導はこの後も加速する。

†日本版NSCは英国型

十二月四日の官邸。「国家安全保障会議（日本版NSC）」の中核となる首相の安倍、副総理の麻生、官房長官の菅、外相の岸田文雄、防衛相の小野寺五典による初会合が始まった。

ＮＳＣは首相の下に外交・安保政策を一元化するための新組織だ。最初に討議したのは、長期的な視点に立った新たな国家安全保障戦略。「国際協調主義に基づく積極的平和主義の立場から、世界の平和と安定及び繁栄の確保にこれまで以上に寄与していく」と安倍流の「積極的平和主義」を中核理念に据えた。五者で合意すると、閣議決定へと進んだ。

ＮＳＣの創設は第一次安倍内閣が検討し、民主党政権でも俎上に載せられた。外交・安保の専門家サークルでは政権交代を超えて実現すべき与野党「共通の基盤」と受け止められていた。

それを一気に具体化させたのは、政権発足直後の一月にアルジェリアの天然ガス施設をテロ集団が襲い、人質となった邦人十人が軍事作戦で死亡した事件だった。邦人の安否などを巡って情報が入り乱れ、確認に手間取った。安倍や菅は関係省庁から縦割りで異なる情報がバラバラに上がってくる実情に「いったいどの数字が事実なのか」と苛立った。

ＮＳＣは大統領制の米国が先達だ。「行政権は大統領に属する」と定める米憲法下では、大統領一人でも重大な決定をなしうる。日本国憲法では「行政権は内閣に属する」とされ、内閣法は、内閣が合議体である閣議を通じて職権を行使する旨を明記する。安倍は議院内閣制の日本でも機能し得る枠組みを手探りした。縦割り打破へ、英国版をモデルに「少人数の閣僚会議」と「内閣官房の強力な事務局」を組み合わせる制度設計に行き着いた。

従来は外相と防衛相の定期的な協議の場さえないほど、縦割りは牢固たるものだった。だから、首相が閣内横断で外交・安保政策の手綱を握るため、外相、防衛相、官房長官を集めた四大臣会合を常設。副総理も加え、最低でも隔週に一度は開く。内閣の正式な意思決定の場は閣議だが、首相が主宰するNSCが外交・安保の総合調整機能を持ち始める。

NSCを支える事務局が、官邸直属の内閣官房に約七十人を集めた国家安全保障局だ。安倍は絶大な信頼を寄せる元外務事務次官の谷内正太郎を初代局長に口説き落とした。同局は単なる「会議事務局」ではない。内閣官房が持つ重要政策の企画立案と総合調整の権限を生かし、安保政策の基本方針を自ら立案できる「頭脳」だ。国家安保戦略がその例だ。

さらに谷内を先頭に外務省の総合外交政策局長、防衛省の防衛政策局長と統合幕僚長（自衛隊の制服組トップ）による安倍への外交・防衛情報のブリーフィングも毎週、定例化する。この顔ぶれはNSCの事務レベル調整の常設機関である幹事会ともほぼ重なる。法律で各省庁にNSCへの重要情報の提供も義務づけ、情報は国家安保局が「総合整理」するとした。閣僚レベルでも事務レベルでも、縦割り克服の重層的な仕掛けに腐心した。

2　権力維持のリアリズム

†集団的自衛権の「限定容認」

国政選挙に連勝し、円安株高を追い風に高い内閣支持率を維持して安定政権を視野に入れた首相の安倍晋三。一四年前半、積み上げた政治的資本を投入して推進したのは、集団的自衛権の行使は禁じられている、としてきた歴代内閣の憲法解釈を変更する閣議決定だった。

安倍は第一次内閣でも国際法に精通する元外務事務次官の柳井俊二を座長に「安全保障の法的基盤の再構築に関する懇談会」を官邸に設置し、憲法解釈の変更を目指した。この安保法制懇は「憲法九条は、集団的自衛権の行使や国連の集団安全保障への参加を禁ずるものではない」と解釈の全面変更を促す報告書を〇八年にまとめるが、既に安倍の退陣後だった。当時の福田康夫内閣はこれを棚上げした。安倍は再登板すると、直ちにほぼ同じ顔触れで安保法制懇を復活させ、政治学者で国際大学長の北岡伸一が座長代理として主導する。

安倍は参院選までは急がず、勝ち切るや内閣法制局長官にやはり国際法畑の外務官僚の小松一郎を登用して動き出す。外務省は米国などの要請に柔軟に対応すべく、国際法重視の観点から、集団的自衛権の行使や、国連決議による多国籍軍など集団安保への参加を認めた旧安保法制懇を踏襲し、憲法解釈の制約を取り払いたかった。だが、安倍は十四年二月十日の衆院予算委員会で、集団的自衛権の容認は「限定的」にとどめる見解を打ち出す。

「何と言っても憲法九条があり、第二項がある。その中での集団的自衛権行使の可能性を議論しており、相当限定的に議論がなされている。全体的に認めるということはない」

戦力不保持や交戦権否認を定めた九条二項に特別な意味を認める。半面、集団的自衛権容認は譲らない、との決意表明だった。「限定」論は政権中枢で胎動を始める。牽引役は「首相は政治的配慮で急に限定容認論を採ったのではない。二、三年前から賛同していた」と明かした自民党副総裁の高村正彦だ。外相や防衛相を歴任し、弁護士資格も持つ。

高村によると、野党時代の党憲法改正推進本部でこんな場面があった。高村が「自衛隊が米国へ行って米国を守るような、典型的な集団的自衛権には憲法改正が要る。従来の政府見解の法理の「必要最小限度の範囲」での限定容認なら、解釈変更で可能だ」と説いた。すると、安倍は「なるほど、高村さんの考え方は分かりやすい」と膝を打ったというのだ。

†官邸と自公の「五人組」

安倍の限定容認論は、連立与党で「平和の党」を掲げる公明党との合意を見据えたリアリズムと言えた。片や幹事長の石破茂は安保法制懇と同じ全面容認論に立ち、その実現のために国家安全保障基本法を議員立法で制定する、という野党時代からの原則論にこだわった。

安倍は自公協議を石破ではなく、高村に頼った。高村は公明党副代表の北側一雄と誼を通じようと動く。前自民党副総裁の大島理森と公明党国会対策委員長の漆原良夫の国対族コンビがパイプになった。五月十五日、安倍は安保法制懇の報告書を受け取り、記者会見に臨む。この会見の発言要領案を高村は事前に北側に渡し、北側が修正したものが安倍の手元にあった。

安倍は報告書が「あるべき憲法解釈」だとした集団的自衛権の全面容認論を「これまでの政府の憲法解釈とは論理的に整合しない。憲法がこうした活動の全てを許しているとは考えない」といきなり切り捨てた。報告書が、従来の政府解釈を前提とするなら、と次善の策として示した「我が国の安全に重大な影響を及ぼす可能性があるとき、限定的に集団的自衛権を行使することは許される」との限定容認論の方に「さらに研究を進める」と軍配を上げた。

安倍は「自衛隊が武力行使を目的として他国での戦闘に参加することは、これからも決してない」と「海外派兵」も打ち消した。自らの指示で特注したパネルを使い、「おじいさんやおばあさん、子ども」ら邦人を乗せた米艦船が紛争地域から避難する際、日本近海で武力攻撃を受ける場面を、集団的自衛権行使の事例とした。安保法制懇が全面容認論で大風呂敷を広げ、安倍が限定容認論で抑制的な姿勢を演出する流れは打ち合わせ済み。ただ、法制懇を主導した北岡さえ「あれが明快な事例かどうか一抹の疑問がある」とパネルには苦言を呈した。

本来は安倍に近い法制懇の保守派の委員にも、集団的自衛権の限定容認論は議論の基調と違うではないか、と反発が潜在した。外務省の担当課長の手元に、集団安保参加を否定する安倍の発言要領の最終案が届いたのは、会見が始まる一分前。完全な首相主導だった。

首相主導の憲法解釈変更の大枠固めを担ったのは内閣官房の国家安全保障局だ。局長の谷内正太郎の傘下で、官房副長官補の兼原信克（前外務省国際法局長）と高見澤将林（元防衛省防衛政策局長）が、病に倒れた小松の後を継いだ内閣法制局長官の横畠裕介（検事出身）とすり合わせた。ただ、会見に臨んだ安倍の発言要領やパネルは首相秘書官室が抱え込んで準備した。

集団的自衛権の限定容認という安倍が明示した枠内で、憲法解釈変更の閣議決定に向けた詰めの自公連立与党協議が本格化する。自民党が設置した安全保障法制整備推進本部は自公協議の報告を受けるのが主で、与党事前審査の舞台は専ら自公協議となった。公式の協議の裏側で、高村と北側、そこに横畠、兼原、高見澤を加えた「五人組」が着地点を探り続けた。

七月一日の閣議決定文。集団的自衛権行使の要件の核心部は「我が国と密接な関係にある他国に対する武力攻撃が発生し、これにより我が国の存立が脅かされ、国民の生命、自由及び幸福追求の権利が根底から覆される明白な危険がある場合」と記述されていた。

憲法十三条が定める国民の幸福追求権が「根底から覆される」明白な危険がある場合に限り、集団的自衛権の行使を認めるこの言い回し。実は小松と横畠がすり合わせ、一三年秋に安倍に具申した法制局案と同じだった。その時は安倍が日本の周辺有事に対象が限定されすぎないか、と退けた。だが、公明党が法制局に歩調を合わせる形で復活。北側がこの線なら受ける、と高村から聴いた安倍は「根底から覆される」という表現を丸のみする腹をくった。

✝政権交代超えた人事局

「縦割りは完全に払拭される。日本国民、国家を常に念頭に仕事をしてほしい」

一四年五月三十日、内閣府の合同庁舎。安倍は発足した「内閣人事局」の看板を掛けると、同局に機能を移した総務省や人事院の出身者ら百六十人の職員に、こう訓示した。

安倍はアベノミクスを推進するため、経済財政諮問会議の再起動を手始めに官邸に政策会議を林立させた。外交・安全保障政策の一元化を狙い、国家安全保障会議（日本版ＮＳＣ）と内閣官房の国家安全保障局も創設した。首相主導の制度化をさらに加速するため、一四年の通常国会で推進したのは、各府省の事務次官、局長、部長級以上の幹部官僚人事を一元管理するための「内閣人事局」を内閣官房に新設する国家公務員法改正だった。

幹部人事の一元管理と内閣人事局の設置は〇八年、福田康夫内閣の下で自民、民主、公明三党の共同修正で成立した国家公務員制度改革基本法で打ち出した。その詳細設計は二度の政権交代の激動で棚上げになっていたが、第二次安倍内閣でも流れは変わらない。

つまり、政権選択選挙である衆院選で多数を占めた党派から、国会が首相を選ぶ。その首相が組織する内閣が、各府省の縦割り行政や省益を超え、官僚機構を国益のために働かせるべく統制する。首相のリーダーシップと内閣全体の方針の下に霞が関を統合する「政治主導」を確保するための人事権の活用だ。この政の官に対する優位の感覚は、二度の政権交代を超えて自民党政権にも、民主党政権にも、通奏低音としてずっと流れてきた。

改正法によると、部長級以上の幹部官僚の任免権は、形の上では各大臣に残す。ただ、具体的な任免は「あらかじめ首相及び官房長官に協議したうえで、その協議に基づいて行う」とし、首相や官房長官の拒否権を担保した。さらに必要と判断すれば、首相や官房長官から各大臣に「任免について協議を求めることができる」ことも明記した。

加えて改正法では、首相は各府省の幹部候補者名簿を作成し、幹部職に登用してよいかどうかの適格性審査を実施する権限も手にした。この権限は官房長官に委任することができる。

一連の幹部人事の一元管理の事務は、新設の内閣人事局が担当する。焦点は三人の官房副長官から選ぶと法定された局長は誰か、だった。霞が関の「願望」は官僚機構のトップである杉田和博の起用だ。日本が統治構造改革のモデルとした英国では、各省次官などの幹部人事は官房副長官に当たる官僚トップ、数人の次官、人事委員会委員長、有識者でつくる「上級公務員選考委員会」が公募などを含めて差配する。官僚機構の専門性と政治的中立性を重んじ、政治家の人事介入の余地は限定してきた伝統がある。だが、安倍は初代の人事局長に旧大蔵省出身の側近議員、加藤勝信を充てた。官僚人事にも「政治主導」を貫くと宣言した形となった。

第三章で見たように、首相主導体制の強化を目指した一九九〇年代の橋本行革の出発点で、発案者の松井孝治は予算編成と官僚人事を首相が直轄する仕組みの構築を思い描いた。二度の政権交代の曲折を経て、首相主導システムの制度的な整備はそれを超えて進み始めていた。

✝支持率低下で次々に新手

一四年七月六日。安倍は安全保障法制整備に関して「幅広い法整備を一括して行っていきたい。大きな改正になるので担当相を置きたい」と記者団に言明した。憲法解釈を変更する閣議決定への過程では、秋の臨時国会でできるものから急ぐ構えも見せていた。ただ、公明党が支持母体の創価学会への説明に十分な時間をかけたい、と求めたことなどから、スローダウン。関連法案は一括して一五年の通常国会に提出する方針に切り替えた。一五年三、四月には統一地方選挙が控えており、事実上は地方選後までの先送りを意味した。

五月十五日の安倍会見から内閣支持率も下がり始めていた。安倍は世論の目先を変えようと次々に新手を打ち出していく。ストックホルムでの日朝政府間協議は二十九日に合意文書を公表。北朝鮮は拉致被害者など日本人の調査を「包括的かつ全面的に実施する」と特別調査委員会の設置を約束し、日本は独自に科してきた制裁措置の解除を表明した。

安倍は六月二十四日の会見で「成長の主役は地方だ。地方創生のための本部を創設し、私が先頭に立って地方の活性化に全力で取り組む」と「地方創生」を成長戦略の新たな旗印に掲げる。同時に「女性が輝く社会を作り上げる」と「女性の活躍推進」も宣言した。

円安株高の基調は持続し、特に円安で輸出大企業の収益は改善した。ただ、輸出数量は増えず、実質賃金もなかなか上がらない。大企業や大都市圏が潤えば、水が滴り落ちるように従業員や中小企業、地方まで恩恵が及ぶ「トリクルダウン効果」も見えなかった。

「地方創生」は、前岩手県知事の増田寛也らが少子化と人口減少による「地方消滅」の危機を訴えたことから、政策課題に上った。これを安倍は選挙対策をにらんだ地方活性化戦略として換骨奪胎する。安保法制の先送りで、秋の臨時国会から目玉法案が消えた。そこで地方創生と女性活躍の推進法案の提出を号令。政権の二枚看板として演出に腐心した。

その裏で、安倍は年内に衆院解散・総選挙を断行し、権力基盤を盤石にするシナリオを描き始めていた。衆院が任期満了となる一六年は、夏に参院選もある。だが、衆参同日選には公明党が常に反対する。前年の一五年も四月の地方選後に安保法制整備に取り組めば再び支持率低下を招きかねず、九月に党総裁選も控える。衆院選を敢行する隙間は見いだしづらい。ならば、いっそ野党の態勢が整わない一四年のうちに、と前倒しに傾いたのだ。

早期解散の選択肢や党総裁選を見据えた安倍が決断したのは、政権運営の壁になりかねない「最強の挑戦者」石破の幹事長更迭だった。野には放ちたくないので、閣内に封じ込めるべく安保法制担当相を打診する。石破が集団的自衛権の限定容認は自説と相いれない、と固辞すると、看板政策に掲げた地方創生の担当相を提示した。石破周辺では無役に転じて総裁選決起へ準備を進めよう、と主戦論も台頭。安倍の側近からも石破など干し上げろ、と強硬論が浮上した。八月二十九日。不穏な空気の中、安倍と石破は官邸で向き合った。

「本当に久しぶりに、二人だけで長い時間、首相とお話をさせていただいた……」

地方創生相を受諾し、手打ちに応じた石破の笑顔は引きつっていた。最高権力者と最強の挑戦者は腹を割った話などできぬ宿命。だが、小選挙区中心の衆院選の下で「与党バラバラ」感が強まれば、政権交代リスクを高めかねない。そんな自制心が双方になお働いていた。

返す刀で、安倍は新幹事長に法相の谷垣禎一を迎えるサプライズを演出する。石破交代でささくれだつ党内を落ち着かせる重し役に前総裁を担ぎ出した。消費税増税論者で保守本流を自任する谷垣は、安倍と政策的にも思想的にも党内で対極に位置する。だからこそ、二人が組めば党内は安定するという逆説的人事。谷垣の閣僚としての忠実な職務遂行も評価し、解散や総裁選に向けて寝首をかかれるリスクは極小化できる、と安倍は信を置いた。

「前の与党がまとまれない姿が国民に不安感を与えた。前総裁が首相の下で一生懸命汗をかく姿が、国民に安心を与えられるのでは、との思いで法相になった。その延長だ」

内閣改造・党役員人事が決まった九月三日。谷垣は前総裁が格下げの幹事長にあえて就く心

議議長を務めたオリックス会長の宮内義彦も、各省とぶつかってどうにもならないと、小泉に

ンの司令塔とした。構造改革の重要課題は、必ず小泉臨席の諮問会議で討議した。規制改革会

かつての小泉純一郎の首相主導は、竹中平蔵を担当相とする経済財政諮問会議をオンリーワ

べての女性が輝く社会づくり本部」とその推進室、といった具合だ。

ち・ひと・しごと創生会議」と本部事務局をあてがった。女性活躍推進相の有村治子には「す

みるみる膨張していく。一四年九月の内閣改造では、地方創生相に就いた石破茂の下に「ま

かき集める――安倍はこのパターンで次々に担当相と政策会議、事務局を増やし、内閣官房は

も新設。実務を切り盛りする事務局を官邸直轄の内閣官房に置き、各府省から出向者の要員を

内閣の看板政策を打ち上げては担当相を任命する。全閣僚で構成する「本部」や有識者会議

✝首相主導か内閣主導か

性閣僚を誕生させた。低落傾向にあった内閣支持率はこれを見て、急反転した。

子、女性活躍相の有村治子――。安倍は改造人事で、小泉内閣と並ぶ過去最多タイの五人の女

総務相の高市早苗、経済産業相の小渕優子、法相の松島みどり、国家公安委員長の山谷えり

を失った民主党を、復権した自民党中枢はここまで徹底して反面教師にしていた。

中をこう吐露した。小沢一郎、鳩山由紀夫、菅直人ら党首経験者がいがみ合い、分裂して政権

面会を申し入れる。取り次ぎ役の首相秘書官が渋ると、宮内は小泉に改革の窮状を訴える手紙を竹中に密かに託す。竹中は小泉に手紙を伝達し、諮問会議に宮内を招いて報告をさせる。居並ぶ閣僚が改革に反対しても、小泉が「面白いじゃないか」と裁断して前進させる――。

小泉流のカギは、諮問会議という「御前会議」で急進的な改革を唱える民間議員らと、改革に慎重な各省代表の閣僚を論争させたうえ、首相裁断で改革推進をのませたことだ。与党を脇役に追いやった首相主導は確かだが、閣僚は巻き込んで、官邸の意向を内閣全体に浸透させようと腐心した。閣僚は官邸と役所の板挟みで大変だが、「内閣主導」だったともいえる。

第二次安倍内閣は官邸に法律に基づかない政策会議を林立させたが、ガチンコの激論の末に安倍が裁断する場面はほぼ皆無。「首相指示」を出すにも「事前に秘書官が準備した紙を読む」（元内閣府政務官）のが常で、会議は形骸化が際立った。成長戦略を中心に、大抵の重要アジェンダの「タマ」をひねり出す知恵袋は、事務次官の菅原郁郎が率いる経産省だ。要所に同省出身者が配置された安倍官邸との意思疎通は円滑で「経産官僚内閣」が現実化した。

同時に重みを増したのは、官房副長官補の古谷一之（元財務省主税局長）率いる内閣官房の補室だ。地方創生も女性活躍も安倍と菅はまず古谷・補室に指示し、有識者会議や事務局の立ち上げで新任の担当相の面倒を見させた。次々と降ってくる重要案件を素早くさばき、霞が関を動かすのが補室の身上となる。第六章で見たように、補室を強化したのは民主党政権だが、その果実を安倍官邸もしっかり享受した。安倍官邸に苦戦した財務省だが、副長官補を補佐する内閣審議官ポストへの出向者は民主党政権当時から次官候補級に格上げしていた。担当相が内閣官房にかき集めた各府省出向者を統括し、一年単位の短期決戦で次々にまとめていく。関係府省は巻き込むというより、置き去り。これは「首相主導」ではあっても、「内閣主導」の広がりは乏しく、安倍とは距離がある各府省には疎外感が強まった。

†増税延期で抜き打ち解散

一四年秋、安倍は前年に続いて消費税率引き上げ問題に直面した。この年四月に税率を八%にしたばかりだが、一五年十月に一〇%に上げることが法定されていた。一五年度予算案にそれを織り込むかどうか、一四年末の予算編成までに政治決断が不可欠だった。

内閣府が八月十三日に公表した四～六月期の国内総生産（GDP）の一次速報値は年率換算で六・八%減。東日本大震災当時並みの大幅な落ち込みを記録した。十月三日の衆院予算委員会で、安倍は「増税は法律で決まっているが、生き物である経済を見ながら判断する」と十一月半ば以降に出る七～九月のGDP速報値を見極め、決断すると答弁した。

安倍は前年と同様、学者や経済人などを集めた経済財政動向の点検会合を十一月四日から官邸で開くよう、経済再生相の甘利明に指示した。「早めに動くのは予算組み直しなど増税延期への布石か」と財務省に疑心暗鬼が募る。官房長官の菅義偉や甘利の顔色を見ていた内閣府事務次官の松山健士は「夏以降の景気回復の遅れで、増税問題が容易ならざる事態に立ち至った、と感じたのは十月半ばだった」と増税延期の感触を証言している。

だが、安倍が増税延期の信を問うことを大義名分に、年内に衆院解散・総選挙を敢行するシナリオを秘めていたなど、財務省には「まさか」だった。十一月半ばに国際会議が相次ぎ、安倍は中国、ミャンマー、豪州歴訪を計画。ここに衆院選はぶつけられない。それ以降の解散だと選挙は年末。一五年度予算編成は越年し、国会での成立もずれ込む。増税を巡って足元の景気動向が論争の的なのに、越年編成の政治的選択はおよそ想定外だった。

十月二十日、安倍は経産相の小渕と法相の松島を更迭する。小渕は関連政治団体の不明朗な収支の問題、松島は地元選挙区で公職選挙法違反の疑いがある「うちわ」を配った問題が浮上した矢先。この頃、極秘の世論調査で自民党の衆院選勝利の展望を確信した安倍は「十二月二日公示－十四日投票」で解散を最終決断し、菅ともすり合わせ済みだった。女性閣僚の電撃的なダブル辞任は、解散シナリオを貫くための「不良債権処理」だった。

三十一日、日銀が年間の国債買い入れの増加目標を五十兆円から八十兆円に引き上げるなどの追加緩和を決定。続いて厚生労働省が年金積立金管理運用独立行政法人（GPIF）の株式運用比率を五割まで倍増する、と発表した。日銀の決定直後、副総理・財務相の麻生太郎が財務次官の香川俊介らを引き連れ、官邸で安倍に予算編成に向けた説明に臨んだ。

日銀とＧＰＩＦの「ダブルバズーカ」が増税への地ならしになる、と当て込む財務省幹部をよそに、安倍は不機嫌だった。官僚の一人は「首相はなぜ追加緩和を歓迎しないのか。それは増税を実施するつもりがないからだ、としか思えなかった」と愕然とした。それでも予算編成を越年させる年内の解散・総選挙はなお「まさか」だった。安倍は増税延期と解散の決断を秘匿し、財務省の巻き返しも防ぐため、予算編成との兼ね合いすら同省には相談せず、カヤの外に置き続けていたのだ。「竹下カレンダー」はうち捨てられていた。

この間、自民党税制調査会でも増税延期の是非など一度も議論していない。党税調の権威も何もあったものではない。安倍は与党事前審査抜きに、トップダウンで押し切った。

「アベノミクスの成功を確かにするため、消費税一〇％実施は十八カ月延期すべきだ。国民生活に重い決断をする以上、速やかに国民に信を問う。景気回復、この道しかない」

十一月十八日夕、安倍は記者会見で、増税延期と衆院解散を表明した。同日午前には経済財政動向の点検会合が最終日を迎え、延期派で内閣官房参与の本田悦朗と、実施派で東大教授の吉川洋が激論を戦わせていたが、首相裁断はとっくに下っていた。官邸の有識者会議もまた、任期満了まで二年以上を残した異例の抜き打ち解散の煙幕に使われたのだ。

†政権選択なき衆院選の罪

野党の虚を突く解散で、選挙情勢は自民党に追い風が吹くが、「大義なき解散」との評価はつきまとった。衆参両院で与党が多数なのだから、増税延期法案を国会で通せば済む話だ、との批判だ。安倍は「増税包囲網」打破こそが解散の狙いなのだ、と説明を変える。

「財務省も財政再建しなければいけない、と善意でやっている。だが、凄い勢いで増税を根回しするから、自民党全体もそんな雰囲気になっていく。大きな船の方向転換はそう簡単ではない。責任を負っているのは私だ。解散という手法で、党内一体で向かっていく」

増税延期法案への造反に名を借りた倒閣の策動を封じるために、民意を問うというのだ。

安倍は「小泉元首相も〇五年の郵政選挙では自公連立で過半数を取ったら、この政策を続けていく、取れなければ退陣すると表明した」と勝敗ラインは過半数だと説いた。衆院の定数は四百七十五で、過半数は二百三十八。自公連立の解散時勢力三百二十六から九十近く減らしても「勝利」とする安倍に対し、与党内でも当惑が広がった。小選挙区中心の衆院選は二大勢力から有権者が政権も首相も選ぶ。政権選択選挙のゲームに、過半数以外の勝敗ラインは本来、ない。ただ、そもそも民主党などの野党は自公連立に代わる政権の選択肢を示せずにいた。

「今回は任期四年の折り返しもしていない選挙。中間テストだ。その次の衆院選では政権の選択肢として認めていただけるような議席を獲得し、国会で活動していきたい」

民主党幹事長の枝野幸男は十一月二十九日、任期を半分以上残した急な選挙は「中間評価」だと苦肉の論法を展開した。選挙前の民主党は六十二議席。小選挙区の候補者数は過半数に届かない。政権交代は至難と認めて最大野党の座を固め直し、野党再編を主導して次の衆院選で政権への再挑戦権を持ちたい。その勝敗ラインは百議席、というのが本音だった。

野党乱立は小選挙区で与党を利する、と民主党と維新の党で候補者調整の動きこそ出たが、踏み込んだ選挙協力や、政策をすり合わせた連立構想はなし。これでは政権選択ゲームが成り立たなかった。「勝てば官軍」に徹した安倍の抜き打ち解散と、戦略なく「政権を目指さない野党」に甘んじた各党。安倍の信任投票と化した衆院選は白熱しようもない。

結果は自民党は四減の二百九十一、公明党は四増の三十五で、連立与党で選挙前と同じ三分の二を超す三百二十六議席の大勝。民主党は十一増えたものの、三ケタにはほど遠い七十三議席。代表の海江田万里は落選した。維新の党も一減の四十一議席で、政界の基本構図は何も変わらなかった。投票率は戦後最低だった前回の五九・三二%をさらに下回る五二・六六%という関心の低さ。内閣府政務官の小泉進次郎は三度目の当選にも「最初から最後まで、どう訴えれば納得していただけるか試行錯誤の連続だった」と笑顔はなかった。

自民党は小選挙区、比例代表とも、下野した〇九年の得票数にまたも及ばなかったが、まとまりを欠く野党をよそに、保守の支持基盤を何とか固め、公明党との選挙協力で勝ち切った。無党派層は動かず、民主党など野党陣営は再政権交代への足掛かりすら築けなかった。

†定説に挑戦「小刻み解散」

一五年早々から、与野党を通じて一六年夏の参院選に合わせた衆参同日選挙説が早くもくすぶり始める。任期を二年以上残した一四年暮れの安倍の電撃解散による衆院選での自民党大勝が、「小刻みな解散」による政権維持こそ新機軸、との機運を醸成し始めたのだ。

「来夏の衆参ダブル選挙も想定し、候補者の擁立作業など衆院選準備を前倒しで進める」

民主党は三月一日の党大会で採択した一五年度活動方針に、一六年の衆参同日選を想定して準備を急ぐ考えを明記した。抜き打ち解散でしてやられた教訓が身に染みた形だ。

小選挙区中心の衆院選は二大勢力からの政権選択を想定し、人為的に多数派を創り出す制度だ。勝敗がはっきりしやすく、与野党間で結果が大きくスイングすることもありうる。〇五年総選挙から第一党は三百議席前後の大勝を続けており、政権交代も二度、起きた。

小選挙区制導入後はこの振れ幅の大きさを警戒し、時の首相は解散に慎重にならざるを得ない、という相場観が形成されてきた。だが、安倍の「小刻み解散」は、スイングを警戒して解散を熟慮するどころか、野党陣営がその前の敗北から立ち直り切れず、選挙態勢も整わないと見るや、任期を半分以上残しての虚を突いたものだった。選挙結果のスイングを防ぐための逆説的な早期解散。その本質は小選挙区制の定説への挑戦にあったといえる。

「内閣改造をするほど首相の権力は下がり、解散をするほど上がる」

解散時に首相官邸から流布されたのが、安倍の祖父である岸信介の弟、佐藤栄作が残したとされるこんな言葉だ。佐藤は首相として二度の解散・総選挙を断行し、戦後最長の二千七百九十八日間、在任した。片や岸は一九六〇年の新日米安保条約調印後、その批准を求める大荒れの安保国会に先立ち、首相在任中で二回目の解散を考えるが、自民党幹事長の川島正次郎に「党内をまとめることは、到底できない」と反対されて見送った、という。

原彬久編『岸信介証言録』によれば、岸は六〇年安保騒動の末の退陣から二十年以上たった八〇年代初頭に「選挙に勝利して議会に臨んだら、議会がいくら騒いだって、国民が新条約を支持しているではないかということになるんです」と言明。解散断念を「いまでも残念なことの一つ」と悔やんでいた。安倍は岸、佐藤どちらの故事も熟知していたのだ。

与党内から安倍に造反が起きるとか、野党が態勢を立て直すなどの隙を与えず、頻繁な解散・総選挙を辞さない。早めに「民意」を更新して政権交代を防ぐ。これは政権維持のリアリズムをとことん追求した「首相の権力」のイノベーションともいえた。永田町の駆け引きより、「民意」重視の政権運営にも見える。半面、勝利至上主義に前のめりになるあまり、政権選択選挙の内実を伴わない「直近の民意」に頼っても、それは政治不信と背中合わせだし、賞味期限も短い。第一章で述べたように、政権運営がこのように「つぎつぎになりゆくいきほひ」に流れれば、政策決定も常に選挙モードで短期志向に傾かざるを得ない。

†安保法「違憲」で民共共闘

四月の統一地方選挙を乗り切った安倍。五月十五日、集団的自衛権の限定容認を含む安全保障関連法案を国会に提出した。民主党は四月二十八日に公表した見解で「安倍政権が進める集団的自衛権の行使は容認しない」と政府案を突き放していた。歴代内閣の憲法解釈の変更という重大事で、政権担当意欲を持つ政党が政権交代を超えて「共通の基盤」に立てるのか、それとも対立軸にしてしまうのか。「平成デモクラシー」の観点からは、ここが重大な岐路だった。

一月に民主党代表に返り咲いた岡田克也。前年二月の衆院予算委員会で「集団的自衛権の問題は戦後、国会で様々な深い議論がなされてきた。憲法解釈を変えるなら、やはり国会できちんと議論したうえで閣議決定しなければならない」と閣議決定案を事前に国会に示し、議論する手順を求めた。だが、安倍は「政府の最終的な解釈は、法制局を中心に議論を進め、与党との調整を終え、閣議決定して初めて確定する。その案でもって国会でご議論をいただく」と突っぱねた。そもそも憲法論議の運び方から、両者のミゾは深かった。

法案提出後も、安倍と岡田は衆院平和安全法制特別委員会や党首討論で何度も激突した。

安倍「武力行使の目的を持って武装した部隊を他国の領土、領海、領空へ派遣するいわゆる海外派兵は、一般に自衛のための必要最小限度を超えるもので、憲法上許されない」

岡田「今の法案ではそうは読めない。解釈が変わって広げてしまうリスクが非常にある」

六月四日、国会に衝撃が走る。「立憲主義」を議題に参考人を招いた衆院憲法審査会。早稲田大教授の長谷部恭男と笹田栄司、慶大名誉教授の小林節の憲法学者三人が、民主党の中川正春の質問に、安保関連法案は「違憲」だとそろって明言したのだ。長谷部は自民党推薦だったから、洒落にもならない。六月十七日の党首討論で、岡田も「政府案は抽象的で、どうにでも解釈できる。とても憲法に合致しているとは言えない。違憲だ」と断じた。

「長谷部ショック」は安保政策論争を吹っ飛ばし、「違憲か合憲か」の憲法論争一色となった。内閣支持率が急落し、民主党は勢いづく。党内には集団的自衛権に理解を示す保守派の議員もおり、政調会長の細野豪志は国連平和維持活動（ＰＫＯ）協力法改正案などの対案も準備したが、何度掛け合っても、岡田は提出に首を縦に振らない。七月十五日、与党が特別委で「強行採決」に踏み切ると、委員長席に殺到したうえ「アベ政治を許さない」「自民党感じ悪いよね」などのプラカードをカメラの放列に向かって一斉に掲げたのは、専ら民主党議員だった。

安倍は九月下旬まで九十五日間の異例の大幅な会期延長で、安保関連法案の成立を至上命令とした。急接近したのは民主党と共産党だ。岡田と共産党委員長の志位和夫は国会戦術の共闘に加え、七月以降は国会外での各種の法案反対集会でもたびたびそろい踏みした。

「ホルムズ海峡での機雷掃海は、現実の発生を具体的に想定しているものではない」

九月十四日、安倍は参院特別委で、集団的自衛権行使の具体例の一つに挙げてきたペルシャ湾のホルムズ海峡での機雷掃海は「現実の想定外」だと答弁を後退させた。参院の採決も大混乱。与党は三つの参院小会派と、集団的自衛権の行使に際して国会の事前承認強化などで合意し、これを「尊重し、適切に対処する」旨を閣議決定した。国会前で反対デモが続く中、安保関連法案は十九日未明の参院本会議で、与党と三つの小会派などの賛成で成立した。

「戦争法（安保関連法）廃止、立憲主義を取り戻す。この一点で一致するすべての政党・団体・個人が共同して、戦争法廃止の国民連合政府を樹立しようではありませんか」

虚脱感が漂う他党を横目にこの日、こんな次の一手を素早く打ったのは共産党だ。中央委員会総会の決定で、「安保法廃止」の一点で「国民連合政府」の樹立を呼びかけた。一六年参院選や次期衆院選に向けて野党共闘を加速するため、全選挙区に独自候補を擁立する従来の方針を転換。志位は「我々が立てず相手を通す。相手が立てないで我々を推す」と民主党などとの柔軟な選挙協力を全国規模で進める考えを打ち出した。「確かな野党」を名乗り、政権選択選挙の埒外にいた共産党が、ゲームに加わる意思を初めて表明した瞬間だった。

†戦後七十年の「中道」演出

二〇一五年は、天皇陛下が宮内庁を通じて公表された年頭のこんな所感で幕を開けた。

「本年は終戦から七十年という節目の年に当たります。多くの人々が亡くなった戦争でした。(中略)この機会に、満州事変に始まるこの戦争の歴史を十分に学び、今後の日本のあり方を考えていくことが、今、極めて大切なことだと思っています」

戦後五十年の一九九五年八月十五日。首相の村山富市(社会党委員長)はかつての「植民地支配」と「侵略」を認め、「痛切な反省」と「心からのおわび」を表明する談話を閣議決定した。戦後六十年には、首相の小泉純一郎が四つのキーワードを踏襲した談話を出した。安倍は一五年一月二十五日のNHKテレビ番組で、新たな談話についてこう強調した。

「『今まで使った言葉を使わなかった』『新しい言葉が入った』など細々とした議論にならないよう、戦後七十年談話は七十年の談話として新たに出したい」

第一次内閣で「戦後レジームからの脱却」を掲げた保守的な政治信条から、村山談話を上書きし、より上位に置かれる談話を出したいのが本音と見られた安倍。国会答弁などでは「歴史認識に関する歴代内閣の立場を全体として引き継いでいく」と強調して見せた。

二月二十五日。通称「二十一世紀構想懇談会」の初会合が始まった。座長は日本郵政社長の西室泰三。国際大学長の北岡伸一が座長代理で支えた。安倍は前年、北岡が主導した安保法制懇の集団的自衛権の全面解禁の提言を葬った。経済財政動向の点検会合でも、消費税増税論が多数なのに、会合が終わらぬうちに増税延期を決断した。どちらも自ら集めた有識者の主流の論調をあえて切り捨て、自らの政治決断を際立たせる小道具に使った。

二十一世紀懇も新談話自体を起草するわけではなく、報告書を談話にどう反映するかも判然としなかったが、安倍は議論の流れを熱心にフォローした。国賓級の待遇を受けた四月の訪米。日米首脳会談後の記者会見で、安倍は従軍慰安婦問題を巡る河野洋平官房長官談話を「継承し、見直す考えはない」と明言した。上下両院合同会議での演説では、日米の対決から和解への歴史、さらに「希望の同盟」の未来を説き、何度もスタンディングオベーションで迎えられた。この場で安保法制も「この夏までに必ず実現する」と約束した。

戦後七十年の夏。「〈安保〉と〈歴史〉の混濁を回避する認識――これが、安倍政権の行く末を左右しかねないこの局面での至上命令となった」（鈴木美勝『日本の戦略外交』）。安倍は対米公約した安保法制の成立に万全を期し、大荒れの通常国会を九月まで異例の大幅延長。八月十四日に設定した新談話発表と「混濁」させず、どちらもソフトランディングさせようとした。新談話も保守的な信条を脇に置き、外交リアリズムを基調に据える。

首席首相秘書官の今井尚哉、スピーチライターで内閣副参事官の佐伯耕三と何度も膝を突き合わせ、宰相直轄で新談話の起草を進めた安倍。歴史認識のベースは二十一世紀懇だった。日露戦争に勝利した日本が、脱植民地化や戦争の違法化など二十世紀の「世界の大勢を見失っていった」とのくだりは、北岡の報告が基だ。さらに満州事変や国際連盟からの脱退で、日本が「新しい国際秩序への挑戦者となっていった。進むべき針路を誤り、戦争への道を進んで行った」は、北岡の教え子で慶大教授の細谷雄一の報告が下敷きだ。

安倍はメディアや中国、韓国などが評価基準として村山談話の四つのキーワードにこだわるのを見越し、形の上では引き継いで見せた。文脈は同じとは限らない。「植民地支配」と「侵略」は客観的な歴史描写の中で触れた。「心からのおわび」と「痛切な反省」も「我が国」が繰り返し表明してきた、と述べたうえで「こうした歴代内閣の立場は、今後も、揺るぎない」と歴代内閣の認識と立場を引用する形で、それを継承する、と強調した。

一方で「子や孫、そしてその先の世代の子どもたちに、謝罪を続ける宿命を背負わせてはならない」と「脱謝罪外交」を説いた。「『積極的平和主義』の旗を高く掲げ、世界の平和と繁栄にこれまで以上に貢献していく」と「未来志向」もはっきりと打ち出した。

安倍は八月十四日の記者会見の質疑応答では「二十一世紀懇の報告書にもある通り、中には侵略と評価される行為もあった」と「侵略」に踏み込んで見せた。二十一世紀懇で「安倍応援団」を自任した京大名誉教授の中西輝政は「侵略」に言及する報告書案に猛反対し、脚注にそれを明記させたほどだが、安倍は自ら「侵略」があったと認めるに至ったのだ。

安保法制や歴史認識でタカ派の持論表出をあえて抑制し、中道への傾斜を演出して見せたのも、内外の視線を意識し、権力維持を優先したリアリズムだ。翌一六年、中西は月刊『歴史通』五月号で「さらば安倍晋三、もはやこれまで」と安倍への決別を宣言する。

3 改憲胎動と「一強」変調

†「安保から経済へ」転換

安保国会を九月下旬まで延長した首相の安倍晋三。その裏には、再選が有力視された同月の自民党総裁選を無風化する思惑もあった。与野党が激突する終盤国会を横目に、総裁選にかまけている暇などない、との雰囲気作りだ。三年前は決選投票で安倍と争った地方創生相の石破茂は八月二十一日の記者会見で「今は安倍政権が国民の信頼を得て、政策を遂行するために内閣の一員としてできる限りの努力をしている」と総裁選出馬見送りを表明した。

「与党がバラバラで、首相がコロコロ代わる」民主党政権のアンチテーゼとして、安定政権の構築を政権復帰時の幹事長として掲げた石破。この時点では安倍の党則上の総裁任期の最長期限だった「二期六年」に待ったを掛けるには大義名分に乏しかった。前年九月に内閣の看板政策を背負って入閣した時点で、閣内から任命権者の安倍に弓を引く選択肢は消えていた。官邸は、最後まで出馬を目指した前総務会長の野田聖子の推薦人集めも徹底的に抑え込んだ。

「岸信介首相は日米安保条約改定で賛成・反対、敵味方を峻別した。次の池田勇人首相は「寛容と忍耐」「高度成長」で国民統合をやった。安倍さん、あなたはおじいさん（岸）の役だけじゃなしに、池田さんの役も果たしてください」

幹事長の谷垣禎一は八月二十九日、地元の京都府宮津市での国政報告会で、安倍にこんな進言をした、と打ち明けた。一九六〇年。国会をデモ隊が取り巻く中で新日米安保条約の自然承認を見届けて岸が退陣すると、後を継いだ池田は「安保」から「所得倍増」へと旗印を切り替える。憲法改正などは棚上げし、高度成長路線をひた走って自民党政権を安定させた。谷垣はこの「岸から池田へ」のチェンジ・オブ・ペースの故事にならい、ここでは「岸も池田も」と安倍の一人二役論を唱えて、政局の舞台転換の露払いに動いたのだ。

安倍は再選直後の九月二十四日の記者会見で、新たな旗印「一億総活躍社会」を掲げる。

「少子高齢化に歯止めをかけ、五十年後も人口一億人を維持する国家の意志を明確にしたい。長年手つかずの日本社会の構造的課題である少子高齢化に真正面から挑戦したい」

具体的には「国内総生産（GDP）六百兆円」「合計特殊出生率一・八」「介護離職ゼロ」の三つの目標を打ち出して「アベノミクス第二ステージの新三本の矢」と位置づけた。首席首相秘書官の今井尚哉らごく少数の側近とだけ練り上げた新プラン。「旧三本の矢との関係はどうなる」「少子化・介護対策に財源はあるのか」などと百家争鳴の状態になった。世の耳目を引きつけたこと自体で「安保から経済最優先へ」舞台転換の狙いを半ば達成したと言えた。

所得再分配色がにじむ路線に重心を移したのは、トマ・ピケティ『21世紀の資本』など格差拡大を巡るグローバルな論争を安倍側近の経産官僚チームがいち早くくみあげたからだ。翌一六年夏の参院選勝利を見据え、民主党が格差論を争点化するのに先手を打つ思惑もあった。

十月五日、経済再生相の甘利明が全権を持って臨んだ環太平洋経済連携協定（TPP）交渉が米アトランタで大筋合意に達したことも「安保から経済へ」転換の一翼を担った。

総裁二期目に入った安倍に透けて見えたのは、一六年五月の主要国首脳会議（伊勢志摩サミット）成功と同夏の参院選の勝利を至上命令とし、そこまでは安全運転で「失点ゼロ」を狙う権力維持のリアリズムだった。十月七日の内閣改造・党役員人事。麻生、菅、甘利、岸田といった中枢閣僚と谷垣ら党三役は不動だった。信頼する側近で官房副長官の加藤勝信を新設の一億総活躍担当相に据えたのが目立つくらい。手堅い「守り」の布陣を敷いた。

†財務省外し増税再延期

通常国会の一月召集を国会法改正で「常例」とした一九九二年以降、一六年の一月四日は最も早い異例の召集日となった。安倍は公職選挙法を読み解き、政治日程を慎重に組み立てた。まず夏の参院選の投票日として七月中の複数の選択肢を残す。同時に会期末となる六月一日に衆院を解散すれば、七月十日投票で衆参同日選も狙える、との含みがあった。

一四年十二月に衆院選で大勝したばかりなのに、一六年夏の衆参同日選が「頭の中をよぎった」と後に認めている。参院選を勝ち切り、願わくば憲法改正に前向きな勢力が衆参両院で三分の二以上を占める議席配置を創り出すためなら、またも衆院任期を二年以上残した「小刻み解散」を辞さない権力のリアリズム。通常国会で内閣提出法案は五十六本に絞り込んだ。過去二十年で最少。これも選挙対策を最優先し、国会を失点せずに乗り切る守りの戦略だった。

一月に経済再生相の甘利明が政治資金疑惑で辞任し、不動の内閣中枢の一角が崩れた。安倍が選挙対策で攻めの材料と期待したのは、五月二十六、二十七日に議長として主催した主要国首脳会議（G7伊勢志摩サミット）だ。四月にG7外相会合を外相の岸田文雄の地元・広島市で開催。米国務長官ジョン・ケリーが平和祈念公園を訪れ、原爆死没者慰霊碑に献花するステップを経て、米大統領バラク・オバマの歴史的な広島訪問が実現する。

もう一つ。安倍は一七年四月まで延ばした消費税増税を再び延期する方針を固め、選挙直前の首相裁断を演出する舞台装置にサミットを使う。「リーマン・ショックや大震災のような重大な事態が発生しない限り、確実に増税は実施する」と強調した安倍。三月から五月にかけ、世界的に知名度の高い経済学者や国際機関のトップらを「国際金融経済分析会合」に相次いで招いた。ノーベル経済学賞受賞者で米コロンビア大教授のジョゼフ・スティグリッツやニューヨーク市立大教授のポール・クルーグマンらが増税延期を唱えた。

消費税増税を巡っては、一五年暮れに前哨戦があった。公明党が強硬に主張した飲食料品への軽減税率導入を巡り、副総理・財務相の麻生太郎や幹事長の谷垣禎一、自民党税制調査会長の野田毅らは慎重論に立った。だが、参院選を控えて公明党・創価学会への配慮を優先する官房長官の菅義偉が積極論を主張し、安倍も支持した。安倍は野田を更迭し、元大蔵官僚だが御しやすいと見た宮澤洋一に代えた。「安倍一強」と党税調の凋落を見せつけた一幕である。

前回の増税延期の際、安倍は財務省の「凄い勢いの与党根回し」を衆院選敢行の口実にした。財務事務次官の田中一穂は省内に「今回は動くな」と指示し、安倍と向き合おうとした。第一次内閣で今井らと一緒に首相秘書官を務めた田中。安倍の後押しで、一九七九年入省組から異例の三人目の財務次官に上り詰めた。ただ、こと増税となると「財務省の人間」に戻る田中に、安倍は本音を漏らさない。財務省はまたも官邸情報を遮断された。

四月十四日夜に熊本地震が発生。十六日未明にも震度七の地震が襲うなど被害は甚大となり、災害復旧が急務となったため、自治体の事務負担を増やす衆参同日選は打ちづらくなった。

五月二十六日、サミットの経済討議。安倍が突然、各首脳に配った資料には、世界の商品価格の下落率や新興国の経済指標の不調がリーマン・ショック級だ、と説くデータが並んでいた。今井ら安倍側近だけで秘密を保持して用意し、財務省も外務省も直前までその存在を知らされなかった。安倍は翌二十七日の記者会見でも「リーマン・ショック」を連呼し、世界経済の危機回避に貢献する観点から、増税再延期を検討する、と初めて表明した。

「世界経済の成長率は昨年、リーマン・ショック以来、最低を記録した。世界の貿易額もリーマン・ショック以来の落ち込みだ。消費税率引き上げの是非も含めて、検討する」

二十八日夜の官邸。安倍は菅を伴い、麻生、谷垣に増税再延期の裁断を伝えた。だが、何せ与党事前審査は皆無で、トップダウンの首相決断である。翌二十九日、富山市での党会合。麻生は「一四年の衆院選で、必ず増税する、と言って皆、当選してきている。もう一回、衆院選で信を問わないと筋が通らない」と増税再延期なら衆院解散─衆参同日選の実施が筋だ、と公然と主張した。安倍は麻生の慰撫に躍起になる。事の本質は、軽減税率に続いて公明党の意向を重んじ、同日選に反対した菅と、これに不快感をあらわにした麻生の亀裂の顕在化だった。

五月三十一日、自民党の政調全体会議。党税調などでの議論がゼロだったことで、政調会長の稲田朋美が党内手続きの不備を危ぶみ、誰でも発言できる「平場」を用意した。小泉進次郎ら若手議員の突き上げを受けると、谷垣は「安倍一強」をこう表現して見せた。

「財政や社会保障充実の財源は大丈夫か、皆ももやもやした不安がある。そこを払拭して、一致結束して参院選に臨むのは、これは幹事長にも政調会長にもできない。首相自身の言葉で、記者会見で、こうするから大丈夫なんだ、行けるんだとやってもらうしかない」

†「三対二」の衆院定数削減

この通常国会は「平成デモクラシー」の隠れた岐路でもあった。一六年一月十四日、衆院選挙制度調査会（議長の諮問機関、座長・東大名誉教授の佐々木毅）がこんな答申を提出した。

「現行の小選挙区比例代表並立制は、民意の集約による政権選択機能と多様な民意の反映機能という二つの機能の実現をその基本理念としている。多くの政党に理念はなお共有されており、国民世論でも抜本的改革を望む声が大きいとは言えない」

小選挙区（定数二百九十五）は二大勢力による政権争いを想定し、勝ち負けをはっきりさせて民意を大胆に集約する機能を持つ。ただ、死票が多いので、政党名で投票し、民意を鏡のように議席配分に反映する比例代表選挙（同百八十）も並行実施して、中小政党の議席確保に配慮してきた。両者の「並立制」と呼ぶ現行制度を答申は「維持する」と明記した。

そのうえで最高裁が「違憲状態」と再三断じた小選挙区の一票の格差是正策を打ち出した。十年ごとの大規模国勢調査に合わせ、人口比例を強めた「アダムズ方式」で各都道府県への議席配分を見直すよう提唱した。加えて大規模調査の中間年の簡易国勢調査でも、格差が憲法判断の目安とされる二倍以上なら、選挙区の境界線変更による補整を求めた。

調査会は人口減少の流れも見据え、二〇三〇年の将来推計人口を基に試算も実施。「アダムズ方式」なら、最大格差を引き続き二倍未満に収められる、と見定めた。「国民の間に定着した現行制度の信頼性を確保する」観点から、持続可能性にも目配りした。衆院議院運営委員会の諮問事項には「現行制度を含めた選挙制度の評価」もあったが、答申は並立制の抜本改革を求めたのは共産党、社民党、新党改革だけだとして、具体論に触れなかった。

実は民主党が政権に就いていた一二年、衆院選挙制度の抜本改革案を国会に提出した場面があった。まず当時の小選挙区三百を山梨、福井、徳島、高知、佐賀の五県で一ずつ減らす。違憲状態とされた一票の格差を二倍未満に収めるためだ。比例代表百八十を四十減らし、十一の地域ブロックごとの選挙を全国一本に改める。新たな比例定数百四十のうち三十五について、小選挙区で多く議席を取った政党ほど不利になる「連用制」を採用する、との内容だった。

この案は、比例代表で公明党など第三党以下の中小政党の議席が増える特徴があった。民主党は、当時の自民党と公明党の野党共闘を分断し、公明党を政権側に引き寄せる思惑を秘めていたが、消費税増税法案と衆院解散を巡る熾烈な攻防の陰で「民公連携」は不発。「ゼロ増五減」による緊急是正だけが実現した。政権再交代で自公連立が復活した後も、一票の格差の本格是正を巡る与野党協議はまとまらない。国会から丸投げされた佐々木ら有識者による調査会は、定数の是正・削減には一定の答えを出したが、並立制の改革には踏み込まなかったわけだ。

小選挙区は六減、比例代表は四減——。答申は衆院の総定数を四百七十五から戦後最少の四百六十五へと十減を求めた。小選挙区は二百八十九、比例は百七十六に減る。「六と四」のサジ加減にも含意がある。並立制を法制化した一九九四年当時は総定数五百で小選挙区三百、比例二百だった。その「三対二」の配分比率に従うのが「適当」としたのだ。

導入時に「三対二」で小選挙区主体にしたことが、二大勢力による政権選択選挙という政党政治の新たなゲームのルールを形作り、野党再編を半ば強制したと言える。九八年に自民党に対抗する政党を目指して民主党が誕生し、政権交代含みの緊張感が出てきた。二〇〇〇年には比例定数を二十減らし、小選挙区の比率は「三対二」からさらに高まった。

〇九年、一二年と自民党・公明党ブロックと民主党の間で与野党が入れ替わる政権交代が現実になった。近年は第一党が過半数を大幅に超す三百議席前後の大勝が続く。調査会では「民意の集約機能が強すぎる」との意見も複数出たが、いざ十議席削減となると「制度発足時の三対二をベースにすれば、理解が得やすい」「三対二が穏当だ」との声が相次ぎ、「六と四」に落ち着いたのだ。選挙制度の現状維持。それが答申のメッセージだった。

†平成デモクラシーの継続

つまり、定数格差是正の新方式や定数をどれだけ減らすか以上に、小選挙区主体で二大勢力が競う政権選択選挙を「変えない」点こそ核心だった。ならば、野党がバラバラの状態を乗り越え、自公政権に対峙する野党共闘・再編を進めないと、衆院選で有権者が政権を選択する妙味が戻らない。三月二十七日、民主党と維新の党が合流して「民進党」を結成したのも、共産党が「国民連合政府」構想を掲げて野党共闘の旗を振るのも、理念や政策はともかく、政権選択選挙を基軸とする「平成デモクラシー」のゲームのルールから見れば理にかなっていた。

「何としても、この国会において改正案の成立を図り、結論を出すことが我々の責務だ」

答申を受けて与野党の調停に動いた衆院議長の大島理森は四月七日、各党代表者にこう迫った。自公両党は「アダムズ方式」による定数抜本是正を二〇二〇年の大規模国勢調査を受けて実施する前提で、一五年簡易調査に基づく「小選挙区六減、比例四減」の先行実施で合意した。民進党は「アダムズ方式」の即時実施を求める対案を提出した。与党案、野党案をともに粛々と審議したうえで多数決により、与党案が五月二十日、成立した。

小選挙区主体の衆院選＝政権選択選挙を基軸とし、政権交代と首相主導をビルトインした政党政治のフレームワークである「平成デモクラシー」を国会は持続させる道を選んだ。「安倍一強」現象を生んだのも「平成デモクラシー」のゲームのルールだ。持続させるならそれをどう修正し、合理的に運用していくか。「改革の不足」への対応を迫られていた。

衆参同日選が見送られ、単独で七月十日投票となった参院選（総定数二百四十二）。景気回復や増税再延期を訴えた自民党は改選議席を上回り、非改選を併せて単独過半数にあと一と迫る百二十一。公明党の二十五、大阪府知事の松井一郎が代表、橋下徹が法律政策顧問のおおさか維新の会の十四などを併せ、憲法改正に前向きな勢力が、衆院に続いて参院でも三分の二を超えた。民進、共産など主要野党は三十二県の一人区全てで共倒れを避けて統一候補を擁立。秋田を除く東北や沖縄など十一県で勝利したが、全体では苦戦した。

衆参両院で改憲の発議に必要な三分の二超の勢力が出現したことで、政党政治は「憲法改正政局」とも呼ぶべき未体験ゾーンに突入する。高い内閣支持率と日経平均株価の維持を何より優先して次々に新たな政策アジェンダを打ち出し、「小刻み解散」戦略も辞さない権力維持のリアリズムをむき出しにしてきた「安倍一強」政治。ここで宰相の宿願でもある「憲法改正」という変数が加わったことで、微妙な変調の気配が忍び寄っていた。

†ピタリやんだ解散風

安倍一強体制の変調の兆し。それは常に「小刻み解散」も辞さない「つぎつぎとなりゆくいきほひ」の政権運営の減速に表れた。安倍は両院で「改憲勢力」を手中にし、「解散より改憲」に軸足を置いたからだ。八月の内閣改造で、自転車事故を起こした谷垣禎一に代え、自民党幹事長に二階俊博を据える。二階は勝手に解散風を吹かせ、党内ににらみを利かせて、十月末には総裁任期を最長三期九年とし、安倍三選に道を開く党則改正の道筋をつけてしまう。

官房長官の菅義偉は「解散風は偏西風みたいなものだ。選挙が終わって一年も過ぎたら、ずっと吹き続ける」とさえ言い放った。だが、その言葉とは裏腹に、党則改正実現への流れが固まり、十二月にロシア大統領ウラジーミル・プーチンを安倍の地元・山口県に招いた日ロ首脳会談が焦点の北方領土問題で何ら進展なく終わると、解散風はピタリとやむ。

入れ替わりに政権中枢で強まったのは、一転して衆院選は急がず、「改憲勢力」を大事に保持したまま、一八年の通常国会で改憲発議を先行させる考え方だ。発議から六十〜百八十日以内にその賛否を問う国民投票を実施するのが法律の定め。一八年前半に発議し、同年後半に、国民投票と十二月に任期満了となる衆院選を同日投票とするシナリオだった。改憲に共産党は反対でも、民進党には積極論者もいた。改憲と政権選択を一体で問う方が民共共闘を分断しやすく、国民投票の否決リスクを減らし、政権維持も容易だとの判断だ。

安倍変調の第二の理由は、参院選直後に表面化した天皇陛下の生前退位のご意向だった。

「身体の衰えを考慮する時、これまでのように全身全霊で象徴の務めを果たすことが難しくなる。国事行為や象徴としての行為を限りなく縮小していくことには、無理があろう」

八月八日に公表された天皇陛下のこのようなビデオメッセージ。高齢化による体力の衰えで「象徴天皇としての務め」に支障を来さぬよう、生前退位のご意向を示唆された。

憲法や皇室典範に生前退位の定めはなかった。改憲までは必ずしも必要ない半面で、天皇の崩御以外に皇位継承の規定がない皇室典範の見直しは不可欠だと考えられた。憲法と一体の「憲法附属法」の一つである典範の見直しにも前例はない。安倍はまずこの問題に国会で結論を出すまで、解散も改憲論議への着手も先送りせざるを得ない政治日程となった。

陛下はかねて生前退位のご意向を漏らされていた。宮内庁から水面下でそれを伝えられた安倍官邸が積極的に動かなかったため、陛下が自ら国民向けにお言葉を発せられた経緯も次第に明らかとなる。皇室と官邸の意思疎通のぎくしゃくは覆い隠せなくなった。日本経済新聞社の八月の世論調査では「生前退位を認めるべきだ」との回答が八九％に達した。

天皇陛下のお言葉の核心。それは内閣の助言と承認に基づく国会召集、衆院解散など憲法七条が列挙する儀礼的な国事行為とは別の、明文規定のない「象徴としての行為」こそが象徴天皇の務めを成り立たせる、とのご認識だ。例示されたのは「日本の各地、とりわけ遠隔の地や島々への旅」による市井の人々との触れ合いだった。この延長線上に大規模災害の被災者慰問や、サイパン島やパラオなど太平洋戦争の激戦地への慰霊の旅も位置づけられるだろう。こんな能動的な象徴天皇像が、高齢化による生前退位論の前提にあった。

戦後も「現人神カリスマ」をまとった昭和天皇と違い、今上陛下は最初から象徴天皇として即位された。だから、能動的な「象徴としての行為」を自らに課してこられた。体力の限界を痛感されると、安倍官邸が勧めた摂政の設置を退け、譲位を決断されたのも論理の必然だ。憲法学の通説によれば、摂政は国事行為は代行できても「天皇の一身の存在によって果たされる、国家の象徴としての役割は認められない」（清宮四郎『憲法I』）からだ。

天皇主権から国民主権への転換を重んじた戦後憲法学では、国事行為以外の天皇の公的行為は政治色を帯びるリスクもあるので、正面から是認するのをためらう学説も根強かった。だが、今上陛下は「象徴としての行為」は不可欠だ、と正面から問題を提起された。

✝象徴天皇とアベ政治

世論の流れも踏まえ、退位やむなしに傾いた安倍官邸。ただ、憲法四条で「国政に関する権能を有しない」天皇の意思で皇位の継承を生じさせるのは違憲の疑いが濃い、と判断した。年齢など客観的な退位の要件を定める恒久法も難しいと見て、今上陛下の一代限りの退位を認める皇室典範特例法の制定に動く。高齢化の問題は今後もつきまとうが、退位のたびに国会の承認を得る、言い換えれば、「先例となる特例法」を創る方針を採用した。

安倍官邸がここで繰り出した舞台装置が、国民各層の意見を幅広く吸い上げる体裁を整えるための有識者会議だ。九月二十三日に新設した「天皇の公務の負担軽減等に関する有識者会議」は座長に経団連名誉会長の今井敬を据え、東大名誉教授の御厨貴ら五人の学者も加わった。あえて皇室問題の専門家は選ばず、国民目線で各界各層から意見聴取し、バランスの取れた結論を演出する役回りだ。特例法の結論ありき、だったことは否めない。

官邸の誤算は、スポークスマンを担い、世論の理解を得ようと腐心する御厨の歯切れが良すぎて、国会を刺激したことだった。有識者会議の論点整理を国会に説明する前の一六年十二月二十四日付の日本経済新聞のインタビュー。御厨は「恒久法で定める場合、退位を認める客観的な要件をどうするかが極めて難しい。今回は特例法だが、実現すればこれが先例になる。将来も柔軟に対応できる」と結論を先取りした。これが「我々は有識者会議の下請けではございません」（衆院議長の大島理森）と与野党を超えた反発を招いた。

民進党などは恒久法の制定を唱え、与野党にはミゾがあった。だが、官邸が独走し過ぎだとの不満は党派を超えて広がる。対立構図は「与党対野党」から「内閣対国会」に移った。自民党国会対策委員長の最長在任記録を持つ国対族の大島は、衆参両院正副議長の四者で全党派代表者会議を招集。有識者会議の論点整理は脇に置き、超党派合意へ調整を主導し始めた。民進党出身の衆参両副議長も関与させることで、円滑な合意形成を狙った仕掛けだった。

転換点は三月二、三日だった。自民党副総裁の高村正彦が「特例法による対応が適切と考えるが、必ずしも将来の天皇の退位を否定するものではない」と「一代限り」論を封印。皇室典範の付則に特例法との一体性を示すつなぎ規定を置き、制度化をにじませる打開案を示した。これに共産党書記局長の小池晃が「注目している」と呼応するなど、超党派合意への流れができていく。大島らは安倍の慎重論を承知で、皇位継承の安定に向けた「女性宮家の創設等」も国会取りまとめの最終案に明記する。民進党を引き込むためのひと押しだった。

皇室典範特例法は六月九日、ほぼ全会一致に近い与野党合意で成立する。ただ、官邸と皇室・宮内庁のぎくしゃくは続いていた。皇位継承と新元号への改元の期日もその一つだ。

一月早々、安倍は内閣官房から「一九年一月一日に皇太子さまの天皇即位に伴う儀式を行い、同日から新元号とする」案の報告を受けた。天皇陛下が在位三十年を節目に退位のご意向を示唆されたうえ、国民生活への影響を最小限とするためにも元日の皇位継承と改元が望ましいと考えた。有識者会議の中核メンバーにも「首相の了承事項」として内々に伝えられた。だが、宮内庁次長の西村泰彦は一月十七日の記者会見で「一月一日は皇室にとって極めて重要な日。

同日に譲位、即位に関する行事を設定するのは難しい」と述べたのだ。

実は陛下のお言葉の後、安倍内閣は一六年九月に宮内庁長官の風岡典之（元国土交通事務次官）を勇退させ、後任に次長の山本信一郎（元内閣府事務次官）を昇格させた。さらに次長に官邸の中核スタッフである内閣危機管理監を務めていた西村を送り込んだ。西村は官房副長官の杉田和博と同じ警察庁出身。この人事は官邸と宮内庁の風通しを良くするための首相主導と受け止められた。ところが、その西村も宮内庁に入ると、官邸の方針に異議を唱える形になった。最終的に退位は一九年四月三十日、新天皇の即位と改元は翌五月一日と決まった。

「国民主権が行き過ぎ、多数決万能、選挙結果が全てというような選挙独裁主義が立ち現れてきた時期に、象徴天皇の存在が相対的に浮上してくる。それは陛下のご意思ではなく、日本国憲法の構造として、そうバランスを取るように仕組んであるからではないか」

ともに憲法が定める国民主権と象徴天皇制をどう調和させるのか。天皇の「象徴としての行為」を正面から論じる東大教授の石川健治は、国民主権が「多数決型デモクラシー」に傾きすぎると、象徴天皇の国民統合機能が浮上して均衡点を探ろうとするのだ、と説いている。

†「九条加憲」の現実路線

「私たちの世代のうちに、自衛隊の存在を憲法上にしっかりと位置づけ、「自衛隊が違憲かもしれない」などの議論が生まれる余地をなくすべきだ。憲法九条一項、二項を残しつつ、自衛隊を明文で書き込むという考え方は国民的な議論に値するのだろう」

憲法記念日の一七年五月三日。安倍は自衛隊を巡る憲法九条へのこんな「加憲」論を改憲派の集会に寄せたビデオメッセージで表明した。併せて「憲法で国の未来の姿を議論する際、教育は極めて重要なテーマだ。高等教育も全ての国民に真に開かれたものとしなければならない」と高等教育の無償化案も例示。「半世紀ぶりに夏期の東京五輪・パラリンピックが開催される二〇二〇年を新しい憲法が施行される年にしたい」と期限も切って、憲法改正を実現する決意を宣言した。同日付の読売新聞にも同じ趣旨のインタビューが載った。

「天皇の退位等に関する皇室典範特例法」が成立し、通常国会が閉会した直後の六月二十三日。安倍は神戸市での講演で「来たるべき臨時国会が終わる前に衆参の憲法審査会に自民党の改憲案を提出したい」と改憲原案の年内の国会提出へと踏み込み、党内論議を加速する姿勢を鮮明にした。九条をそのまま残して「自衛隊を明文で書き込む」加憲案は、自衛隊の「現状追認」も含みとする。以前に公明党で議論された経緯もあり、理解を得やすいと考えた。五月九日の参院予算委員会。安倍は民進党代表の蓮舫にこう現実路線を説いた。

「政治家に大切なことは、立派なことを言うだけでなく、結果を出していかなければいけない。一二年に決めた自民党改憲草案のままで衆参各院で三分の二の多数は得られない」

戦力不保持などを定める九条二項を削除し、集団的自衛権を巡る憲法上の制約の一掃を目指した一二年改憲草案はあっさり棚上げを公言した。改憲派の石破茂は安倍の新機軸に「今まで積み重ねた党内議論の中ではなかった考え方だ」と反発し、二項削除を唱えた。保守の政治信条は脇に置き、中道への歩み寄りを演出して見せる安倍流リアリズム戦略。高等教育の無償化案は、日本維新の会の主張に歩調を合わせて「改憲勢力」の結束を固める狙いがあった。

自民党憲法改正推進本部は、安倍が提案した九条加憲と教育無償化、さらに同本部で議論を重ねた参院都道府県選挙区の合区の解消、大災害など緊急事態での国会議員の任期延長の計四項目で、改憲原案作りに着手した。「平成デモクラシー」を唱えてきた東大名誉教授の佐々木毅は「国会議員は国民の権利や義務に口を出す前に、まず自らが拠って立つ代表制を総点検すべきだ」と新たな統治機構改革を優先するよう訴える。「憲法政治」の第一歩として特に求める改正点は、「首相の専権事項」とされてきた衆院解散の統制強化だ。

「自民党総裁の任期延長は、大きな政策を長期に亘って実行するためなら理解もできる。ただ、それと首相の一方的裁量による小刻みな解散・総選挙の組み合わせは最悪だ。選挙が多い民主政が良い民主政なのか。解散風が年中吹いていて若い政治家が育つはずもない」

これには首相・党総裁への権力集中の再調整を促す狙いがある。積極的な憲法判断が可能な「憲法裁判所」創設も含め、政治部門と向き合う司法部門の強化も促す。二院制を巡っても

「巨額の財政赤字も踏まえれば、参院は地域代表化で良いのか。長期的な視点や将来世代の利益を考える第二院とする選択肢もある」と合区解消を超えた抜本改革を提案する。

†権力のおごりとゆるみ

安倍一強も盤石ではない。それを証明したのは六月の内閣支持率の急落と、七月二日の都議選での自民党惨敗だった。この頃、安倍不支持の理由で急増したのはアベノミクスや外交など政策への反対より、安倍の「人柄が信頼できない」という指導者への人格的評価である。

第一の要因は大阪府の森友学園への国有地売却の問題だ。幼稚園で教育勅語を暗唱させるなど、保守的な教育を推進した理事長夫妻（のちに詐欺容疑で起訴）と首相夫人の安倍昭恵が親交を深め、昭恵は開設予定の小学校の名誉校長に就いていた。このため、国有地を所管する財務省による安倍の意向の「忖度」が疑われた。安倍は二月十七日の衆院予算委員会で「私や妻が関係していたとなれば、それはもう間違いなく首相も国会議員も辞める」と売却や学校認可への関与を全面否定したが、実は理事長夫妻は昭恵の秘書（首相夫人付）を務めていた女性経産官僚に陳情に及んでいたことなどが表面化した。

もう一つは、首相主導の国家戦略特区制度を使い、愛媛県今治市に獣医学部を新設すべく動いた加計学園の理事長が、安倍の「腹心の友」だった問題だ。内閣府の担当審議官が「官邸の最高レベル」「首相のご意向」を口にして文部科学省に受け入れを迫った、との文書が流布した。官房長官の菅義偉は「怪文書みたいな文書だ」と切り捨てたが、前文科事務次官の前川喜平が「あったものをなかったことにできない。行政が歪められた」と文書の存在を認めた。

この件も安倍は関与を否定したが、やはり「忖度」がキーワードに浮上した。第二次安倍内閣から政権の危機管理の司令塔を自他ともに任じてきたのは菅だが、この局面では珍しく後手に回った。与党を抑え込む力量でも、安倍夫妻という官邸の「奥の院」までは統制しきれなかった。首相主導の各府省幹部人事などで沈黙させてきた霞が関からも「前次官の反乱」を食らった。官僚機構にも安倍一強への異議申し立てが根強くくすぶる実情を裏づけた。

「魔の二回生」豊田真由子の「暴言音声」や、防衛相の稲田朋美が都議選の応援演説で自衛隊の政治利用と取られかねない発言をしたことも、安倍自民党のおごりとゆるみだと受け止められた。投票前日の七月一日、秋葉原駅前の街頭で「安倍ヤメろ」の激しいヤジに「こんな人たちに負けるわけにいかない」と言い放った宰相自身の言動がその決定打だった。

✝小池旋風と政権受け皿

七月二日投票の東京都議選（定数百二十七）で、都知事の小池百合子が代表に就いた政治団体「都民ファーストの会」が改選前の六議席から四十九議席へ大躍進した。都民ファーストと選挙協力して二十三人を全員当選させた公明党と併せ、小池は過半数を制する知事与党の形成に成功。自民党は改選前の五十七議席から二十三議席へと前例のない惨敗を喫した。

都議選は四十二に分かれた選挙区ごとの定数が一から八まで多様だ。小池が主導する都民ファーストが「旋風」を起こしても、定数一の小選挙区中心の衆院選ほどの地滑りは起きづらいと見られた。だが、都民ファーストは一人区のほとんどを制し、二人区でも相次ぎ議席を独占するなど想定を超す「大旋風」。自民党は定数の多い選挙区でも公明党や共産党に競り負けて次点に落ちたり、複数候補が共倒れしたりで過去最低の三十八議席も大きく下回った。

民進党も負け組だった。選挙前から公認候補が次々に都民ファーストに鞍替えするなど遠心力が働く一方。過去最低だった一三年の十五議席にも及ばない五議席まで落ち込んだ。民進党は大阪府・市両議会でも壊滅状態だ。二大政党の一角として存続しうるか最早怪しくなった。

安倍一強を支えてきたのは、国政選挙で四連勝という「選挙に強い」実績だ。その内実は「他に選択肢がない」ための消極的支持と、公明党との手堅い選挙協力のたまもの、とも言われてきた。都議選はそれを実証した。国政選挙でも小池・都民ファーストのような安倍批判票の「受け皿」、つまり、政権を託しうる別の選択肢があれば、結果は予断を許さなくなった。

東京や大阪で知事や市長が「首長新党」を立ち上げ、国政政党へ脱皮を目指す動きが続く。衆院の小選挙区制の影響で、自民党の派閥ごとの国会議員－地方議員の系列は薄れた。地方議会は中・大選挙区も多くて二大政党化は容易に進まない中、大都市部では分権改革で求心力を高めた首長が「改革」を旗印にシンパ議員を政党に組織化する力を持ち始めた。「平成デモクラシー」の陰で、旧民主党が国政では勢力を伸ばしても、強固な地方基盤を築けなかったのはこれらの構造的要因のためだ、との分析もある（砂原庸介『分裂と統合の日本政治』）。

ただ、「首長新党」が全国に支持を広げるような政策を掲げれば、もともと強力な基盤とする地域の優先順位が下がりかねない、という矛盾もはらむ。だから、「首長新党」が国政政党化しても、二大政党の一角を目指すような道のりは険しい、とこの研究は説く。

民進党では九月一日の代表選で、元外相の前原誠司が元官房長官の枝野幸男を破った。だが、小池が国政新党作りに動き出すと、民進党から離党して新党に走る議員が相次いだ。

九月八日、都内の青山葬儀所。衆院への小選挙区制導入の急先鋒で「政治改革の鬼」と呼ばれた元首相の羽田孜の葬儀・告別式で、盟友だった小沢一郎はこう弔辞を読んだ。

「君が身命を賭し、全身全霊をかたむけた二大政党制は芽が吹きかけたように見えたが、わずか二年余りで潰えてしまった。僕もその責任を痛感している。残った皆で力を合わせ、もう一度政権交代を実現し、この国に政権交代可能な議会制民主主義を定着させることができた、我々が歩んできた道に間違いはなかったと孜ちゃんに報告ができるようにしたい」

†麻生流の二大派閥論

都議選の衝撃がさめない七月三日。副総理・財務相の麻生太郎は国会議員五十九人が集まった都内のホテルの会見場で色紙に筆を走らせ、「志公会《しこうかい》」としたためた。

自ら率いる麻生派（四十四人）に副総裁の高村正彦らの山東派（十一人）と谷垣派を離脱した衆院議院運営委員長の佐藤勉ら六人が合流した新派閥。額賀派（五十五人）を抜き、安倍の出身母体で自民党内の最大派閥である細田派（九十人）に次ぐ第二派閥に浮上した。

「志を高く持ち、公を腹に収めて進んでほしい。新しい政治の形として、党内で大きな政策集団二つを考えていくべきだ。安倍政権をど真ん中で支える点には一点の乱れもない」

派閥の拡張は自らの首相再登板狙いではない、と力説した麻生。五月に取り交わした新派閥の設立趣意書でも「自民党内に二大政党制に代わる体制を構築することが、政治の活性化と安定につながる」と訴えた。麻生流の小選挙区制下での「二大派閥論」はこうだ。

衆院に小選挙区制を導入した政治改革で二大勢力間での政権交代が可能な政治が定着するかに見えたが、民主党政権の「失敗」でそれは遠のいた。定数一で党の公認候補も一人に絞られる小選挙区制では、かつての中選挙区時代のように自民党内に多くの派閥が割拠する構造的な理由は失われた。といって「安倍一強」にいつまでも頼れるわけでもない。この自民党政権を長期安定政権とするためには、党内で二つの勢力が政策論争で切磋琢磨し、権力を競い合って「擬似政権交代」を演出できるような二大派閥体制が望ましい――。

二大派閥の一つと想定されるのは、首相退任後に安倍が復帰して統率するであろう最大派閥の細田派。もう一つは、新麻生派に岸田派（宏池会）も加わり、名門派閥から分かれた各派が再結集する「大宏池会」。これが麻生の描いた図柄だ。外相を長く務めた岸田文雄を麻生主導でポスト安倍の総裁候補に推す含みもあったが、岸田派はこれに乗らなかった。

都議選惨敗から政権立て直しに躍起になった安倍は、八月三日の内閣改造・党役員人事でまず麻生と官房長官の菅義偉の続投を決めた。両雄の亀裂は深まる一方だが、権力の危ういバランスを保つうえではどちらも動かせない。次に安倍が重視して会談を重ねたのは岸田だ。

ポスト安倍を目指して一六年九月に早々と閣外に出た石破茂は非主流扱いを徹底し、政権中枢から排除して力をそぐ。半面、五年近く外相として仕えた岸田まで突き放し、一八年九月の総裁選で挑戦者として決起されては、安倍三選に黄信号が灯るから、岸田は引き続き取り込んでおく。これが安倍の戦略だった。岸田が総裁候補へのステップとして望んだ党政調会長への転出を認める代わり、安倍政権への協力の継続で確約を取りつけたのだ。

安倍は改造人事でも岸田派に頼り、文部科学相に政策通の林芳正を充てたほか、防衛相に小野寺五典、法相に上川陽子といずれも経験者を再登板させた。膨張した新麻生派が推薦した入閣候補は採らず、異端児扱いされがちだが、国際経験の豊富な河野太郎を外相に抜擢した。経済再生相には額賀派で重みを増す茂木敏充、厚生労働相にも同派所属だが、安倍側近でもある加藤勝信を登用した。さらに、反安倍に傾斜した言動が目立った野田聖子を、郵政族の土地勘が生かせる総務相ポストを望むがままにあえて入閣させた。

総裁三選を目指す安倍に対し「一八年の総裁選に必ず出馬する」と今から造反を公言する野田を入閣させるのは異例のことだ。そこまでして安倍はこの内閣改造で態勢立て直しへ党内力学に細心の目配り。「低姿勢」を演出して幅広い勢力を懐に取り込もうと腐心した。

内閣改造を機に、内閣人事局長に政治家ではなく、官僚出身の官房副長官・杉田和博を充て、政官関係のもつれの修復にも動いた。新局面を迎えた安倍一強の党内秩序。十月に衆院選を敢行した安倍は、国政選挙五連勝を果たし、総裁三選と改憲を見据えて再び動き出した。「平成デモクラシー」の締めくくりは予断を許さない。

あとがき

筆者がかつて政治記者の花形とされた「派閥記者」になったのは入社五年目、一九九〇年の秋だった。自民党長期政権下で最大派閥「経世会（竹下派）」支配の絶頂期。担当したのは第二派閥の「清和会」だ。病身だった領袖の安倍晋太郎氏は翌年に死去し、三塚博氏が後を継ぐ。この三塚派の中核を担った二人の政治家を、その後も深く取材し続けることになる。

当時から孤高の俠客の風情をまとっていた小泉純一郎氏。いずれ派閥を引き継ぐ潜在力すら感じさせた鹿野道彦氏。同じ四二年生まれで、「二十一世紀の首相候補生」と呼ばれたライバルだ。経世会が小沢一郎氏への愛憎から割れると、その余波は清和会にも及ぶ。衆院への小選挙区制導入を柱とする政治改革への賛否が絡み、自民党は大分裂に至る。

小泉氏は小選挙区制に「総裁や党執行部の独裁になる」と断固反対した。鹿野氏は逆に「政権交代可能な二大政党制」の旗を振って自民党を飛び出し、新進党から民主党へと対抗政党作りに身を投じる。小泉氏は派閥秩序をぶっ壊して首相に上り詰め、二〇〇五年の「郵政解散」であれほど反対した小選挙区制を利用して自民党を大勝させる。この時、鹿野氏は落選するが、〇九年の民主党政権誕生でリベンジを果たす。政治改革は両雄の命運をこうも変転させた。

あの政治改革ほど、政治家が目の色を変えて激論するのを後にも先にも見たことがない。小選挙区制や比例代表制の長所も短所も散々、論争した。誰もが政治的生き死にを懸け、情念をむき出しにし、権力闘争に狂奔した裏側も百も承知だ。最も重要な取材先の両雄が真っ向から対立したほどだから、記者として改革に賛成とも反対とも決め込む立場にはなかった。

ただ、小選挙区制が動き出すと、良し悪しを超えて強烈なインパクトに目を見張らざるを得なくなった。野党再編が急進展し、自民党の主役だった派閥の求心力はみるみる低下。首相主導の統治への流れも強まる。国会のあり方も、行政府の官僚が絡む政策決定プロセスさえも自ずと変容を迫られていく。有権者の投票行動も併せ、選挙制度改革は「政治改革の矮小化」どころか、統治権力を巡るゲームのルールを根底から変えるほどの起爆力を持った。

変えた以上は、有権者が投票所に足を運びたくなる、白熱したフェアなゲームで競争する責任が政党や政治家にはある。それが「政権選択選挙」であるはずだ。統治システム全体もそれに見合う形で改革し、動かす工夫をしないとゲームは面白くならない。世代が下って、政党や政治家はゲームのルールを血肉とし、合理的に行動しているだろうか。今のゲームにしたこと自体を失敗と考えるなら、選挙制度の再改革論も否定する必要はない。だが、政治改革ほど激烈なエネルギーを費消した政局はなかった。今の政党政治にあの熱量はあるだろうか。

このように、筆者は平成の統治構造改革をトータルに捉え、政党政治や政策決定の変容を記録することを重要な仕事の一つと考えてきた。最初の単著『官邸主導　小泉純一郎の革命』から本書までそのモチーフは不変だ。「理屈は後から貨車でついてくる」権力闘争史観だけの「政局記者」では、統治構造改革の含意やその深くて広い影響は読み解けなかった。

道しるべにさせていただいたのが、政治改革論議を民間から推進した産・学・労などの有識者の組織「政治改革推進評議会（民間政治臨調）」と、その後継の「新しい日本をつくる国民会議（21世紀臨調）」で積み重ねられた豊かな議論だ。本書は二つの臨調が節目節目で世に問うた多くの提言をはじめ、理論と現実を架橋した知的集積に限りなく多くを負う。

両臨調は単なる提言機関ではなく、政治的社会的な合意形成と改革実現に向けた運動体でもあった。不偏不党の立場に腐心しつつ、政治家と共同作業で切り結ぶ労も厭わなかった。政党政治を下支えしてきた貴重なインフラであり、その精神を引き継ぐ「日本アカデメイア」も含め、一取材者である筆者にはアカデミズムとの重要な接点ともなった。

とりわけ、現実政治への知的貢献を主導してこられた佐々木毅・東大名誉教授と、両臨調の実務を切り盛りされ、この時代の語り部に本来最もふさわしい前田和敬・日本生産性本部理事長に深く感謝申し上げる。お二人のご指導がなければ、本書を含め筆者の著作はどれも成立しえなかった。大学時代に「政治学史」の佐々木講座と格闘した末に自ら落第を決め込んだ筆者が、本書の題名に「平成デモクラシー」を冠する僭越も教授に快くご了解いただいた。

もう一人、感謝申し上げたいのは、残念ながら一五年に永眠された経済学者、故青木昌彦・スタンフォード大名誉教授だ。筑摩書房の永田士郎さんに筆者を紹介していただいた、本書の直接の生みの親だ。比較制度分析を専門とし、晩年は米西海岸と中国、日本を行き来してスケールの大きな学説を展開されてきた。『官邸主導』を朝日新聞の書評で取り上げていただいたご縁から、日本の政治情勢を折に触れてご報告申し上げる関係が十年近く続いた。

青木教授は一九九〇年代初頭のバブル崩壊と自民党一党支配の終焉を画期に、日本は大いなる制度改革の時期に入った、と説いてこられた。人口構成や産業構造の激変から、経済・社会・政治全体に亘って、人びとが広く共有してきたゲームのルールが未曽有の不可逆な変革に突入した、というのだ。「平成デモクラシー」もその基幹部分を成すと言えるだろう。

長年かかって定着した目に見えぬ慣行や社会規範も含む「制度」は、政策や立法だけで簡単には変えられず、人びとの認識と行動が変わるまで、一世代が入れ替わるほどの時間がかかる。教授はそう喝破された。総合研究開発機構（NIRA）での共同研究の遺稿には、平成の日本は明治維新や戦後改革にも匹敵する移り行く四十年の制度変革のただなかにある、と俯瞰された文章が残っている。それに触発されたことが、本書執筆の動機の一つともなり、大きな支えともなった。

この時代の政党政治の本質をがばっとわしづかみにする「平成デモクラシー」という佐々木コンセプト。「制度が重要であるということは、同時に歴史も重要だということでもある」と説く比較制度分析の青木スピリッツ。本書はジャーナリズムの作法に、アカデミズムの枠組みの力もお借りして、平成の政治史を読み解く試みでもある。その評価は読者に委ねたい。

二〇一七年十二月

清水　真人

人名索引（50音順）

【あ】

青木幹雄　158, 167, 191, 194, 198, 201, 209, 212, 215, 236, 255, 306
青島幸男　111
麻生太郎　31, 52, 166, 188, 206, 209, 223, 227, 234, 242, 255-262, 326, 342-344
安倍昭恵　390
安倍晋三　13, 21-54, 158, 189, 202, 207, 225, 231-242, 318-320, 325-396
安倍晋太郎　61
甘利明　234, 326, 328, 331, 334, 343, 374
荒井聰　294
有馬朗人　152
有村治子　356
安藤隆春　304
飯尾潤　88, 192
飯島勲　176, 178, 189, 204, 216, 238
池田克也　76
池田勇人　72, 372
石破茂　27, 46, 193, 241, 255, 262, 318, 326, 335, 354, 371
石原慎太郎　321
石原信雄　59
石原伸晃　186, 255
和泉洋人　329-330
市川雄一　87, 98, 113-114
出井伸之　156
伊藤達也　249
伊藤元重　88
稲田朋美　48-49, 377, 391
井上義行　238, 249
猪瀬直樹　181
伊吹文明　75, 244, 249
今井敬　156, 181, 205, 385
今井尚哉　46, 158, 326, 328, 330, 369
岩田一政　175
岩田規久男　337
牛尾治朗　171
宇野宗佑　58
漆原良夫　349
漆間巌　236, 261
江田憲司　120
枝野幸男　26-28, 37, 131, 171, 247, 282, 291, 299, 341, 362, 393
衛藤晟一　236
江藤拓　334
海老原紳　190
扇千景　193
大石利雄　339
大島理森　349, 380, 385
太田誠一　186, 259
大田弘子　233, 249-250
大田昌秀　136
大塚耕平　281
岡崎浩巳　339
岡田克也　26, 28, 149, 205, 219, 265-266, 270-271, 292, 297, 310, 312-313, 320, 322, 365-367
奥田碩　152, 156, 171
小此木彦三郎　325
小里貞利　142
小沢一郎　58-63, 82, 84-88, 90, 92-98, 100-108, 113-116, 118-119, 124-125, 127-128, 136, 149, 153, 155, 158, 161, 203, 219, 238-239, 242-246, 255, 266, 270-298, 306, 318, 321-322, 341, 356
小沢鋭仁　212
小野次郎　218
小野寺五典　344, 395
小渕恵三　59, 63, 85, 111, 152-153, 155-158, 168
小渕優子　356, 359

【か】

海江田万里　302, 362
海部俊樹　58, 82, 97, 106
香川俊介　360
風岡典之　387
梶山静六　85-86, 106, 111-112, 133, 135-138, 141, 339
片山さつき　218
嘉田由紀子　321
加藤勝信　327, 352, 373, 396
加藤紘一　113, 136, 140, 158, 168
加藤公一　303
加藤六月　61
香取照幸　105, 300
兼原信克　350
金丸信　58, 84, 86, 120
上川陽子　395
亀井静香　83, 113, 166, 201, 213
亀井正夫　79, 161, 182
河相周夫　339
川口順子　189, 193
川島正次郎　364
河村健夫　256
神崎武法　149, 195
菅直人　52, 125, 149, 203, 266, 270-271, 274, 278, 289, 291, 293-308, 341, 391, 393
城内実　236
岸田文雄　44, 46, 326, 344, 374, 395
岸信介　74, 364
北岡伸一　88, 347, 349, 369-370
北側一雄　348
北川正恭　106, 195
北村滋　327
木下康司　344
久間章生　210
黒田東彦　337
玄葉光一郎　131, 265, 279, 281, 292-293, 297
小池晃　386
小池百合子　23-30, 159, 204, 218, 232-233, 255
小泉純一郎　13, 24, 52, 57, 67, 75, 144, 165-228, 265
小泉進次郎　23, 45, 48, 50, 113, 256, 322, 333, 335, 362, 377
河野太郎　45, 396
河野洋平　94, 111, 113, 369
高村正彦　201, 213, 326, 348
古賀伸明　289
古賀誠　169, 195, 243, 262
輿石東　270, 278, 283-284, 293, 304, 309
後藤田正晴　76, 292
小林節　366
小林史明　48
小松一郎　340, 347, 350
小村武　81
近藤純五郎　178

【さ】

齋木昭隆　339
佐伯耕三　328, 369
坂篤郎　175
堺屋太一　152
榊原定征　50
佐々木毅　9, 80, 161, 332, 337
佐々木豊成　334
笹田栄司　366
佐田玄一郎　238
佐藤栄作　72, 364
佐藤幸治　122, 132, 144, 148
佐藤孝行　142
佐藤慎一　296
佐藤勉　394
佐藤文俊　296
佐藤雄二　339
佐藤ゆかり　218
志位和夫　367

塩川正十郎　167, 179, 191
塩崎恭久　231-234, 238, 249, 344
鹿野道彦　68, 94, 106, 149, 265, 280, 309, 311, 316, 399-400
篠沢恭助　83
嶋田隆　300
島村宜伸　217
清水英雄　211
下村博文　231, 238
城島光力　310
白川方明　337
菅義偉　32, 226, 234, 257, 325-327, 330, 342-343, 359, 375-376, 382, 391, 395
菅原郁郎　357
杉田和博　327, 387, 396
鈴木寛　266
鈴木政二　231
鈴木憲和　48
鈴木浩　326
鈴木宗男　61, 173, 186
世耕弘成　232, 238, 249, 327
仙石由人　247, 282-283, 290-291, 294, 296, 298-299, 304
曽根泰教　192
園田博之　94

【た】

高市早苗　356
高嶋良充　283-284, 297
高鳥昭憲　96
高見澤将林　350
瀧野欣彌　286
竹内昭夫　189
竹下登　58, 73, 75, 85, 134, 168, 200
竹中平蔵　88, 152-153, 167, 169-180, 191, 193, 202, 205-210, 213, 217, 224-225, 228, 259, 328, 338, 356
武部勤　207, 208, 211
武村正義　94, 95, 100, 104, 105, 126
館龍一郎　122
立岡恒良　296
田中角栄　58, 75, 165, 180
田中一穂　375
田中秀征　94
田中均　120, 188, 189, 190, 204
田中真紀子　166-167, 176, 185, 188
棚橋泰文　217
谷垣禎一　75, 214, 223, 243, 305, 316-318, 355, 372, 375, 382
谷口智彦　329
玉木雄一郎　28
樽床伸二　289, 291
丹呉泰健　178, 191
鶴岡公二　334
寺田学　303
土光敏夫　73
鳥居泰彦　122

【な】

直嶋正行　272
中江公人　304
中江元哉　326
永岡洋治　213
中川一郎　65
中川昭一　65, 217, 256, 261
中川秀直　207, 224, 225, 234, 236, 249
中川正春　366
長島昭久　25, 303
中曽根康弘　58, 73, 74, 106, 132-134, 141
中谷巌　152
長妻昭　277
中西輝政　370
中野寛成　150
中山恭子　232
中山成彬　259
二階俊博　31, 159, 211, 382
西岡武夫　67, 306
西尾勝　182

西川公也　334
西川善文　261
西村康彦　386
西室泰三　369
額賀福志郎　193, 202, 206
根本匠　38, 232
野田聖子　27, 237, 372, 396
野田毅　75, 106, 159, 213, 343
野田佳彦　26, 52, 292, 308-321, 341
野中尚人　34
野中広務　85, 140, 141, 152, 166, 168, 169, 186, 198, 200
野原諭　331

【は】

荻生田光一　38
橋下徹　320-321, 381
橋本龍太郎　85, 111-148, 166, 180, 200, 240
長谷川栄一　328, 330
長谷部恭男　366
羽田孜　84-86, 96, 98, 101, 114, 123, 125, 128, 149-150, 265, 393
鳩山威一郎　277
鳩山邦夫　126, 262
鳩山由紀夫　94, 125-126, 149, 171, 246, 268-294, 298-300, 308-310, 313-314, 319, 343, 358
林洋和　121, 123
林芳正　251, 336, 395
東国原英夫　262
樋口廣太郎　152
平沼赳夫　236-237
平野博文　272, 274-275, 283, 286, 288
福井俊彦　246
福島みずほ　287
福田赳夫　68, 165
福田康夫　52, 167, 176-177, 189, 190, 204, 216, 223, 242-255, 347
福山哲郎　272, 302
藤井孝男　201, 213
藤井富雄　98
藤井治芳　181
藤井裕久　283
藤田宙靖　132
藤波孝生　76
藤村修　310
二橋正弘　234
古川貞二郎　177, 189
古川元久　274, 294, 296, 310
古谷一之　357
古屋圭司　236
細川護熙　87, 90, 93-96, 95, 100-101, 103-104, 114, 125, 128, 149
細田博之　38, 205, 208-209, 256, 326
細野豪志　24-225, 283-284, 302
細谷雄一　370
堀内光雄　187
本田悦朗　329-330, 360
本間正明　171, 238

【ま】

前川喜平　391
前原誠司　25, 29, 32, 131, 276, 309, 313, 393
増田寛也　43, 196, 354
町村信孝　75, 217, 243, 249, 343
松井一郎　381
松井孝治　96, 121-123, 132, 145, 251, 266-267, 269-270, 272, 274, 278, 288, 295-296, 314, 352
松井浩　211
松岡利勝　234, 238-239
松島みどり　356, 359
松野頼久　288, 317
松本剛明　251, 267, 315
松山健士　359
的場順三　231, 234-235, 261
御厨貴　88, 385
三塚博　59-61, 83-84, 94, 134

宮内義彦　356
宮澤喜一　59-60, 82, 84, 86, 134-135, 152
宮澤洋一　251, 375
武藤嘉文　142, 173
武藤敏郎　175, 180, 247
村井英樹　48
村井仁　213
村木厚子　339
村山富市　98, 101, 104, 111, 114, 123, 126, 134, 368
茂木敏光　45, 396
森山裕　334
森喜朗　93-94, 103, 113, 158, 160, 168, 171, 191, 194, 198, 204, 215-216, 234, 236, 243-244, 255, 306

【や】

保岡興治　106
谷内正太郎　190, 236, 329, 346
柳井俊二　347
柳澤伯夫　50-52, 75, 191, 234, 239
柳田稔　299
柳瀬唯夫　326
山岡賢次　279, 281
山尾志桜里　30
山口那津男　30-31, 46, 319
山崎史郎　105, 300
山﨑拓　113-136, 158, 167, 186, 190-191, 194, 198, 202, 204, 207, 211, 243
山田正彦　298
山谷えり子　232, 356
山中貞則　74-75, 343
山本信一郎　387
山本富雄　93
山本有二　226
横路孝弘　150
横畠裕介　350
与謝野馨　75, 133-137, 140-141, 156-157, 207-212, 224-225, 242-243, 248-249, 254, 256-257, 261-262, 299-300, 308
吉川洋　172, 249, 360

【ら】

蓮舫　282

【わ】

若狭勝　24
渡部恒三　84
渡辺美智雄　59
渡辺喜美　321
綿貫民輔　208, 213, 220

引用・参考文献（著者五十音順）

【あ】

青木昌彦『青木昌彦の経済学入門――制度論の地平を拡げる』（ちくま新書、2014年）

青木昌彦・牛尾治朗・宇野重規・神田玲子「プロジェクト・プロポーザルと移り行く日本の経済・人口・対中関係」（総合研究開発機構＝NIRA「移りゆく日本に関する研究」2014年）

青木昌彦・鶴光太郎『日本の財政改革――「国のかたち」をどう変えるか』（東洋経済新報社、2004年）

朝日新聞政治部取材班『安倍政権の裏の顔――「攻防 集団的自衛権」ドキュメント』（講談社、2015年）

芦部信喜『憲法』（第６版、高橋和之補訂、岩波書店、2015年）

阿比留瑠比『総理の誕生』（文藝春秋、2016年）

安倍晋三『美しい国へ』（文春新書、2006年）

飯尾潤『日本の統治構造――官僚内閣制から議院内閣制へ』（中公新書、2007年）

飯島勲『小泉官邸秘録』（日本経済新聞社、2006年）

飯島勲『実録小泉外交』（日本経済新聞出版社、2007年）

石川健治『自由と特権の距離――カール・シュミット「制度体保障」論・再考』（増補版、日本評論社、2007年）

石川健治「法律時評・天皇の生前退位」（『法律時報』2016年12月、日本評論社）

出雲明子『公務員制度改革と政治主導――戦後日本の政治任用制』（東海大学出版部、2014年）

市川雄一「会見詳録」（2015年11月27日、日本記者クラブのウェブサイト）

井上達夫『現代の貧困――リベラリズムの日本社会論』（岩波現代文庫、2011年）

岩田明子「NHK 解説委員の直言 失速への転機は二〇一五年秋だった――安倍総理「驕りの証明」」（『文藝春秋』2017年10月、文藝春秋）

上田健介『首相権限と憲法』（成文堂、2013年）

後房雄『政権交代への軌跡――小選挙区制型民主主義と政党戦略』（花伝社、2009年）

大石眞監修、縣公一郎・笠原英彦編著『なぜ日本型統治システムは疲弊したのか――憲法学・政治学・行政学からのアプローチ』（ミネルヴァ

書房、2016年）
大石眞・大山礼子編著『国会を考える』（三省堂、2017年）
大下英治『小泉純一郎・進次郎秘録』（イースト・プレス、2015年）
大田弘子『経済財政諮問会議の戦い』（東洋経済新報社、2006年）
大山礼子『日本の国会――審議する立法府へ』（岩波新書、2011年）
奥健太郎・河野康子編『自民党政治の源流――事前審査制の史的検証』（吉田書店、2015年）
小沢一郎『日本改造計画』（講談社、1993年）
尾高朝雄『天皇制の国民主権とノモス主権論――政治の究極は力か理念か』（書肆心水、2014年）

【か】
介護保険制度史研究会編著『介護保険制度史――基本構想から法施行まで』（社会保険研究所、2016年）
梶山静六「日本興国論」（『文藝春秋』1998年6月号、文藝春秋）
加藤紘一『いま政治は何をすべきか――新世紀日本の設計図』（講談社、1999年）
加藤創太・小林慶一郎編著『財政と民主主義――ポピュリズムは債務危機への道か』（日本経済新聞出版社、2017年）
加藤秀治郎『日本の統治システムと選挙制度の改革』（一藝社、2013年）
香取照幸『教養としての社会保障』（東洋経済新報社、2017年）
苅部直『「維新革命」への道――「文明」を求めた十九世紀日本』（新潮選書、2017年）
川口暁弘『ふたつの憲法と日本人――戦前・戦後の憲法観』（吉川弘文館、2017年）
川人貞史『日本の国会制度と政党政治』（東京大学出版会、2005年）
川人貞史『議院内閣制』（シリーズ日本の政治1、東京大学出版会、2015年）
菅直人『大臣　増補版』（岩波新書、2009年）
菅直人 述、五百旗頭真・伊藤元重・薬師寺克行編『菅直人――市民運動から政治闘争へ』（シリーズ90年代の証言、朝日新聞出版、2008年）
岸信介 述・原彬久編『岸信介証言録』（中公文庫、2014年）
北岡伸一『自民党――政権党の38年』（読売新聞社、1995年）
清宮四郎『憲法I――統治の機構』（第3版、法律学全集3、有斐閣、1979年）
鯨岡仁『日銀と政治――暗闘の20年史」（朝日新聞出版、2017年）

倉重篤郎『小泉政権一九八〇日』（上・下巻、行研、2013年）
高村正彦『振り子を真ん中に――私の履歴書』（日本経済新聞出版社、2017年）
後藤謙次『ドキュメント平成政治史』（1・2・3巻、岩波書店、2014年）
後藤田正晴『情と理――後藤田正晴回顧録』（上・下巻、講談社、1998年）
小堀眞裕『ウェストミンスター・モデルの変容――日本政治の「英国化」を問い直す』（法律文化社、2012年）
小堀眞裕『国会改造論――憲法・選挙制度・ねじれ』（文春新書、2013年）
近藤康史『分解するイギリス――民主主義モデルの漂流』（ちくま新書、2017年）

【さ】

境家史郎『憲法と世論――戦後日本人は憲法とどう向き合ってきたのか』（筑摩選書、2017年）
阪田雅裕『憲法9条と安保法制――政府の新たな憲法解釈の検証』（有斐閣、2016年）
阪田雅裕編著『政府の憲法解釈』（有斐閣、2013年）
佐々木毅『いま政治になにが可能か――政治的意味空間の再生のために』（中公新書、1987年）
佐々木毅編著『政治改革1800日の真実』（講談社、1999年）
佐々木毅『政治の精神』（岩波新書、2009年）
佐々木毅編『21世紀デモクラシーの課題――意思決定構造の比較分析』（吉田書店、2015年）
佐々木毅『政治学講義』（第2版、東京大学出版会、2012年）
佐々木毅・21世紀臨調編著『平成デモクラシー――政治改革25年の歴史』（講談社、2013年）
佐々木毅「「平成デモクラシー」を問う」（『現代ビジネス』2013年5月25日、講談社）
佐藤幸治『日本国憲法論』（成文堂、2011年）
佐藤幸治『日本国憲法と「法の支配」』（有斐閣、2002年）
佐藤幸治『世界史の中の日本国憲法――立憲主義の史的展開を踏まえて』（左右社、2015年）
佐藤誠三郎・松崎哲久『自民党政権』（中央公論社、1986年）
時事通信社政治部編著『「二〇〇一年」の首相候補生』（時事通信社、1995年）
清水真人『官邸主導――小泉純一郎の革命』（日本経済新聞社、2005年）

清水真人『経済財政戦記——官邸主導小泉から安倍へ』（日本経済新聞出版社、2007年）
清水真人『首相の蹉跌——ポスト小泉 権力の黄昏』（日本経済新聞出版社、2009年）
清水真人『消費税——政と官との「十年戦争」』（新潮文庫、2015年）
清水真人『財務省と政治——「最強官庁」の虚像と実像』（中公新書、2015年）
菅義偉『政治家の覚悟——官僚を動かせ』（文藝春秋企画出版部、2012年）
鈴木美勝『日本の戦略外交』（ちくま新書、2017年）
砂原庸介「「首長党」台頭の功罪」（『中央公論』2017年10月、中央公論新社）
砂原庸介『分裂と統合の日本政治——統治機構改革と政党システムの変容』（千倉書房、2017年）
砂原庸介『民主主義の条件』（東洋経済新報社、2015年）
政策シンクタンク PHP 総研「国家安全保障会議——評価と提言」（2015年）
曽我謙悟『現代日本の官僚制』（東京大学出版会、2016年）
曽我部真裕・見平典編著『古典で読む憲法』（有斐閣、2016年）
曽根泰教『日本ガバナンス——「改革」と「先送り」の政治と経済』（東信堂、2008年）

【た】
高橋和之『国民内閣制の理念と運用』（有斐閣、1994年）
高橋和之『現代立憲主義の制度構想』（有斐閣、2006年）
竹中治堅『首相支配——日本政治の変貌』（中公新書、2006年）
竹中治堅編『二つの政権交代——政策は変わったのか』（勁草書房、2017年）
竹中平蔵『構造改革の真実　竹中平蔵大臣日誌』（日本経済新聞社、2006年）
武村正義 述、御厨貴・牧原出編『聞き書　武村正義回顧録』（岩波書店、2011年）
田﨑史郎『安倍官邸の正体』（講談社現代新書、2014年）
田﨑史郎『梶山静六　死に顔に笑みをたたえて』（講談社、2004年）
田﨑史郎『竹下派死闘の七十日』（文春文庫、2000年）
只野雅人「選挙制度と憲法——「学問への招待」にかえて」（『一橋論叢』・第119巻第4号、日本評論社、1998年）
建林正彦『政党政治の制度分析——マルチレベルの政治競争における政党組織』（千倉書房、2017年）
田中秀明『日本の財政——再建の道筋と予算制度』（中公新書、2013年）

田中均『外交の力』（日本経済新聞出版社、2009年）
谷口将紀「制度改革——戦後体制の曲がり角」（佐々木毅・清水真人編著『ゼミナール 現代日本政治』日本経済新聞出版社、2011年）
土居丈朗『地方財政の政治経済学』（東洋経済新報社、2000年）

【な】
中北浩爾『自民党——「一強」の実像』（中公新書、2017年）
中北浩爾『自民党政治の変容』（NHK ブックス、2014年）
中曽根康弘「漂流する政治——処理を誤れば日本は累卵の危うきに陥る」（『日本の論点1997』、文藝春秋、1996年）
中谷巌・大田弘子『経済改革のビジョン——「平岩レポート」を超えて』（東洋経済新報社、1994年）
中野潤『創価学会・公明党の研究——自公連立政権の内在論理』（岩波書店、2016年）
成田憲彦『官邸』（上・下巻、講談社、2002年）
西尾勝『地方分権改革』（東京大学出版会、2007年）
西垣淳子「議院内閣制の理念と実態——憲法学と政治学の間で」（経済産業研究所＝RIETI ディスカッション・ペーパー10-J-046、2010年）
21世紀構想懇談会編『戦後70年談話の論点』（日本経済新聞出版社、2015年）
日刊工業新聞特別取材班編『経済戦略会議報告——樋口レポート』（日刊工業新聞社、1999年）
日本再建イニシアティブ『民主党政権　失敗の検証——日本政治は何を活かすか』（中公新書、2013年）
野中尚人『さらばガラパゴス政治——決められる日本に作り直す』（日本経済新聞出版社、2013年）
野中尚人『自民党政治の終わり』（ちくま新書、2008年）
野中尚人・青木遥『政策会議と討論なき国会——官邸主導体制の成立と後退する熟議』（朝日選書、2016年）
野中広務『老兵は死なず——野中広務全回顧録』（文春文庫、2005年）

【は】
バジョット『イギリス憲政論』（小松春雄訳、中公クラシックス、2011年）
長谷部恭男『憲法』（第５版、新世社、2011年）
長谷部恭男『憲法の理性』（増補新装版、東京大学出版会、2016年）
服部龍二『田中角栄——昭和の光と闇』（講談社現代新書、2016年）

塙和也『自民党と公務員制度改革』（白水社、2013年）
林芳正・津村啓介『国会議員の仕事』（中公新書、2011年）
樋口陽一『憲法』（第３版、創文社、2007年）
ピケティ、トマ『21世紀の資本』（山形浩生・守岡桜・森本正史訳、みすず書房、2014年）
福山哲郎『原発危機　官邸からの証言』（ちくま新書、2012年）
船橋洋一『カウントダウン・メルトダウン』（上・下巻、文藝春秋、2012年）
船橋洋一『ザ・ペニンシュラ・クエスチョン――朝鮮半島第二次核危機』（朝日新聞社、2006年）
船橋洋一『同盟漂流』（岩波書店、1997年）
古川貞二郎『私の履歴書』（日本経済新聞出版社、2015年）
細川護煕『内訟録――細川護煕総理大臣日記』（日本経済新聞出版社、2010年）
細野豪志・鳥越俊太郎「証言 細野豪志――「原発危機500日」の真実に鳥越俊太郎が迫る」（講談社、2012年）

【ま】
前田幸男・堤英敬編著『統治の条件――民主党に見る政権運営と党内統治』（千倉書房、2015年）
牧原出『「安倍一強」の謎』（朝日新書、2016年）
牧原出『権力移行――何が政治を安定させるのか』（NHKブックス、2013年）
増田寛也編著『地方消滅――東京一極集中が招く人口急減』（中公新書、2014年）
待鳥聡史・駒村圭吾編著『「憲法改正」の比較政治学』（弘文堂、2016年）
待鳥聡史『首相政治の制度分析――現代日本政治の権力基盤形成』（千倉書房、2012年）
待鳥聡史『代議制民主主義――「民意」と「政治家」を問い直す』（中公新書、2015年）
松井孝治「官邸のリーダーシップとは何か――橋本行革の決意と挑戦」（『世界』2014年５月号、岩波書店）
松井孝治「民主党の政権戦略とその挫折」（『世界』2014年７月号、岩波書店）
松井孝治・平田オリザ『総理の原稿――新しい政治の言葉を模索した266日』（岩波書店、2011年）
丸山眞男「歴史意識の「古層」」（『忠誠と反逆――転形期日本の精神史的

位相』、ちくま学芸文庫、1998年）
御厨貴編『「政治主導」の教訓――政権交代は何をもたらしたのか』（勁草書房、2012年）
御厨貴編『変貌する日本政治――90年代以後「変革の時代」を読みとく』（勁草書房、2009年）
三谷太一郎『政治制度としての陪審制――近代日本の司法権と政治』（増補、東京大学出版会、2013年）
三谷太一郎『日本の近代とは何であったか――問題史的考察』（岩波新書、2017年）
宮澤喜一 述、五百旗頭真・伊藤元重・薬師寺克行編『宮澤喜一――保守本流の軌跡』（シリーズ90年代の証言、朝日新聞社、2006年）
宮本太郎・山口二郎『徹底討論　日本の政治を変える――これまでとこれから』（岩波現代全書、2015年）
向大野新治『政治の考え方』（きんざい、2012年）
森喜朗『私の履歴書――森喜朗回顧録』（日本経済新聞出版社、2013年）
森喜朗 述、五百旗頭真・伊藤元重・薬師寺克行編『森喜朗――自民党と政権交代』（シリーズ90年代の証言、朝日新聞社、2007年）

【や・ら】
薬師寺克行『現代日本政治史――政治改革と政権交代』（有斐閣、2014年）
薬師寺克行『公明党――創価学会と50年の軌跡』（中公新書、2016年）
薬師寺克行『証言 民主党政権』（講談社、2012年）
山口二郎『内閣制度』（東京大学出版会、2007年）
山口二郎・中北浩爾編『民主党政権とは何だったのか――キーパーソンたちの証言』（岩波書店、2014年）
山崎史郎『人口減少と社会保障――孤立と縮小を乗り越える』（中公新書、2017年）
山﨑拓『YKK 秘録』（講談社、2016年）
与謝野馨『民主党が日本経済を破壊する』（文春新書、2010年）
読売新聞政治部編著『安全保障関連法――変わる安保体制』（信山社、2015年）
レイプハルト、アレンド『民主主義対民主主義――多数決型とコンセンサス型の36カ国比較研究』（粕谷祐子・菊池啓一訳、勁草書房、2014年）
※このほか、公知の事実関係については、日本経済新聞、朝日新聞、読売新聞、毎日新聞、産経新聞、東京新聞を参照した。

ちくま新書
1299

平成《へいせい》デモクラシー史《し》

二〇一八年一月一〇日　第一刷発行

著者　清水真人《しみずまさと》

発行者　山野浩一

発行所　株式会社 筑摩書房
東京都台東区蔵前二-五-三　郵便番号一一一-八七五五
振替〇〇一六〇-八-四一二三

装幀者　間村俊一

印刷・製本　三松堂印刷 株式会社

乱丁・落丁本の場合は、左記宛にご送付ください。
送料小社負担でお取り替えいたします。
ご注文・お問い合わせも左記へお願いいたします。
〒三三一-八五〇七　さいたま市北区櫛引町二-六〇四
筑摩書房サービスセンター　電話〇四八-六五一-〇〇五三

ISBN978-4-480-07119-4 C0231